Bei Roy Kieferle isst man sich gesund

Seine Katze heißt Popeye, und das ist ganz typisch. Sie wissen doch, Popeye, das ist jener Comic-strip-Matrose, der aus dem Essen von Spinat übermenschliche Kräfte gewinnt.
Ich will nicht sagen, daß es in Roys „Wagnerstüble" nur Spinat zu essen gibt oder nur Gemüse, aber die Überzeugung, daß aus einem gesunden Gemüse Lebenskraft entspringt, das gehört sicher zur Philosophie des Roy Kieferle; und daß einen eine solche Nahrung fröhlich macht, heiter und gesund, das sicher auch.
Manchmal fahr ich am Samstagmorgen hinauf auf den Dobel, um Roy zu besuchen. Dann sitze ich vor seinem „Wagnerstüble" in der Sonne, und Popeye, die Katze, deren Schwanz etwas abgeknickt ist, weil er zwischen eine Tür gekommen ist, sitzt neben mir und schnurrt. So angenehm ist es da oben in der Sonne. Und dann trinke ich mit Roy einen Tee. Man möchte meinen, am Samstagmorgen, auf einer Bank in der Sonne, mit viel Zeit, da müßte es ein Viertel Wein sein. Aber Wein kann ich anderswo auch trinken. Das, was mir Roy anbietet, ein Tee aus Rosenknospen, Orangenblüten und Hochlandpfefferminze – sie wird im Engadin gezogen –, das bekomme ich sonst nirgends. Und gesüßt wird er mit kaltgerührtem Honig von Frühlingsblüten.

Roy und ich, wir sitzen und genießen das halbe Stündlein, das er noch hat, bevor er mit dem Kochen beginnen muß, und sprechen über Gott und die Welt. Das ist das Schöne: In vielem stimmen Roy und ich überein, in anderem nicht, da wird die Diskussion dann hitzig, aber sie dient der Klärung der Gedanken, und das ist so gut wie eine Übereinstimmung. Gespräch unter Freunden halt, die sich in Grundfragen einig sind: in den Fragen z. B., ob hinter der sogenannten objektiven Wirklichkeit unserer Welt noch etwas anderes ist, etwas Größeres, das in diese Welt hineinwirkt, oder ob der Geist stärker ist als die Materie. Das sind Überzeugungen, die uns einen.

Was ich immer wieder an Roy bewundere, ist seine Gelassenheit den materiellen Dingen gegenüber und die Art, wie er zwischen Wichtigem, Lebensnotwendigem und Unwichtigem unterscheidet, wie er Prioritäten setzt. Und dann seine Heiterkeit, die wohl diesem Wissen ums Wesentliche entspringt. Wie er lachen kann, wie ein Bub, und hat doch auch sein Maß an Problemen und Sorgen. Aber er spricht nicht von ihnen.

Die Welt seines „Wagnerstübles" strahlt Geborgenheit aus. Es hat ja nur wenige Tische. Wer zu Roy Kieferle kommt, um zu essen, um sich verwöhnen zu lassen, der fühlt sich sofort umsorgt. Nicht nur von Roy, der für ihn kocht, sondern auch von Roys Frau, die Ruhe und Sicherheit ausstrahlt, sie vermittelt eine Mütterlichkeit, von der man sich gern verwöhnen läßt.

Das, was Roy kocht, was er seinen Gästen anbietet, das folgt einer Philosophie der Ernährung, die mich immer wieder staunen läßt. Grundprinzip ist das Natürliche. Was ist natürlich? Das, was die Natur hervorbringt, ohne daß man sie zwingt, ohne daß man sie vergewaltigt! Das sind Gemüse, die natürlich gedüngt sind, ohne Chemie, deren Pflanzenschutz auf natürliche Weise geschieht, auch ohne Chemie, Produkte, die vielleicht nicht immer so schön sind wie die manipulierten Erzeugnisse, in denen sich aber die unverfälschte Kraft der Natur dem Menschen vermittelt.

Das ist die Grundüberzeugung von Roy Kieferle: daß der Mensch im Einklang mit der Natur stehen muß, daß Krankheit entsteht, wenn der Mensch aus dieser Ordnung herausbricht, und daß die Kräfte, die in einem Naturprodukt stecken, geeignet sind, die natürliche Ordnung im Körper wiederherzustellen, und zwar nicht einseitig, ohne Rücksicht auf das Ganze, wie dies Medikamente

tun, die Symptome beheben, sondern von Grund auf, im eigentlichen Sinne heilend, nämlich das Ganze betreffend, ohne ihrerseits wieder Unordnung zu schaffen. Die Kräfte in den Naturprodukten unterstützen die natürlichen Heilkräfte des menschlichen Körpers; denn nicht die Heilmittel heilen, sondern der Körper heilt sich selbst.
Roy Kieferle besitzt die Gabe, dem Menschen anzusehen, was ihm im eigentlichen Sinne „fehlt". Und Roys Kochen zielt darauf ab, dieses Fehlende dem Gast bzw. dessen Körper anzubieten.

Ich habe Roy eines Tages gefragt: „Wie bist du eigentlich auf diese, deine Art zu kochen gekommen?" Und da hat er mir erzählt, daß er, der gelernte Koch Roy Kieferle, Gesundheitsprobleme bekam. Er hat sich mit Naturheilverfahren beschäftigt und ist Heilpraktiker geworden. Und dann hat er sich darangemacht, sich selbst gesund zu kochen, d. h. durch die Art seiner Ernährung seine Gesundheit wiederherzustellen.

Die Erfahrung, die er dabei gesammelt hat, bemühe er sich nun, seinen Gästen zugute kommen zu lassen.

Bei Roy Kieferle ißt man sich gesund, könnte man als Werbeslogan über sein „Wagnerstüble" schreiben. Nur ganz so einfach ist es natürlich nicht. Man müßte sich schon auf eine längere Eßtherapie im „Wagnerstüble" einmieten. Aber ein Menü bei Roy Kieferle kann natürlich ein Anfang sein, der Beginn einer Umstellung der Ernährungsgewohnheiten. Dann kann man Roys Rezepten und Anregungen folgen, so wie sie z. B. in diesem Buch niedergeschrieben sind.

Mich erinnert die Eßtherapie von Roy Kieferle an die uralten Lehren der heiligen Hildegard von Bingen, die im 12. Jahrhundert, wie die Hildegard-Anhänger meinen, in mystischer Schau des Wesentlichen erkannt hat, was dem Menschen und seiner Gesundheit zuträglich ist und was nicht. Sie hat aufgeschrieben, was man gegen welche Krankheit essen müsse und was nicht, was schädlich und was gut sei für den Menschen. Manches ist dabei höchst erstaunlich. Da ist z. B. ihre Hochachtung vor dem Dinkel, jene Art von zeitweilig fast vergessenem alten Getreide, dem die heilige Hildegard die Kraft zuschreibt, den Krebs, wenn nicht zu heilen, so doch zum Stillstand zu bringen. Die Kraft, die für die heilige Hildegard in der Natur steckt und die den Menschen heilend beeinflußt, diese Kraft nennt sie die „Grünheit", und sie sieht das Grüne gesunder Blätter als Symbol dieser Kraft.

Mir kommt der Spinat in den Sinn, der grüne Spinat, der dem Popeye, dem Comic-strip-Matrosen, seine übermenschliche Kraft gibt, und eben die Tatsache, daß Roy Kieferle seine Katze Popeye nennt.

Werner O. Feißt

Roy Kieferles

NATURKOST KÜCHE

Roy Kieferles

NATURKOST KÜCHE

MATTHAES

ISBN 3-87516-628-0

Alle Rechte vorbehalten.

Nachdruck, auch auszugsweise, sowie Verbreitung durch Fernsehen, Film und Funk, durch Fotokopie, Tonträger oder Datenverarbeitungsanlagen jeder Art bedarf der schriftlichen Genehmigung des Verlages.

© 1997 by Hugo Matthaes Druckerei und Verlag GmbH & Co. KG, Stuttgart

Printed in Germany

Gesamtherstellung: Hugo Matthaes Druckerei und Verlag GmbH & Co. KG, Stuttgart

Der Autor dankt

nachstehenden Personen und Institutionen für die Mitarbeit und Überlassung von Bildmaterial auf folgenden Seiten:

Fotodesign Jürgen Stork, Ohlsbach: Seiten 18, 54/55, 62, 74/75, 76 ,79, 80, 81, 86, 90, 91, 93, 94, 97 oben und unten, 99, 100, 101, 103, 104/105, 109, 115, 118, 119, 125, 142, 143, 145, 148, 152, 153, 155, 156, 158/159, 166, 167, 168, 169, 183, 184, 185, 186, 194/195, 199, 200, 201, 202, 205.

Freier Sportpressefotograf Herbert Rudel, Stuttgart: Seiten 12, 16, 17, 19, 20 links oben, 22, 25, 26, 39, 56, 64, 73, 84, 85, 95, 106, 110, 113, 114, 116, 117, 123, 126, 127, 129, 133, 146, 147, 149, 151, 161, 164, 171, 173, 179, 189, 191, 192, 197.

Atelier Karin Weißhaupt, Stuttgart: Umschlagbild, Seiten 1, 130/131, 232.

Sonja Carlsson (Dipl. oec. troph.), Fachjournalistin für Ernährung, Gesundheit und Umwelt, Fischach

Evelyn Rossberg, Pforzheim: Seite 14.

Iris Lehmann, EcoText International GmbH, Ludwigsburg: Seiten 15, 36.

Werner O. Feißt, Gaggenau: Seite 3 (Werner O. Feißt).

Monika Maier, Baden-Baden: Seite 231 (Alfred Marquart).

Bernhard Stein, Reilingen: Seite 176 (entnommen aus dem Werk „Stein, Spargel", 2. Auflage, Seite 15, Hugo Matthaes Verlag, Stuttgart, 1993).

Braun AG, Kronberg/Taunus: Seite 20 unten rechts.

Schnitzer GmbH & Co. KG, St. Georgen/Schwarzwald: Seite 21.

BIOKOSMA GmbH, Konstanz: Seite 23.

BAVARIA BILDAGENTUR, Gauting: Seiten 34/35 (70006-B.P./BAVARIA), 78 (01114-Photo Shot/BAVARIA), 83 (44556-Rosenfeld/BAVARIA).

Fotostudio Christian Teubner, Füssen: Seiten 40, 134–141, 154.

G+J Fotoservice, Hamburg/E+T; Stradtmann, Richard: Seiten 66, 71.
Eising/StockFood EISING, München: Seite 209.

Burda GmbH, Offenburg, c/J. Stork: Seiten 68, 88, 96, 120, 121, 122, 128, 162, 175 oben und unten, 180, 187, 198, 203, 204, 206, 207.

Inhalt

Vorwort

Ein Korb voll kulinarischer Lebensfreude

Gut Ding will Weile haben

Manchmal frage ich mich selbst, warum es so lange gedauert hat, mein erstes Buch zu schreiben. Ist es deswegen, weil ich eben noch unser Restaurant in alleiniger Regie bekoche, mir auch da und dort mit der Familie etwas Freizeit gönne, oder war gar die Zeit noch nicht reif für mich, für mein Buch, für meine Küchenphilosophie? Egal, es wird immer Gründe geben, wenn man danach sucht.

Das Buch ist nun fertig. Sie halten es in Händen. Es ist mir bei der Fertigstellung Stück für Stück ans Herz gewachsen. Mögen Sie, wie ich, viel Freude daran haben.

Ursachenforschung

Wie kam es eigentlich dazu, daß ich mich aufmachte, dieses Buch zu schreiben? Es waren meine Gäste, die ständig nach den Rezepten forderten, die meine Philosophie kennenlernen wollten, die mich, mein Restaurant und meine Familie mögen. Dieser Aufforderung bin ich nachgekommen. Da es sehr langsam vorwärts ging, mußte ich viele immer wieder vertrösten, und manchmal haderte ich mit mir selbst. Dann habe ich diejenigen bewundert, die Kochbücher sozusagen aus der Schublade ziehen, wie sie gebraucht werden. Dann brauchte ich schon mal wieder einen Motivationsschub, um wieder richtig in Fahrt zu kommen.

Viel Unterstützung fand ich dabei im Hugo Matthaes Verlag. Ein schlichtes Dankeschön möchte ich dafür sagen, besonders Frau Steigleder, Frau Halder und Herrn Schönbach, die mit viel Herzblut den Werdegang des Buches begleitet haben.

Es ist ein Buch entstanden, dessen Inhalt ein Stück erprobte Gesundheit dokumentiert, erprobt an mir, meiner Familie und vielen Gästen, die ich über die ganzen Jahre bekochen durfte. Und so möchte ich ein Dankeschön auch an diejenigen weitergeben, die mich in meiner Philosophie die ganzen Jahre hindurch unterstützt haben, indem sie ganz einfach treue Gäste waren und sind.

Besonders stolz bin ich auf die Tatsache, daß es meine Rezepte sind, die Sie in diesem Buch vorfinden. Rezepte mit regionalem Charakter und regionalen Rohstoffen.

Die Rezepte sind, sofern keine anderen Angaben gemacht werden, für etwa 4 Personen gedacht.

Viel Spaß und Freude beim Nachkochen wünscht Ihnen

Meine Philosophie Meine Prinzipien

Aller Anfang ist schwer

Wenn ich diese Zeilen schreibe, sitze ich hinter unserem Haus, mitten im Grünen, mit Blick auf unseren Kräuter- und Gemüsegarten. Vielleicht ist es nicht gerade der richtige Platz, mich auf meine bevorstehende Aufgabe, mein erstes Kochbuch, vorzubereiten. Oder gerade doch! Denn es ist die Natur, mit der ich mein Leben und mein Tun eng verbunden habe, so daß es also keine bessere Einstimmung geben kann. Während ich also versuche, mich auf mein Kochbuch zu konzentrieren, werde ich ständig abgelenkt vom Zirpen, Summen und Zwitschern der Insekten und Vögel. Alles Geräusche, die vom Leben berichten und mir das Gefühl geben, fernab vom hektischen Treiben und der Motorik des geschäftigen Alltags zu sein. Keine Umweltkatastrophen, keine Bedrohung für unsere Lebensqualität durch den Einsatz von Chemie in unseren Lebensmitteln oder unserem sonstigen Lebensraum. Nur die Erde, die Sonne, die Luft, mit deren Kraft sich Leben überhaupt erst entwickeln kann. Hier beginnt auch das Leben junger Pflanzen, die sich diese Kraft zunutze machen und sie in Form unserer Nahrung an uns weitergeben.
Und schon bin ich wieder mitten im Thema: meine Lebens- bzw. Küchenphilosophie.

Meine Philosophie

Seit 1977 habe ich mich der Naturküche verschrieben und mich hineingearbeitet. Ich habe dazugelernt, so wie ein Kind laufen und sprechen lernt. Obwohl ich eine Ausbildung zum Koch habe, war dies ein vollkommener Neuanfang für mich. Alles, was ich mir je über die konventionelle Küche und Essenszubereitung zu eigen gemacht hatte, mußte ich wieder vergessen.
Die Verarbeitung von unbehandelten, natürlich gewachsenen Rohstoffen sollte künftig mein Ziel sein. Und zwar nicht nur für mich als Privatmann, sondern auch für meine Gäste im Wagnerstüble in Dobel.
Die Rohstoffe, die in der Naturküche eingesetzt werden, entfalten die ihr zustehende Lebendigkeit.

Kapuzinerkresse als eßbare, aromatische Würz- und Garniturzugabe zu allen Salaten und anderen Speisen.

Vollkornmehl beispielsweise erfordert eine ganz andere Vorbereitung als das problemlose Weißmehl, das aber dafür ohne jegliche wertgebenden Inhaltsstoffe ist. Ein kaltgepreßtes Öl ist weitaus wertvoller als ein Öl, das chemisch bearbeitet wurde und nur noch als reines Fett zu bezeichnen ist. Salate, Gemüse und Früchte, die ich in meiner Küche verwende, sind nicht künstlich herangezüchtet worden. Sie wurden nicht „zwangsernährt" und hingen nicht „am Tropf" wie die Treibhausprodukte unserer Versorgungsindustrie. Diese haben nie einen Sonnenstrahl, eine Krume Erde oder einen Windhauch verspürt. Der Einsatz frischer Kräuter, die nicht allein zum Würzen der Speisen dienen, sondern auch helfen zu verdauen und gleichzeitig Wohlbefinden zu schaffen, das ist mein Anliegen. Wir sollten essen, was uns guttut. Dabei müssen wir die Lebensweise und die Eigenschaften der Pflanzen kennen und sie auch dementsprechend einsetzen. Dann erst wird Essen zu einem wirklichen Genuß.

Ich bevorzuge eine Küche, deren Produkte und Rezepte sich nach dem Angebot der Saison richten. Natürlich mache ich auch Kompromisse. In den Wintermonaten greife ich trotzdem gerne auf Apfelsinen, Kiwis, Bananen und andere Südfrüchte zurück. Um das Angebot der heimischen Gemüse in dieser Zeit etwas aufzulockern, dürfen es dann auch mal junge Zucchini sein. Wichtig für mich bleibt, daß

bei einer gesunden Lebensweise mit ökologischem Hintergrund der Winter nicht zum Sommer gemacht wird.
Daß beispielsweise mit Spargel und Erdbeeren im Dezember nicht der Frühling Einzug hält. In den Wintermonaten brauche ich keine wertlosen Treibhaussalate, -gurken oder -tomaten, ganz zu schweigen von grünen Bohnen oder Steinpilzen. Statt dessen gibt es im Winter Kresse, Feld- oder Endiviensalat. Das sind zu dieser Zeit typische Saisonprodukte.

Gemeinsam wird alles bewältigt: Roy Kieferle betreut die Küche, seine Frau kümmert sich um die Gäste im Lokal.

Auch die Verarbeitung ist wichtig

Ich achte bei der Verarbeitung der Rohstoffe darauf, daß zum Beispiel Kartoffeln oder Gemüse nicht stundenlang gewässert werden. Es soll noch Küchen geben, in denen die geschälten Kartoffeln tagelang im Wasser liegen. Die Nährstoffe werden nahezu vollständig ins Wasser abgegeben, so daß das Wasser am Ende nährstoffreicher ist als das Gemüse. Den gleichen Fehler macht man mit Salaten.
Suppen und Soßen werden nicht stundenlang gekocht. Dabei möchte ich hinzufügen, daß ich überhaupt Abstand genommen habe von Suppen und Soßen, die aus Fleisch oder Knochen hergestellt werden. Die Knochen werden scharf angebraten und so lange reduziert, daß man diese Methode eher zur Gewinnung von Schmierseife anwenden sollte, anstatt sie als „kulinarischen Genuß" zu bezeichnen.
Ich verwende für meine Speisen, wenn überhaupt, grundsätzlich nur unraffiniertes Meersalz und Pfeffer aus der Mühle.

Verantwortung tragen!

Essen kann sowohl Medizin für den Körper sein als auch Gift. Es hängt u. a. davon ab, wie die Rohstoffe behandelt und verarbeitet werden. Sie können die Verantwortung bei der Zubereitung Ihrer Speisen übernehmen und das Bewußtsein für Ihren Körper entwickeln. Sie werden erkennen, welche Auswirkung das auf Ihre Gesundheit haben kann. Ich möchte Ihnen dazu meine Naturküche gerne vorstellen.
Bei all meinen Rezepten wünsche ich Ihnen ein gutes Gelingen, viel Spaß und die nötige Zeit, damit gesund kochen zu den angenehmen Dingen in Ihrem Leben wird.

Hotel Feinschmecker-Restaurant Wagnerstüble Wildbader Straße 45/1 75335 Dobel

Kleine Gerätekunde

Wer sich entschlossen hat, seine Küche als Arbeitsraum und nicht nur als Anschauungsobjekt zu nutzen und künftig auch seine Gesundheit über die Ernährung mitzusteuern, benötigt für die Zubereitung diverser Rezepte die dafür geeigneten Geräte. Die wichtigsten werden vorgestellt. Weitere Informationen für Ihren persönlichen Bedarf erhalten Sie durch die Beratung im Fachhandel oder durch Broschüren zu den einzelnen Themen. Oder fragen Sie bei Freunden und Bekannten nach, die bereits eigene Erfahrungen gesammelt haben.

Die Getreidemühle

Ein fast unentbehrlicher Helfer in der Naturküche ist die Getreidemühle. Sie dient zur frischen Verarbeitung von Getreide und ermöglicht es in kürzester Zeit, das Mahlgut nach Wunsch, vom groben Schrot bis zum feinsten Mehl, herzustellen.

Je nach Personenzahl und Getreideverbrauch Ihrer Familie benötigen Sie eine Handmühle, oder es muß eine elektrisch betriebene große Mühle sein. Beim Kauf sollte beachtet werden, daß bei täglichem Einsatz der Mühle, bei gleichbleibender Qualitätserwartung, eine hohe Leistungsfähigkeit erforderlich ist. Eine Beratung im Fachgeschäft ist hier in jedem Fall zu empfehlen.

Getreidemühlen gibt es in verschiedenen Ausführungen: Es gibt Mühlen mit Stahlmahlwerk, deren Außenverkleidung meist aus Plastikmaterial besteht. Diese Mühlen können sogar getrocknete Gewürze (z. B. Brotgewürze) mitmahlen. Sie werden meist etwas preisgünstiger angeboten als die Mühlen mit Steinmahlwerk. Diese sind holzverkleidet und machen somit ein schöneres Bild in der Küche. Ihr Mahlgut ist luftiger, die Feinausmahlung etwas besser. Es läßt sich besser verarbeiten, besonders gut zu Teigwaren und Feingebäck.

Handmühlen sind problemlos. Eher gedacht als Reisebegleiter oder für den Einsatz im 1-Personen-Haushalt, eignen sie sich vorwiegend für die Zubereitung von Frischkornmüsli, Getreidesuppen und Schrotbrot, weniger für Gebäck und Teigwaren, da das Mahlgut insgesamt zu grob ist.

Alternativ zum Kauf einer Getreidemühle gibt es auch die Möglichkeit, Mehl oder Schrot im Naturkostladen oder Reformhaus fertig zu kaufen. Dabei ist jedoch zu beachten, daß das Mehl so schnell wie möglich verbraucht wird.

Der Gemüsehobel

Gemüse, Obst und dergleichen von Hand in die gewünschte Form zu schneiden, ist nicht jedermanns/-frau Sache und erfordert viel Geschicklichkeit und Übung. Mit einem guten Gemüsehobel, auch Rohkostreibe genannt, wird Rohes mühelos gleichmäßig und fein geraspelt. Dabei ist zu beachten, daß die Reibe über scharfe Raffeln verfügt, damit das Gemüse weitgehend schonend zerkleinert wird.

Die Nudelmaschine

Wer sein Mehl selbst mahlt, hat sicher auch einmal Lust, Nudeln selbst herzustellen (Rezepte siehe ab S. 150). Und so wäre eine Nudelmaschine wohl das größte Glück aller Nudelliebhaber. Mit einer solchen Maschine erspart man sich das mühevolle Ausrollen und Schneiden. Im Nu sind mit der Maschine mehrere Portionen fertig. Mit der geeigneten Küchenmaschine (Knethaken) läßt sich dann auch ohne Mühe ein geschmeidiger Teig herstellen.

Im Fachhandel findet man perfekt funktionierende, von Hand betriebene kleinere Nudelmaschinen aus Edelstahl, die für jedermann erschwinglich sind. Ebenso eine breite Palette an Einsätzen, mit denen die unterschiedlichsten Nudelarten und Teigformen hergestellt werden können. Außer diversen Nudelsorten, die sich allesamt lohnen, ausprobiert zu werden, lassen sich mit der Walze auch dünne Teigplatten für Nudeltaschen oder Lasagne herstellen.

Die Küchenmaschine

Unbedingt erforderlich ist eine leistungsfähige Küchenmaschine, ein Multitalent in seinen Funktionen. Sie kann Brotteig kneten, Biskuit rühren, Gemüse, Früchte, Soßen und Suppen fein pürieren, Sahne schlagen und Rohes reiben.

Diese Maschinen gibt es in verschiedenen Preisklassen und teilweise mit Zusatzgeräten, die noch weitere Funktionen erfüllen.

Sie können saften, kneten, mixen, pürieren und sind robust.

Eine Beratung im Fachhandel ist hier ebenfalls angebracht.

Küchenmaschine UK 400.

Die Kartoffelpresse

Wer die Kartoffel fest in seinen Speiseplan einbezieht, wird nicht immer nur Pell- oder Bratkartoffeln essen wollen. Zur Herstellung von Kartoffelpüree, Kartoffelschnee, Kartoffelküchle oder Knödel (Rezepte siehe ab S. 180) sollten die Kartoffeln durch eine Presse gedrückt werden. Dafür gibt es extra eine Kartoffelpresse, die in jedem Haushaltswarengeschäft zu haben ist.

Die Saftzentrifuge

Für Liebhaber frischer Säfte (Rezepte siehe S. 84/85) ist die Saftzentrifuge ein unbedingtes Muß. Im Handel ist sie als Einzelgerät oder als Zusatz zur Küchenmaschine erhältlich. Elektrische Saftzentrifugen werden überwiegend für Stein- und Kernobst sowie Gemüse verwendet. Für weniger wasserreiche Früchte, wie z. B. Aprikosen oder Bananen, nimmt man eher einen Mixer oder Pürierstab.

Die Flockenmaschine

Kinder, aber auch Erwachsene mögen gerne Haferflocken. Mit einer von Hand betriebenen Flockenmaschine können solche Flocken (nicht nur aus Hafer) auch selbst hergestellt werden. So können Sie Ihr Getreide für das Frischkornmüsli selbst quetschen; ein besonderer Spaß auch für Kinder. Diese Methode hat den Vorteil, daß der Keimling weitgehend erhalten bleibt. Durch das Einweichen über Nacht wird der Keimling aktiviert, wodurch der Gehalt an Vitalstoffen ansteigt.
Eine Beratung im Fachhandel ist auch hier zu empfehlen.
Alternativ gibt es fertige Flocken auch in Naturkostläden oder im Reformhaus zu kaufen.

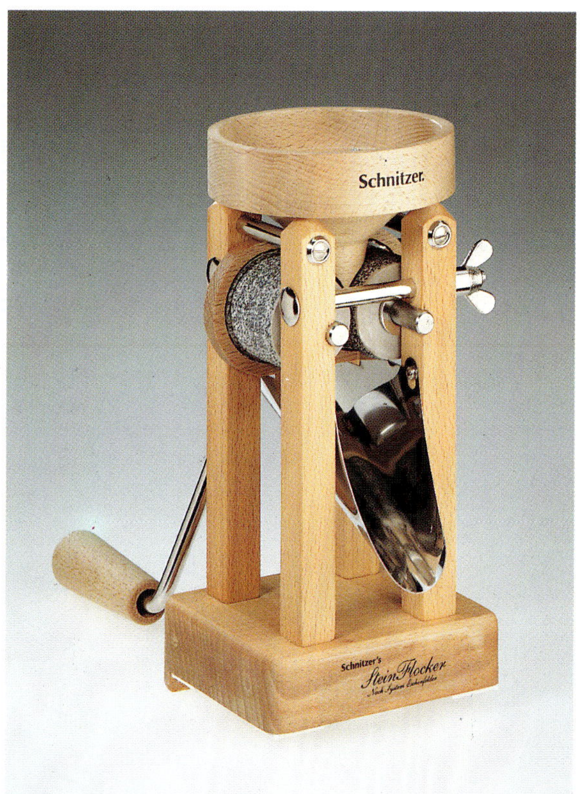

Steinflocker mit Holztrichter.

Der Backofen und seine Bleche

Zum Selberbacken gehört zunächst ein gut funktionierender und überschaubarer Backofen, der in jedem Küchenherd vorhanden ist. Meist werden dazu auch die nötigen Backbleche geliefert. Für die kleinen Besonderheiten wie Pizzas, Tarteletts, Fladenbrot und dergleichen (Rezepte siehe Kapitel Vorspeisen, Zwischengerichte und Partygelüste ab S. 86) gibt es eigens dafür hergestellte Spezialbackbleche, die in größeren Küchen- oder Haushaltswarengeschäften angeboten werden. Sind die besonderen Bleche nicht vorrätig, können sie dort meist bestellt werden. Fragen Sie ruhig einmal nach.

Keimboxen, -schalen und -gläser

Keimlinge und Sprossen selbst zu ziehen, macht großen Spaß. Zimmertemperatur und ein helles Plätzchen am Fenster (kein direktes Sonnenlicht) sowie das geeignete Keimgerät genügen. In den meisten Naturkostläden, Reformhäusern, aber auch Küchenfachgeschäften sind die dafür geeigneten Gehäuse zu haben. Die Durchführung ist denkbar einfach, sollte aber genau nach den Gebrauchsanweisungen erfolgen. Bitte achten Sie außerdem darauf, daß Sie nur frische Samen verwenden und die Gefäße immer gründlich gereinigt sind (Spülmittelreste, Schimmelpilze).
Auf den wertvollen gesundheitlichen Aspekt wird in Kapitel „Keime und Sprossen" (S. 54) näher eingegangen.

Am einfachsten zu handhaben sind die Keimschalen. Es handelt sich dabei um bis zu 3 aufeinanderstapelbare Keimschalen mit einer unteren Wasserauffangschale aus durchsichtigem Kunststoff, die, mit einer Art Überlaufventil ausgestattet, für gleichbleibende Feuchtigkeit und Lichteinfall sorgen. Außerdem ist eine gute Durchlüftung ermöglicht. Der Vorteil ist, daß mit diesem Gerät bis zu 3 verschiedene Samen gleichzeitig keimen können. Die Samen müssen sparsam eingefüllt werden, damit eine optimale Belüftung gewährleistet wird. Wasser wird nur in die oberste Schale gefüllt, es läuft automatisch durch alle Schalen und sammelt sich in der Auffangschale. Dabei nehmen sich die Samen nur so viel Wasser, wie sie binden können. Somit entsteht keine Staunässe, ein Faulen der Keimlinge ist dadurch nicht möglich. Um Stoffwechselprodukte, die sich schädigend auf die Keime auswirken könnten, auszuschwemmen, sollten die Keime ein- oder mehrmals täglich durchgespült werden.

Weiter gibt es die Dreierkeimbox mit Einzelgefäßen nebeneinander. Auch hier können bis zu 3 verschiedene Samen gleichzeitig keimen. Die Gefäße haben am Boden größere und am Deckel kleinere Löcher, um den Ablauf des Wassers schneller oder langsamer zu regulieren, je nach Aufstellung in der Box. Durch die halb liegende Stellung der Gefäße ist der Lichteinfall nicht gleichmäßig, so daß sich tägliches Wenden der Box empfiehlt. Ungleichmäßiger Lichteinfall läßt die oberen Sprossen schneller kräftiger und erntereif werden, während die darunter liegenden verkümmern.

Ein ähnliches System haben Keimgläser, auch Sprossengläser genannt. Sie bestehen aus 2 bis 3 gläsernen Behältnissen mit der Verschlußöffnung nur an einer Seite, die in einem Abtropfgestell auf einer Abtropfschale aus Ton aufgestellt werden können. Das Edelstahlsieb am Verschluß ist herausnehmbar, was ein leichtes Reinigen gewährleistet.

Für das Keimen von nur einer Sorte Samen gibt es auch Keimrohre. Sie sind ebenfalls aus durchsichtigem Kunststoff und haben siebartige Verschlüsse an beiden Enden. Beim Einweichen wird eine Seite mit einer Dichtungsscheibe verschlossen.

BIOSNACKY – Keimgerät „Sprossengarten".

Gemüse und Salat

Selbstgezogenes schmeckt besser

In vielen Gesprächen mit Bekannten und Gästen höre ich, daß immer mehr Leute sich ihre Küchenkräuter und Gemüse selbst anpflanzen. Der Stolz beim Ernten ist nur eine Erklärung dafür. Sehr viel stärker ist das Mißtrauen in die Qualität von gekauften Pflanzen. Die Sorge um die Gesundheit ist die Hauptmotivation. Nur was man selbst gepflanzt, gehegt und geerntet hat, kann man noch mit ruhigem Gewissen verzehren.

Die Allergiebereitschaft vieler Menschen nimmt besorgniserregend zu, und auch Kinder sind sehr stark davon betroffen. Für diese Menschen ist es oft schwierig, an unbehandeltes, sauberes Obst, Gemüse und Kräuter zu kommen. Also wird von vielen die Möglichkeit genutzt, selbst etwas anzupflanzen, der eigene Gärtner zu sein.

Platz ist in der kleinsten Kiste

Natürlich muß sich jeder nach seinen Möglichkeiten richten, und oftmals sind eben der Balkon und die Terrasse, Fensterbrett und Wintergarten die einzige Alternative zum eigenen Garten. Aber ein gesunder Unternehmungsgeist kennt keine Hindernisse. Mir sind einige Hobbygärtner bekannt, die sich mangels Platzmöglichkeit eine Anbaufläche teilen und so gemeinsam eine Wiesenfläche in einen Nutzgarten umlegen.

So konnte ich beobachten, wie da und dort der englische Rasen verschwindet und Platz macht für duftende Kräuterbeete und diverse Gemüsesorten. Balkonkästen, früher mit Blumen gefüllt, räumen den Platz für Kräuter und Gemüse, wie z. B. die aromatischen Kirschtomaten, Gurken, Paprika und Beerenfrüchte. Der Einfallsreichtum der Hobbypflanzer ist unglaublich, wenn sie erst einmal den Anfang gefunden haben.

Die Pflanzsaison beginnt

Es geht schon im Februar los, wenn die ersten Samen in den Töpfen, Kästen und dergleichen vorgezogen werden. Läßt das Klima es zu und hat sich der Boden erwärmt, wird die ganze Zeremonie hinaus in den Garten verlagert. Plötzlich füllen sich Balkon und Terrasse mit Kübeln, Töpfen und Kästen, in denen es sprießt und grünt. Der aufmerksame Beobachter wird in den nächsten Wochen feststellen, daß es nicht nur duftende Kräuter sind, die da über den Kübelrand wachsen. Es ranken sich an Drähten und Spiralen auch die Triebe von Stangenbohnen und Gurken. In den Kästen zeigt der Schnittlauch sein sattes Grün, und verschiedene Zwiebelgemüse fühlen sich darin auch ganz wohl. Allein bei den Silberzwiebeln lohnt sich das Anpflanzen in Kästen oder Kübeln. Sind sie erst kirschgroß gewachsen, beginnt die erste Ernte, um damit Salate und andere Gerichte zu würzen. Das erste Zwiebelgrün kann relativ früh geschnitten und ähnlich wie Schnittlauch verwendet werden.

Wenn erst mal alles begonnen hat zu wachsen und die Kräuter soweit sind, daß sie gezupft werden können, und der Schnittsalat die ersten Blätter anbietet, kann der kulinarische Sinnesrausch beginnen. Täglich wird kontrolliert, gepflegt und gehegt und mit Ungeduld darauf gewartet, bis das nächste Kräuterblättlein geerntet werden kann.

Es ist soweit: der Feldsalat kann geerntet werden.

Ist es nicht für jeden, der gerne kocht, eine tiefe Freude und Befriedigung, kurz vor dem Anrichten der Speise oder des Salates vor die Türe, auf den Balkon oder ans Fensterbrett zu gehen und da ein Zweiglein und dort ein Blatt von wohlduftenden Kräutern als Krönung der eigenen Kochkunst einzubringen?

Die Natur erleben

Vielleicht haben Sie nun Lust bekommen, ein Stück Natur mitzuerleben. Dann kann es Ihnen aber passieren, daß Sie manchmal, wie ich es schon oft erlebt habe, vor einem schön gewachsenen Blumenkohl oder dem einmalig würzigen Duft des Basilikums stehen und sich aus lauter Ehrfurcht nicht trauen, die Ernte vorzunehmen. Dann erleben Sie den einzigartigen Geruch von aufgebrochener Erde, wenn Sie daraus eine Karotte ziehen oder nach den ersten Frühkartoffeln graben!

Für mich sind das Erlebnisse, die mich immer wieder aufs neue begeistern und faszinieren.

Informieren ist wichtig

Bevor Sie sich nun als Hobby- oder gar Profigärtner versuchen, sollten Sie sich einschlägige Lektüre besorgen und sich gründlich einlesen und informieren. Jedes gute Gartenfachgeschäft hat dazu entsprechende Literatur, und auch im Buchhandel wird sie angeboten. Sie sollten Bescheid wissen, daß es einjährige und auch mehrjährige Pflanzen und Kräuter gibt. Gute Informationen gibt es auch bei Gartenbauvereinen, wo Sie auch den direkten Austausch mit erfahrenen Hobby- und Profigärtnern pflegen können.

Gemüse

Blumenkohl

- Aussaat:
  unter Glas: Februar–März
  Freiland: April–Juni
- Pflanzzeit:
  Mai–Juni
- Erntezeit:
  Ende Juni–Oktober
- Entfernung der Reihen voneinander:
  50 cm
- Entfernung innerhalb der Reihen:
  50 cm
- Sonstiges:
  tiefkühlgeeignet,
  frühe und späte Sorten

Brokkoli

- Aussaat:
  unter Glas: Februar–März
  Freiland: ab April
- Pflanzzeit:
  Ende Mai–Anfang August
- Erntezeit:
  Anfang Juni–Ende September,
  mehrere Ernten hintereinander
- Entfernung der Reihen voneinander:
  50 cm
- Entfernung innerhalb der Reihen:
  50 cm
- Sonstiges:
  tiefkühlgeeignet,
  laufende Ernte

Buschbohnen

- Aussaat:
  Freiland: Mitte Mai–Juli
- Erntezeit:
  Mitte Juli–Mitte September
- Entfernung der Reihen voneinander:
  50 cm
- Entfernung innerhalb der Reihen:
  20 cm, 3–5 Bohnen
- Sonstiges:
  tiefkühlgeeignet

Erbsen

- Aussaat:
  unter Glas: März–April
  Freiland: April–Mai
- Erntezeit:
  Juni–Juli
- Entfernung der Reihen voneinander:
  50–60 cm
- Entfernung innerhalb der Reihen:
  50 cm, 7 Erbsen
- Sonstiges:
  tiefkühlgeeignet

Fenchel (Gemüsefenchel)

- Aussaat:
  unter Glas: März
  Freiland: April–Juli
- Pflanzzeit:
  Juni
- Erntezeit:
  Ende August–November
- Entfernung der Reihen voneinander:
  30–40 cm
- Entfernung innerhalb der Reihen:
  25–30 cm
- Sonstiges:
  tiefkühlgeeignet,
  ein- und zweijährig

Grünkohl

- Aussaat:
  Mai–Juni
- Pflanzzeit:
  Juni–Juli
- Erntezeit:
  November–März
- Entfernung der Reihen voneinander:
  50 cm
- Entfernung innerhalb der Reihen:
  50 cm
- Sonstiges:
  tiefkühlgeeignet,
  Ernte nach dem ersten Frost

Gurken

- Aussaat:
  unter Glas: Anfang April
  Freiland: Anfang Mai-Juli, wenn keine Nachtfröste mehr zu befürchten sind
- Pflanzzeit:
  Mitte Mai–Ende Mai
- Erntezeit:
  Anfang August–Anfang September
- Entfernung der Reihen voneinander:
  80–100 cm
- Entfernung innerhalb der Reihen:
  alle 20–30 cm, 2–3 Samen
- Sonstiges:
  Nicht abgeerntete Gurken gelb werden lassen. Sie werden fleischiger und fester und können zur Herstellung von Senfgurken verwendet werden.

Karotten oder Möhren

- Aussaat:
  je nach Sorte unter Glas: Februar–Mai
  Freiland: April–Juli
- Erntezeit:
  Juni–Oktober
- Entfernung der Reihen voneinander:
  20–30 cm
- Entfernung innerhalb der Reihen:
  4–5 cm
- Sonstiges:
  tiefkühlgeeignet
- Aufbewahrung:
  kühler Kellerraum, in Sand

Kartoffeln

- Aussaat:
  in Schalen vorkeimen
- Pflanzzeit:
  Anfang April
- Erntezeit:
  Juni–Ende September
- Entfernung der Reihen voneinander:
  75 cm
- Entfernung innerhalb der Reihen:
  50 cm
- Aufbewahrung:
  kühler Kellerraum

Kohlrabi

- Aussaat:
  frühe Sorten unter Glas: Februar–März
  Freiland: März–Juni
- Pflanzzeit:
  April/Mai
- Erntezeit:
  je nach Sorte Mai–Mitte Oktober
- Entfernung der Reihen voneinander:
  30–35 cm
- Entfernung innerhalb der Reihen:
  25 cm
- Sonstiges:
  tiefkühlgeeignet

Kürbis

- Aussaat:
  unter Glas: März/April
  Freiland: Mai
- Erntezeit:
  September–November
- Entfernung der Reihen voneinander:
  100 cm
- Entfernung innerhalb der Reihen:
  25 cm, 2–3 Korn

Lauch (Porree)

- Aussaat:
  unter Glas: Februar/März
  Freiland: April/Mai
- Pflanzzeit:
  Mai–Ende Juni
- Erntezeit:
  Ende August–November
- Entfernung der Reihen voneinander:
  25–30 cm
- Entfernung innerhalb der Reihen:
  25 cm
- Sonstiges:
  tiefkühlgeeignet

Mangold

- Aussaat:
  Freiland: April–Juni
- Erntezeit:
  Mai–Dezember
- Entfernung der Reihen voneinander:
  40 cm
- Entfernung innerhalb der Reihen:
  15–20 cm
- Sonstiges:
  tiefkühlgeeignet,
  zweijährig, frostharte Sorten

Paprika

- Aussaat:
  unter Glas: Februar–April
  Freiland: Mitte Mai
- Pflanzzeit:
  Mai
- Erntezeit:
  Ende Juli–Oktober
- Entfernung der Reihen voneinander:
  40–50 cm
- Entfernung innerhalb der Reihen:
  40–50 cm
- Sonstiges:
  tiefkühlgeeignet (roh und blanchiert)

Radieschen

- Aussaat:
  unter Glas: Januar–Mitte März
  Freiland: Mitte März–September
- Erntezeit:
  Mai–Oktober
- Entfernung der Reihen voneinander:
  10–15 cm
- Entfernung innerhalb der Reihen:
  3–5 cm
- Sonstiges:
  Folgesaaten ausbringen!

Rosenkohl

- Aussaat:
  unter Glas: März–April
  Freiland: Mai
- Pflanzzeit:
  Mitte Mai–Mitte Juni
- Erntezeit:
  Ende September–Dezember
- Entfernung der Reihen voneinander:
  70 cm
- Entfernung innerhalb der Reihen:
  50 cm
- Sonstiges:
  tiefkühlgeeignet

Rote Bete

- Aussaat:
  unter Glas: März
  Freiland: April–Mitte Juli
- Erntezeit:
  Ende August–Oktober Haupternte,
  sonst ganzjährig
- Entfernung der Reihen voneinander:
  30 cm
- Entfernung innerhalb der Reihen:
  15 cm
- Aufbewahrung:
  kühler Kellerraum
- Sonstiges:
  zweijährig

Rotkohl

- Aussaat:
  unter Glas: Februar/März
  Freiland: April
- Pflanzzeit:
  Ende Mai–Anfang Juni
- Erntezeit:
  Frühkohl: ab Juni
  Lagerkohl: ab September
- Entfernung der Reihen voneinander:
  50 cm
- Entfernung innerhalb der Reihen:
  50 cm
- Sonstiges:
  tiefkühlgeeignet

Spinat

- Aussaat:
  unter Glas: Januar–Februar
  Freiland: März–April und Juli–August
- Erntezeit:
  Mai–Juni und September–Oktober
- Entfernung der Reihen voneinander:
  20–25 cm
- Entfernung innerhalb der Reihen:
  dünn ausziehen
- Sonstiges:
  tiefkühlgeeignet

Stangenbohnen

- Aussaat:
  Freiland: ab Mitte Mai
- Pflanzzeit:
  ab Mitte Mai
- Erntezeit:
  August–Oktober
- Entfernung der Reihen voneinander:
  Stangenabstände 50 cm
- Entfernung innerhalb der Reihen:
  pro Stange 3–6 Korn
- Sonstiges:
  tiefkühlgeeignet

Stauden- und Knollensellerie

- Aussaat:
  unter Glas: März in Saatschalen
  Freiland: Mitte Mai
- Pflanzzeit:
  Mai
- Erntezeit:
  Mitte September–Ende November
- Entfernung der Reihen voneinander:
  Stauden: 30 cm
  Knollen: 40 cm
- Entfernung innerhalb der Reihen:
  40 cm
- Sonstiges:
  tiefkühlgeeignet
- Aufbewahrung:
  kühler Kellerraum

Tomaten

- Aussaat:
  unter Glas: März
  Freiland: ab 2. Maihälfte
- Pflanzzeit:
  Mitte–Ende Mai
- Erntezeit:
  Ende Juli–Oktober
- Entfernung der Reihen voneinander:
  75 cm
- Entfernung innerhalb der Reihen:
  75 cm
- Sonstiges:
  kälteempfindlich!

Weißkohl

- Aussaat:
  März/April
  Pflanzzeit: ab Mai
- Erntezeit:
  ganzjährig
- Entfernung der Reihen voneinander:
  60 cm
- Entfernung innerhalb der Reihen:
  50 cm
- Sonstiges:
  tiefkühlgeeignet

Wirsing

- Aussaat:
  Frühanbau unter Glas:
  Dezember–Mitte Februar
  unter Glas: Februar–März
  Freiland: April–Juni
- Pflanzzeit:
  Anfang Juni–Anfang Juli
- Erntezeit:
  ab Ende Mai–Oktober
  Ideal August!
- Entfernung der Reihen voneinander:
  50 cm
- Entfernung innerhalb der Reihen:
  50 cm
- Sonstiges:
  tiefkühlgeeignet

Zucchini

- Aussaat:
  unter Glas: Ende März–Mitte April
  Freiland: Mai
- Pflanzzeit:
  Ende Mai
- Erntezeit:
  Mitte Juni–Oktober
- Entfernung der Reihen voneinander:
  100 cm
- Entfernung innerhalb der Reihen:
  100 cm
- Sonstiges:
  tiefkühlgeeignet (gekocht),
  kälteempfindlich!

Zwiebeln

- Aussaat:
  Freiland: März–April
- Erntezeit:
  August–Oktober
- Entfernung der Reihen voneinander:
  25–30 cm,
  Steckzwiebeln 10 cm
- Entfernung innerhalb der Reihen:
  6–8 cm
- Aufbewahrung:
  kühler Kellerraum, trocken

Salat

Chicorée

- Aussaat:
  Anfang bis Ende Mai
- Pflanzzeit:
  Mitte Juni
- Erntezeit:
  September–November. Im Herbst die Wurzeln aus der Erde holen und einige Tage abtrocknen lassen. Blätter bis etwa 5 cm über dem Wurzelkopf abschneiden. Die Wurzeln dicht nebeneinander etwa 10 cm auf Erde in Eimer oder Kiste (mit Folie ausschlagen) einsetzen. Wurzeln mit Erde bedecken.
  Bei etwa 15 °C 4–5 Wochen warten, bis Sprossen austreiben.
- Entfernung der Reihen voneinander:
  30 cm
- Entfernung innerhalb der Reihen:
  15–20 cm, 8–9 Pflanzen

Chinakohl

- Aussaat:
  Mitte Mai–Anfang Juni
- Erntezeit:
  September–November
- Entfernung der Reihen voneinander:
  40 cm
- Entfernung innerhalb der Reihen:
  30 cm
- Sonstiges:
  Direktsaat vorteilhaft

Endivie

- Aussaat:
  unter Glas: März–April
  Freiland: Juni–Juli
- Pflanzzeit:
  Juli–August
- Erntezeit:
  September–November
- Entfernung der Reihen voneinander:
  30 cm
- Entfernung innerhalb der Reihen:
  30 cm

Feldsalat

- Aussaat:
  Freiland: Juli–September
- Erntezeit:
  Oktober–April
- Entfernung der Reihen voneinander:
  10–15 cm
- Entfernung innerhalb der Reihen:
  1 cm

Kopfsalat

- Aussaat:
  Freiland: April–Mai
- Pflanzzeit:
  Ende März–Juni
- Erntezeit:
  Ende Mai–September
- Entfernung der Reihen voneinander:
  30 cm
- Entfernung innerhalb der Reihen:
  25 cm

Pflücksalat

- Aussaat:
  Freiland: April–August
- Erntezeit:
  Mai–Oktober
- Entfernung der Reihen voneinander:
  20–30 cm
- Entfernung innerhalb der Reihen:
  5 cm
- Sonstiges:
  Folgesaaten

Spinatsalat

- Aussaat:
  unter Glas: Januar/Februar
  Freiland: März/April und Juli–August
- Erntezeit:
  Mai–Juni und September–Oktober
- Entfernung der Reihen voneinander:
  20–25 cm
- Entfernung innerhalb der Reihen:
  dünn aussäen
- Sonstiges:
  tiefkühlgeeignet, aber nur für Gemüsezubereitungen verwenden!

Zuckerhut

- Aussaat:
  Juli
- Erntezeit:
  Anfang Oktober/November
  bis Januar/Februar
- Entfernung der Reihen voneinander:
  30 cm
- Entfernung innerhalb der Reihen:
  25 cm
- Sonstiges:
  unter Folientunnel den ganzen Winter haltbar!

Kräuter und Gewürze

Der Unterschied

Küchenkräuter und Gewürzpflanzen, wo beginnt der Unterschied? Es sind beides Pflanzenteile verschiedenster Art, wie Samen, Nüsse, Schoten, Blüten, Wurzeln oder auch Blätter.
Unter Gewürz versteht man meist das getrocknete Produkt, deren Inhaltsstoffe wir als scharf oder aromatisch bezeichnen.
Kräuter dagegen werden größtenteils frisch verarbeitet. Meist sind es die jungen Blätter, die verwendet werden, und weniger die Stengel, die oft holzig oder zur Weiterverarbeitung einfach zu hart sind. Ausnahmen sind ganz junge Kräuter, wie auch Liebstöckel, Petersilie, Kerbel und Majoran.
Aufgrund ihrer ätherischen Öle und anderer Substanzen eignen sich bestimmte Kräuter sehr gut zum Trocknen, verändern jedoch dabei manchmal in kleinen Nuancen ihr Aroma.

Der Ursprung ist wichtig

Kräuter sollten vor der Blüte geerntet und verwendet werden, da sie da noch voll im Saft stehen. Weil die wenigsten ihre Kräuter jedoch im eigenen Garten ernten können, müssen sie die Kräuter kaufen. Und da Kräuter gewöhnlich roh gegessen werden, sollten Sie darauf achten, woher die Kräuter kommen. Sie sollten nach Möglichkeit nicht chemisch gedüngt oder mit Pestiziden und Insektiziden behandelt worden sein. Sie würden Ihnen dann mehr schaden als guttun.

Die vier Jahreszeiten

Frische Kräuter können Sie das ganze Jahr über im Handel kaufen. Doch meiner Ansicht nach brauchen Kräuter ihre Jahreszeit, in der sie ihr Aroma voll entfalten und eine kulinarische Stimmung erzeugen. Sie werden außerhalb ihrer natürlichen Wachstumszeiten wenig Würzkraft entwickeln, weil sie hochgezüchtet werden und dabei Saft und Kraft verlorengeht. Aus diesem Grund verarbeite ich im Winter keine Sommerkräuter, es sei denn getrocknet. Eine Ausnahme macht der Einsatz von Frischkräutern nur bei der Dekoration der Speisen. Hier kommen auch die Blüten der

Kräuterwiese mit blühendem Salbei

Pflanzen zum Einsatz, wie die von Borretsch oder Ysop.
Typische Salatkräuter im Winter sind Portulak und Kresse. Kresse ist wegen ihres Geschmacks und der angenehmen Würze vielseitig verwendbar.
Sie hat außerdem eine antibiotische Wirkung und enthält Vitamine.

Einstieg in die Frische

Eigentlich waren es die frischen Kräuter, mit denen ich den Einstieg in die Naturküche vollzog. Denn, wie ich finde, frische Kräuter, möglichst noch aus dem eigenen Garten, bilden die Krönung jeder Frischkost. Überall in meinen Rezepten werden sie Ihnen begegnen, mal frisch und vor Kraft strotzend aus den heimischen Gärten oder als Kompromiß aus den sonnigen Gärten Europas. Ihr schmeichelndes Aroma und die erfrischende Würze sind durch nichts zu ersetzen. Sie sollten mit ihnen allerdings behutsam umgehen. Je nach Beschaffenheit werden Kräuter gezupft – als ganze Blättchen oder nur ganz fein geschnitten.
Ohne sie jedenfalls ist die Frischkost, wie auch immer sie aussehen mag, unvollständig.

Behandlung und Lagerung

Frische Kräuter verlangen auch eine besondere Behandlung und Lagerung. Im Gegensatz zu Freilandkräutern sind die Treibhauskräuter empfindlicher.
Je nach Art der Kräuter sollten die mit Stielen sofort in ein Glas Wasser gestellt und möglichst schnell verbraucht werden. Sie können die Kräuter aber auch in ein feuchtes Tuch einschlagen und im Kühlschrank bis zum Verbrauch aufbewahren. Besonderen Umgang verlangt Basilikum. Sie sollten sich bei

Anekdote

Es gab eine Zeit in der deutschen Küchenkultur, da waren Petersilie und Schnittlauch die einzig gängigen Frischkräuter. Als Lehrbub mußte ich damals den Salatposten verwalten. Schöne frische Petersilie wurde, nachdem sie schon einige Zeit im Wasser verbracht hatte, zuerst kleingeschnitten und gehackt, bis sie fast nur noch Mus war. In einem Tuch eingeschlagen, wurde sie so lange ausgepreßt, bis der ganze kostbare Saft im Abfluß verschwunden war. Danach wurde sie als Farbtupfer für alle Speisen verwendet. Hatte sie jetzt schon kein Aroma und keinen Inhalt mehr, war sie nach Stunden dann vollends trocken und roch wie Heu! Damals wußte man eben nicht viel von der gesunden Wirkung frischer Petersilie und anderer Kräuter.

der Lagerung für eine der genannten Möglichkeiten entscheiden. Einen Wechsel verträgt Basilikum nicht. Es reagiert dann sehr empfindlich und fällt zusammen.
Frischer Majoran wird schnell trocken, deshalb sollten Sie ihn rasch verbrauchen. Sie können sich diese Eigenschaft aber auch zunutze machen und ihn für die Wintermonate trocknen, damit Sie auch dann von seiner Würzkraft profitieren können. Dasselbe gilt für Thymian und Basilikum, die auch getrocknet ihr typisches Aroma behalten.
Wenn größere Mengen frischer Kräuter nicht kurzfristig verbraucht werden können, sollte man sie auf alle Fälle in kleineren Portionen einfrieren. Vorheriges Kleinschneiden schadet ihnen nicht.

Übung macht den Meister

Mit Kräutern zu würzen verlangt etwas Übung. Auf den persönlichen Geschmack sollte man dabei achten. Jeder Gaumen hat seine Vorliebe für bestimmte Gewürze und Gewürzkombinationen. Leider hat der Verzehr von industriell hergestellter Nahrung über Jahrzehnte beim Verbraucher einen Einheitsgeschmack entstehen lassen. Zuviel Salz, Zucker, Geschmacksverstärker Glutamat und chemisch erzeugte Aromastoffe haben den ursprünglichen Geschmack der Speisen verfälscht, und so ist es kein Wunder, wenn frisch Zubereitetes ganz anders schmeckt als Produkte aus dem Päckchen oder der Dose.

Wichtig

Wir sollten beim Würzen in ausgeglichener seelischer Verfassung sein. Das ist wichtig für die Profis im Fach. Zufriedene Menschen bringen eine harmonische Würzung zustande. Wut, Aggression oder Gleichgültigkeit sind ein schlechter Koch. Da liegt es nahe, daß ein Essen schon mal zuviel Salz, Zucker oder Pfeffer abbekommt. Oder daß es einfach zu fad schmeckt. Mit Kräutern dürfen Sie ruhig etwas experimentieren. Geben Sie den Speisen Ihre persönliche Geschmacksnote!

Vom richtigen Würzen

Das richtige Würzen gehört zur hohen Schule des Kochens und kann zu Recht als Kunst bezeichnet werden. Um mit all den leckeren Kräutern und Gewürzen richtig umzugehen, bedarf es einiger Punkte, über die es sich lohnt, einmal nachzudenken:

– Warenkenntnis: Man kann sie sich in Theorie und Praxis aneignen.

– Einfühlungsvermögen: Entweder man hat es von vornherein, oder man muß es erlernen und üben, damit das richtige Kraut zur richtigen Speise paßt. Dazu gehört natürlich das selbständige Experimentieren mit Kräutern und Gewürzen außerhalb der angegebenen Rezepturen.

– Fingerspitzengefühl: Ohne das nötige Fingerspitzengefühl sind die feinen Abstufungen, auf die es letztendlich beim Würzen ankommt, nicht zu erreichen. Sicherlich kennen Sie alle das Gefühl beim Würzen, es fehlt noch etwas, nur eine winzige Kleinigkeit. Und dann beginnt das Spiel mit den Fingerspitzen, denn eine Prise darüber hinaus könnte die hoffnungsvollste Speise zunichte machen.

– Geschmack: Er muß nicht angeboren sein, man kann ihn erlernen. Es ist dabei allerdings wichtig, den richtigen Lehrmeister zu haben. Außerdem kommt es auch, wie schon erwähnt, auf die eigene Verfassung an, wie sensibel man mit Gewürzen umgeht.

– Wagemut: Er ist der Wegbereiter zum harmonischen Würzen. Diese Tugend wird aus jedem Anfänger einen begabten Meister des Würzens machen und ihm neue Wege des Geschmacks erschließen.

Für unsere Gesundheit

Unsere Großmütter, Urgroßmütter sowie heilkundige Mönche wußten noch viel mehr mit Gewürzen und Kräutern anzufangen, als es heute der Fall ist. Viel ist verlorengegangen, obwohl die Kräuterheilkunde und das Würzen mit Kräutern momentan eine Renaissance erfährt. Es werden wieder Kamille- und Salbeidampfbäder gemacht, es wird gespült und gegurgelt. Aber es bleibt doch nur beim sporadischen Einsatz der Kräuter, die „tägliche Medizin" zum Nutzen unserer Gesundheit gelingt nur wenigen Menschen. Was seit Jahrhunderten in den Klostergärten gezogen und dann in Küchen, bei Alchimisten und Heilkundigen mit ihrem Wissen angewandt wurde, hat unsere moderne Wissenschaft inzwischen in Langzeitstudien bestätigt. Nämlich, daß der richtige und regelmäßige Umgang sowie die richtige Wahl der Gewürze und Kräuter an Speisen eine biologisch positive Wirkung auf unseren Körper hat.

Kräuter verleihen den Speisen also nicht nur optischen Pfiff, Frische und viel Geschmack, sondern sie stimulieren auch den Stoffwechsel, sorgen für eine gute Verdauung und steigern damit das Wohlbefinden.

Was paßt wozu?

Selbstverständlich muß man wissen, welches Kraut zu welchem Gericht paßt. So wären beispielsweise Salbei und Pfefferminze als Salatkraut nicht geeignet. Ich nehme sie gerne für Soßen, Braten und Gebackenes (z. B. Gemüsegulasch). Typische Salatkräuter hingegen sind Liebstöckel, Kerbel, Schnittlauch, Petersilie, Basilikum, Estragon, Majoran oder Dill. Bereits im Frühjahr entfaltet Schnittlauch seinen unverwechselbaren Geschmack. Mit Estragon und Liebstöckel geht es dann Schlag auf Schlag weiter. Beide brauchen einige warme und feuchte Tage, um richtig zu sprießen. Die Saison ist eröffnet. Fast zur gleichen Zeit können Sie die ersten Frühlingssalate anrichten.

In den Sommermonaten greife ich gerne auf Basilikum zurück. Es macht den Sommer erst so richtig zum kulinarischen Genuß. Frisch aus dem Garten entfaltet er bereits beim Abpflücken sein intensives und einzigartiges Aroma.

In dieser Zeit können Sie Gesundheit pur tanken. Der Verzehr von frischem Gemüse, von Salaten oder Obst mit den jeweils passenden Kräutern bringt dem Körper eine Fülle an Vitaminen und Mineralstoffen und hilft ihm beim Entschlacken.

Kräuter, Kräuter, Kräuter ...

Auch Gemüse hilft beim Würzen

Natürlich muß man auch die Würzkraft verschiedener Gemüsesorten hier miteinbeziehen. So sind Knoblauch, Zwiebel, Lauch, Sellerie usw. Gemüse und Gewürz zugleich. Es ist also die Abgrenzung zwischen Gemüsen, Kräutern und Gewürzpflanzen nicht immer ganz eindeutig zu sehen.

Wissenswertes

Von Paprika, Meerrettich, Knoblauch und seinen Verwandten Kresse, Bärlauch und Zwiebel weiß man, daß diese Gewürze auf Bakterien eine

wachstumshemmende Wirkung haben. Man spricht hier vom Antibiotikum der Natur.
Die Petersilie ist in fast jedem Haushalt vertreten und bringt ihre liebliche Würze überall ein. Der Volksmund lobt sie als Heilpflanze und schreibt ihr eine tonisierende, appetitanregende und verdauungsfördernde, harntreibende Wirkung zu. Zudem hat sie eine Fülle von Vitalstoffen und einen bemerkenswert hohen Gehalt an Eiweiß.
Die Muskatnuß war Großmutters Standardgewürz und prägte meist den Geschmack von klaren Suppen, Kartoffelpürees, Knödeln und Teigwaren. Noch heute ist die Muskatnuß, wird sie frisch gerieben, ein angenehmer Aromaspender für spezielle Speisen. Aber Vorsicht: Muskat sollte abrunden, aber nicht den Geschmack prägen. Kinder sind bei einer Überwürzung besonders empfindlich und neigen dazu, das Gewürz ganz abzulehnen.
Hinweis: Allgemein spricht man von einer Nuß, aber in Wirklichkeit handelt es sich hier um die Kerne einsamiger Beeren, die fast wie Aprikosen aussehen.

Eßbare Wildkräuter

Wildwachsende Kräuter sind, mit wenigen Ausnahmen, nicht sehr aromatisch.
Der Bärlauch, auch Waldknoblauch genannt, wächst in feuchten, humusreichen Laubwäldern und schattigen Gebüschen. Er wird bis zu 30 cm hoch, hat eine längliche, weiße Zwiebel. Die glänzenddunkelgrünen Blätter sind langstielig, lanzettlich. Seine weißen oder schwefelgelben Blüten stehen am Ende des langen Blütenstengels in reichblütiger Dolde. Blütezeit ist Anfang Mai bis Juni. In dieser Zeit riecht die Pflanze stark knoblauchartig, so daß sie für jedermann schon am Duft erkennbar ist.
Der Bärlauch kommt im Frühjahr, wenn er noch ganz zart ist, in meiner Küche zum Einsatz. An Blattsalaten, in Frischquarkspeisen, zu heißen Pellkartoffeln und zum Würzen feiner Getreidesuppen macht er sich besonders gut. Aber auch fein geschnitten aufs Butterbrot, zum frischen Ziegen- oder Schafskäse, als Mus püriert ans Kartoffelpüree oder verarbeitet zu Pesto als Zugabe zu hausgemachten Nudeln schmeckt Bärlauch sehr lecker. Bärlauch wird in der Heilkunde wie Knoblauch verwendet.

Salz

Einst als Kostbarkeit gehandelt und den Gewürzen zugeordnet, sollten Sie eigentlich Salz nicht als Würze betrachten, sondern als kleine Hilfe zur „Geschmacksfindung".
In sämtlichen Fertiggewürzen ist Salz schwerpunktmäßig vertreten, und damit beginnt auch schon die Abhängigkeit.
Ich verwende in meiner Küche nur unraffiniertes Meersalz. Es enthält einen kleinen Anteil Jod. Im naturbelassenen Zustand gibt man das Meersalz in die Salzmühle und mahlt es fein. Ungebleichtes gemahlenes feines Meersalz hat eine leicht graue Farbe und sollte trocken gelagert werden. Je nach Marke ist es nicht so rieselfähig wie das raffinierte Kochsalz. Meersalz ist in seiner Würzkraft nicht so stark wie herkömmliches Kochsalz. Verwenden Sie es trotzdem sparsam. Dies gelingt Ihnen nur, wenn Ihr Gaumen entsprechend sensibilisiert ist und die Rohstoffe aromareich sind. Oder Sie verwenden zum Würzen statt dessen mehr Kräuter.

Wer Salz sagt, meint meist auch Pfeffer

In meiner Küche findet auch der Pfeffer eine sparsame Verwendung. Bei manchen Speisen, wie zum Beispiel Ziegenkäse auf Tomaten mit frischem Basilikum (siehe S. 97), ist schwarzer Pfeffer aus der Pfeffermühle jedoch unabkömmlich.

Was ist Pflanzenwürze?

Ein Großteil der Menschen kennt nur Würzmittel aus tierischen Zusätzen. Mit der Reformbewegung und dem sensiblen Verhalten bestimmter Verbraucher wurde die Nachfrage nach reiner Pflanzenwürze in den letzten Jahrzehnten immer größer. Längst hat der Markt darauf reagiert und Pflanzenwürze jeglicher Art ohne den geringsten Zusatz tierischer Rohstoffe hergestellt.
Es gibt sie als Streuwürze mit Hefeflocken, Meersalz mit Kräutern und Gemüse, Brühwürfel zur schnellen Suppenbereitung oder als Ersatz für eine frische Gemüsebrühe. Auch als flüssige Würze, hergestellt unter Verwendung von Meeresalgen, Kräutern und Gemüsen, wird sie als Universalwürzer verkauft.

Kräuter und Gewürze

Basilikum

- Duft: herb-würzig
- Geschmack: frisch, süßlich, minzeähnlich
  getrocknet: pfeffrig pikant
- Bedingungen: liebt Licht und Wärme, vor Wind schützen
- Lichtkeimer
- Aussaat: unter Glas: Mitte April–Mitte Juni
  Freiland: ab Mitte Mai
- Pflanzzeit: ab Mitte Mai–Mitte Juli
- Erntezeit: Juni–Mitte Oktober
- Entfernung der Reihen voneinander: 25–30 cm
- Aufbewahrung: frisch: luftdicht, lichtundurchlässig, nicht lange aufbewahren, da es leicht sein Aroma verliert
  tiefkühlgeeignet
  konserviert in Salz und Öl
- Sonstiges: einjährig
  gehört zu den Kräutern der Provence
- Wirkungsweise: Samen oder getrocknete Blätter als Tee: nervenstärkend und -beruhigend, magenfreundlich, appetitanregend, verdauungsfördernd, blähungshemmend
- Was wird wie verwendet: Blätter oder Samen, frisch oder getrocknet, kleingeschnitten, zerrieben, gemahlen, gerebelt, in Pulverform oder in Öl und Salz eingelegt
  für: Gemüse, Suppen, Salate, Soßen, Fleisch, Fisch, Kräuteressig und -soßen, Leberwurst, Buttermischungen, Tomatengerichte, Pizza, Kräuterbutter, Nudelgerichte
  Grundlage für Pesto
  sparsam dosieren, da intensive Würzkraft

Bohnenkraut

- Geschmack: duftig-würzig, pfefferähnlich
- Bedingungen: liebt Sonne und Wärme
- Lichtkeimer
- Aussaat: unter Glas: April–Juli
  Freiland: ab Mitte Mai und im Herbst
- Erntezeit: Juni–Anfang Oktober laufend
  junge Blätter vor der Hauptblüte
- Entfernung der Reihen voneinander: 25–30 cm
- Entfernung innerhalb der Reihen: 25 cm
- Aufbewahrung: frisch: tiefkühlgeeignet
  getrocknet: ca. 1 Jahr haltbar
- Sonstiges: einjährige und ausdauernde Sorten
- Wirkungsweise: für Diätkost geeignet
  bakterientötend, blähungshemmend, krampflösend, auswurffördernd, gegen Durchfall (Gerbsäure), magenstärkend, macht Hülsenfrüchte leichter verdaulich
  Bohnenkrauttee: magen- und darmschonend, appetitanregend
  Bohnenkraut enthält ätherische Öle
- Was wird wie verwendet: Blätter und Stengel, Zweige für Eintopfgerichte (mitkochen und vor dem Servieren wieder herausnehmen), frisch oder getrocknet, gemahlen oder gerebelt, beste Würzkraft kurz vor oder während der Blüte
  für: Bohnengerichte, Hülsenfrüchte, Kartoffeln, Eintöpfe, Salatsoßen, Gemüse, Suppen, Fleisch, Fisch, Käse- und Salzgebäck, zum Einlegen von Gurken
  sparsam dosieren

Borretsch (Gurkenkraut)

- Geschmack: würzig-frisch, nach Gurken und Zwiebeln, mild
- Bedingungen: liebt sonnigen Standort, frostempfindlich
- Dunkelkeimer
- Aussaat: unter Glas: März–Juli
  Freiland: Mai–April
- Erntezeit: Mai–Juni, laufend junge Blätter und Triebspitzen
  Vorsicht: die borstigen Haare des Krautes können allergische Hautreizungen auslösen
- Entfernung der Reihen voneinander: 30 cm
- Aufbewahrung: frisch: welkt rasch, tiefkühlgeeignet
  läßt sich schlecht trocknen
- Sonstiges: einjährig
- Wirkungsweise: Vitamin-C-reich, sehr ballaststoffreich, harntreibend, stoffwechselanregend, nervenstärkend, fiebersenkend, gut bei Husten und Bronchitis
  als Tee: herz- und nervenstärkend, schweißtreibend, schmerzlindernd, bei inneren Entzündungen, verdauungsfördernd
  Borretsch wird auch zum Färben von Essig verwendet (Blüten)
- Was wird wie verwendet: frische Blättchen und blaue Blüten, frisch fein geschnitten, eventuell auch getrocknet
  für: Salatsoßen bei Blatt-, Gurken-, Tomaten- und Kartoffelsalat, Gemüse, Kartoffelsuppen, Hackfleisch, Fleisch, Fisch, Kräuteromelette, Senf- und Rahmsoßen, Kräuter- und Tomatensoßen, zum Einmachen von Essiggurken, als Dekoration für Desserts und Getränke
  Achtung: der intensive Geschmack kann leicht vorschmecken, deshalb sparsam verwenden

---

Dill

- Geschmack: Blätter: süßlich-würzig
  Samen: kümmelartig
- Bedingungen: liebt Wärme, sonniger bis halbschattiger Standort, vor Wind schützen
- Aussaat: unter Glas: April–Juni
  Freiland: April–Juli
- Erntezeit: Blüten im Juli,
  sonst Juli–September
- Entfernung der Reihen voneinander: 25–30 cm
- Entfernung innerhalb der Reihen: verziehen auf 5–8 cm
- Aufbewahrung: frisch: tiefkühlgeeignet
  getrocknet: ca. 1 Jahr haltbar
- Sonstiges: einjährig
- Wirkungsweise: hoher Vitamin-C-Gehalt, appetitanregend, verdauungs- und durchblutungsfördernd
  Tee aus aufgegossenen Dillblättern: blähungshemmend, gegen Schlaflosigkeit, verdauungsfördernd, beruhigend
- Was wird wie verwendet: Blätter, Stengel, Blüten und Samen, besonders Dillspitzen, frisch oder getrocknet (getrocknete Samen und Blätter haben ein intensiveres Aroma)
  für: Gemüse, Suppen, Salate, helle Soßen (Dillsoße), Rohkost, Fischgerichte, Schmorgerichte, Quark- und Eierspeisen, Meeresfrüchte, Kartoffelgerichte, Dillmayonnaise
  Dillsamen und -stengel: für Kräuteressig, Sauerkonserven, Fischsud
  Blüten und Samen: zum Einlegen von Gurken

Estragon

- Geschmack: anisartig, aromatisch eigenwillig, herb-würzig bis würzig-erfrischend mit süßlichem Nachgeschmack
- Bedingungen: liebt Licht und Wärme, geschützter Standort
- Aussaat: (manche Sorten können nur durch Teilung oder Setzlinge vermehrt werden, nicht durch Samen)
  unter Glas: ab zeitigem Frühjahr
  Freiland: Mitte Mai
- Erntezeit: Juli–Oktober
- Entfernung der Reihen voneinander: 40 cm
- Entfernung innerhalb der Reihen: 60 cm
- Aufbewahrung: frisch: tiefkühlgeeignet
  getrocknet: 1 Jahr haltbar
  konserviert in Essig und Öl
- Sonstiges: mehrjährig
- Wirkungsweise: für Diätkost geeignet, harn- und galletreibend, verdauungsfördernd
  Estragon enthält ätherische Öle, Bitter- und Gerbstoffe
- Was wird wie verwendet: Blätter und Blütenspitzen, frisch oder getrocknet, gerebelt für: Gemüse, Suppen, Salate, Soßen (Sauce béarnaise), helles Fleisch, Fisch, Buttermischungen, Quark, Remouladen, Marinaden, Weinessig (Estragonessig)
  mit Kerbel und Schnittlauch zusammen kennt man ihn als „Fines herbes" der französischen Küche
  vorsichtig dosieren, sehr würzintensiv

Gartenkresse

- Geschmack: würzig-pfeffrig, scharf, etwas bitter
- Aussaat: Anzucht in Schälchen, in geheizten Räumen, bereits im Winter am hellen Fenster möglich
  unter Glas: Januar–Mitte März, September–Dezember
  Freiland: Mitte März–August
- Erntezeit: Januar-Dezember, laufend
- Entfernung der Reihen voneinander: 10–20 cm
- Sonstiges: einjährig
- Wirkungsweise: Vitamin-C-reich, blutreinigend, magenstärkend, antibiotische Wirkung, steigert die körpereigene Abwehr
- Was wird wie verwendet: am Stück, frisch, fein gehackt
  als Würze für: Tomaten-und Kräutersuppen, Soßen, Buttermischungen, Rohkost, Quark, Tomaten- und grüner Salat, Eierspeisen, Fisch und Schalentiere, Bratkartoffeln
  pur im ganzen für: Salat oder zur Garnierung

Kerbel

- Geruch: kräftig aromatisch, leicht süßlich
- Geschmack: ähnlich wie Petersilie mit Anisbeigeschmack, süß-aromatisch, fenchelartig
- Bedingungen: verträgt keine direkte Sonne, halbschattiger Standort
- Aussaat: alle 3 Wochen neu aussäen
  unter Glas: Februar–März
  Freiland: Ende März–Juli
- Erntezeit: Mai–September
- Entfernung der Reihen voneinander: 15–20 cm
- Entfernung innerhalb der Reihen: 10–15 cm
- Aufbewahrung: frisch: tiefkühlgeeignet
  getrocknet: schnell aufbrauchen
  wenn die Pflanze blüht oder Samen bildet, verliert sie an Würzkraft
- Sonstiges: einjährig
- Wirkungsweise: Vitamin-C-reich, blutreinigend, harn- und schweißtreibend, drüsenstimulierend, magenstärkend
- Was wird wie verwendet: junge Blättchen, frisch als Würze im Frühjahr, getrocknet und gerebelt ganzjährig, gekocht als Suppenkraut (erst vor dem letzten Kochen beigeben)
  für: Gemüse, Suppen, kalte Kräutersoßen, grüne Soße, Salate, Lamm- und Fischgerichte, Kartoffelgerichte, Kräutermayonnaise, Buttermischungen
  mit Schnittlauch und Estragon zusammen kennt man ihn als „Fines herbes" der französischen Küche
  typisches Frühjahrskraut
  frisches Kraut oder Samen für Heilzwecke

Knoblauch

- Geschmack: durchdringend süßlich mild bis brennend scharf
- Bedingungen: liebt Sonne
- Aussaat: Schnittknoblauch (Knolau)
  als Samen: März–August
  Vermehrung durch Zehen direkt ins Freiland: ab April–Anfang Mai oder September/Oktober
- Pflanzzeit: fertige Pflanzen des Schnittknoblauchs (Knolau) im Frühjahr
- Erntezeit: Ende Juli–Oktober
- Entfernung der Reihen voneinander: 20 cm
- Entfernung innerhalb der Reihen: 15 cm
- Aufbewahrung: nach dem Absterben des Laubs (nach 4–5 Monaten) Knoblauch vorsichtig aus dem Boden ziehen und nach ausreichendem Trocknen mit dem Laub in Zöpfen an einem trockenen Platz aufhängen
- Sonstiges: mehrjährig
- Wirkungsweise: Vitamin-B_1-, -C-reich, entzündungshemmend, stoffwechselanregend, verdauungsfördernd, entgiftet das Blut, senkt Blutdruck, beugt Herzinfarkt vor
  Knoblauchsaft: regt Leber- und Gallentätigkeit an, erhöht Durchblutung
- Was wird wie verwendet: frisch: Knolle oder Zehen; getrocknet: als Pulver und Knoblauchsalz
  Knoblauchessenz, -saft, -öl
  für: Gemüse (Bohnen), Kartoffelsuppen, deftige Salate, Buttermischungen, Soßengrundlage, Bratensoße, fettes Fleisch, Fischgerichte, Käse- und Fleischfondue, pikanter Quark, Tomatengerichte, Lammgerichte
  zur Wurstherstellung

Liebstöckel (Maggikraut)

- Geschmack: eigentümlich scharf, pikant-würzig,sellerieähnlich
- Bedingungen: sonne- und schattenliebend
- Aussaat: unter Glas: März–Mai in Schalen oder im Frühbeet
  Freiland: März–September
- Pflanzzeit: März–August
- Erntezeit: Juni–September
- Entfernung der Reihen voneinander: 60 cm
- Entfernung innerhalb der Reihen: 60 cm
- Aufbewahrung: frisch: tiefkühlgeeignet (Blätter) bzw. einsalzen
  getrocknet
- Sonstiges: mehrjährig
- Wirkungsweise: für Schonkost und bei Diät geeignet
  Vitamin-C-reich, verdauungsfördernd, magenstärkend, blasenstärkend
  Tee aus den Wurzeln: Hausmittel bei Nikotin- und Alkoholvergiftungen, wassertreibend, hilft bei Verdauungsstörungen
  Vorsicht: nierenreizend, nicht bei Schwangerschaft oder Nierenerkrankungen anwenden!
- Was wird wie verwendet: Stengel, zarte Blätter, Wurzeln und Samen, frisch oder getrocknet, geschnitten, gemahlen, gerebelt
  Wurzel aromatischer
  für: Fleisch-, Fisch- oder Gemüsebrühen, Gemüse, Pasteten, Suppen, Eintöpfe, grüner Salat, Soßen, Hülsenfrüchte, deftige Fleischgerichte, gebackenen Fisch, Buttermischungen

---

Majoran

- Geruch: pfeffrig-herb
- Geschmack: aromatisch, kräftig, minzig
- Bedingungen: liebt Licht und Wärme
- Lichtkeimer
- Aussaat: unter Glas: Ende Februar–April in Schalen oder Frühbeet
  Freiland: Mitte Mai
- Pflanzzeit: Mitte Mai
- Erntezeit: Mai–August, sowie vor und während der Blütezeit
- Entfernung der Reihen voneinander: 20 cm
- Entfernung innerhalb der Reihen: 10 cm
- Aufbewahrung: frisch: tiefkühlgeeignet
  getrocknet: gerebelt bis zu 1 Jahr, gemahlen: nur wenige Wochen haltbar
- Sonstiges: einjährig
- Wirkungsweise: krampflindernd, magen- und nervenstärkend, regt Blutzirkulation an, deshalb schlecht bei Bluthochdruck
  Majorantee: lindert Magenbeschwerden, blähungshemmend, appetitanregend
  Majoransalbe: hilft bei verschnupfter Nase
  Majoran enthält ätherische Öle
- Was wird wie verwendet: Blätter, Blüten, frisch oder getrocknet, gemahlen oder gerebelt
  für: Suppen, Salate, Ragouts, Eintöpfe, deftige Fleischgerichte, Hackfleisch, Buttermischungen, Bratengerichte, Käsespeisen, Fischsoßen, Kartoffel- und Tomatengerichte, Pizza
  zur Wurst- und Pastetenherstellung
  sparsam dosieren, immer zuletzt an die Speisen geben

Meerrettich

- Geschmack: zuerst süßlich, dann scharf-würzig bis brennend-scharf
- Aussaat: Freiland: März–April
  Fechserverpflanzung!
- Erntezeit: Wurzeln: Oktober–November ausgraben
  Fechser aufheben!
- Entfernung der Reihen voneinander: 75 cm
- Entfernung innerhalb der Reihen: 40 cm
- Aufbewahrung: frisch: Meerrettich im Kühlschrank aufbewahren
  Meerrettichwurzeln im Keller in einer Sandkiste einlagern oder gerieben einfrieren
  Die Seitentriebe der erntereifen Wurzeln (= Fechser) werden ebenfalls in Sand eingegraben und im Keller bis zum nächsten Jahr aufbewahrt. Dann neue Pflanzung!
- Sonstiges: mehrjährig
- Wirkungsweise: Vitamin-B_1-, -B_2-, -C-, kalium-, kalziumreich, verdauungsfördernd (Galle, Leber), kreislaufanregend, antibiotisch
  Meerrettichumschläge: bei Neuralgien, Ischias und Magenschmerzen
- Was wird wie verwendet: Blätter, Wurzeln, frisch gerieben, getrocknet als Pulver
  frisch geriebene Wurzeln sind am würzigsten
  für: scharfe Würzsoßen, deftige Salate, Fleisch, zum Einlegen von Fischen und Sauerkonserven

---

Oregano (Dost, wilder Majoran)

- Geruch: würziger als Majoran
- Geschmack: majoran- und thymianähnlich, nur feiner
- Bedingungen: warmer, trockener Standort
- Aussaat: April–Mai in Schalen
- Erntezeit: fast das ganze Jahr, Ernte während der Blüte
- Entfernung der Reihen voneinander: 30 cm
- Entfernung innerhalb der Reihen: 30 cm
- Aufbewahrung: gerebelt: bis zu 1 Jahr haltbar
  gemahlen: weniger als 1 Jahr haltbar
- Sonstiges: mehrjährig
- Wirkungsweise: nervenstärkend, krampflösend bei Husten, magenstärkend, appetitanregend, verdauungsfördernd
  Tee aus Oregano: appetitanregend, magenstärkend, darmstärkend, hustenlindernd, erkältungshemmend
  als Badezusatz: bei Husten, Keuchhusten, Bronchitis
- Was wird wie verwendet: Blätter, junge Triebe, Blüten, frisch oder getrocknet, pulverisiert, gerebelt, gemahlen
  beste Würzkraft zur Blütezeit
  für: Tomaten- und Bohnengemüse und Suppen, Fleisch-und Gemüsegerichte, Seefische, Salatsoßen, Käse, klassisches Pizzagewürz

Petersilie

- Geschmack: süßlich-würzig
- Bedingungen: verträgt keine direkte Sonne, halbschattiger, feuchter Standort
- Aussaat: März–April, keimt langsam
- Erntezeit: 1. Jahr: Juni–Winter Blattrosette
  2. Jahr: Mai–Juni, fast das ganze Jahr Blütenstengel, laufend frische Blätter, dann schießen die Pflanzen auf
- Entfernung der Reihen voneinander: 20–30 cm
- Entfernung innerhalb der Reihen: 8 cm
- Aufbewahrung: frisch: einige Tage im Kühlschrank oder fein hacken, dann luftdicht im Glas aufbewahren, tiefkühlgeeignet
  Wurzelpetersilie kann im Keller in einer Sandkiste überwintern
- Sonstiges: zweijährig
- Wirkungsweise: frisch: Vitamin-B-, -C-haltig, appetitanregend, verdauungsfördernd, harntreibend
- Was wird wie verwendet: Samen giftig!
  Blattpetersilie (glatt oder kraus) zum Würzen und Garnieren
  Wurzelpetersilie als Suppen- oder Beilagengemüse
  frisch oder getrocknet
  für: Gemüse, Suppen, Salate, Fleisch, Fisch, Hühner- oder Fleischbrühe, Kartoffelgerichte, Buttermischungen, Soßen

---

Pfefferminze

- Geschmack: pfeffrig-kühlend, scharf-aromatisch, angenehm frisch
- Bedingungen: sonnig bis halbschattig
- Aussaat: unter Glas: März–Mai in Schalen oder Frühbeet
  Freiland: April–Mitte September
- Pflanzzeit: Juli/August
- Erntezeit: Juni–Oktober, laufend frische Blätter
- Entfernung der Reihen voneinander: 30 cm
- Entfernung innerhalb der Reihen: 30 cm
- Aufbewahrung: frisch: tiefkühlgeeignet getrocknet
- Sonstiges: mehrjährig
- Wirkungsweise: antibakteriell, magen- und darmstärkend, krampflösend, verdauungsfördernd, blähungshemmend, hilft bei Übelkeit, unterstützend für Galle- und Leberfunktion
  Achtung: zu viel kann zu Herzschädigungen führen!
  Pfefferminztee: magen- und darmstärkend
  Pfefferminze enthält ätherisches Öl (Menthol): zum Einreiben gegen Gliederschmerzen, bei Neuralgien, Rheuma, Kopfschmerzen, erkältungslindernd, krampflösend, anregend, stärkend
- Was wird wie verwendet: frisches Kraut in kleinen Mengen oder getrocknet
  für: Gemüse, Fleisch, Desserts, Salate, Buttermischungen, Soßen zu Lamm und Wild, Suppen, Rohkost, Quark, Eier, Gelee, Mixgetränke, Kräuteressig, -wein, -geist
  wird weiterhin verwendet für: Bonbons, Liköre, Zahnpasta, Mundwasser, getrocknet für Arznei- und Haustees

Portulak

- Geschmack: mild, etwas salzig, leicht säuerlich, würzig, erfrischend
- Aussaat: unter Glas: ab April
  Freiland: Mai–Juli, laufend nachsäen
- Erntezeit: Juni–Oktober,
  2maliger Schnitt möglich
- Entfernungen der Reihen voneinander: 20–30 cm
- Aufbewahrung: zur Konservierung ungeeignet
- Sonstiges: einjährig
- Wirkungsweise: vitaminreich
- Was wird wie verwendet: junge, kleine Blätter
  für: grünen Salat, Gemüsesuppen, Kräuter- und Tomatensoßen, Quarkspeisen, ganzes Blatt als Salat oder wie Spinat

---

Salbei

- Geruch: kampferähnlich, streng
- Geschmack: herb-würzig, würzig-bitter, fischig
- Bedingungen: liebt Vollsonne und Wärme
- Aussaat: unter Glas: Februar–Ende Mai
  Freiland: Ende Mai–August
- Erntezeit: Mitte Mai–Mitte Oktober
- Entfernung der Reihen voneinander: 30 cm
- Entfernung innerhalb der Reihen: 40 cm
- Aufbewahrung: frisch: tiefkühlgeeignet
  getrocknet: 1 Jahr haltbar
- Sonstiges: mehrjährig
- Wirkungsweise: regt Leber und Nieren an, gegen übermäßige Schweißsekretion, antiseptisch, adstringierend
  Salbeitee: bei Durchfall, Magenverschleimung, Darmbeschwerden, Halsschmerzen, entzündungshemmend, appetitanregend
  Salbeitinktur: bei Zahnfleischbluten
  zum Gurgeln bei: Mund- und Rachenentzündungen
  nicht über längere Zeit in zu hoher Dosis einnehmen!
- Was wird wie verwendet: junge, zarte Blätter, frisch oder getrocknet, gehackt, gerebelt oder gemahlen
  für: Gemüse, grünen und Tomatensalat, Suppen, Fleisch, Fisch, Grilladen, Käseauflauf, Buttermischungen, Quark, Rührei, Teigwaren, Reis, Soßen, Tees
  Blätter in Teig gehüllt und ausgebacken
  Saltimbocca romana

Schnittlauch

- Geschmack: zwiebelähnlich, doch milder bis zwiebelscharf
- Bedingungen: liebt Sonne wie auch Halbschatten
- Aussaat: unter Glas: Januar–Februar Freiland: ab Ende April oder August
- Erntezeit: Mai–Oktober, laufend frische Stengel
- Entfernung der Reihen voneinander: 30–40 cm
- Entfernung innerhalb der Reihen: 25 cm
- Aufbewahrung: frisch: gut eingeschlagen 1–2 Tage im Kühlschrank, tiefkühlgeeignet
- Sonstiges: mehrjährig
- Wirkungsweise: hoher Vitamin-C-, Eisen-, Phosphorgehalt, senkt den Blutdruck, verdauungsfördernd, appetitanregend, magenstärkend
- Was wird wie verwendet: Blattröhren, frisch, selten getrocknet, fein gehackt (erst nach dem Garen zugeben)
  für: Gemüse, Suppen, Salate, Beilagen, Soßen, Fischgerichte, Buttermischungen, Eierspeisen, Quark, Hühner- und Fleischbrühe, Kartoffelgerichte
  mit Estragon und Kerbel zusammen kennt man ihn als „Fines herbes" der französischen Küche
  gefriergetrocknet erhältlich

Thymian

- Geruch: angenehm würzig
- Geschmack: herb, kräftig, pfeffrig, aromatisch
- Bedingungen: liebt Licht und Wärme
- Aussaat: unter Glas: Februar-März Freiland: Mitte April–Mitte Mai
- Erntezeit: Juli–Oktober
- Entfernung der Reihen voneinander: 50 cm
- Entfernung innerhalb der Reihen: 20 cm
- Aufbewahrung: getrocknet: gerebelt 10–12 Monate haltbar
- Sonstiges: mehrjährig
- Wirkungsweise: Thymiantee: bei Magenverschleimung, Magenbrennen, Leberbeschwerden, bei Husten und Keuchhusten, auswurffördernd, schleimlösend, krampflösend, schmerzlindernd, verdauungsfördernd, fördert die Fettverdauung
  Gurgelmittel bei Halsentzündungen, Bronchitis, Erkältungen
- Was wird wie verwendet: junge Triebe, Blätter, Blüten, frisch oder getrocknet, gemahlen oder gerebelt
  für: Gemüse, Suppen, Soßen, Beizen, Salate, Pilze, Pasteten, Fleisch, Fisch, Kartoffeln, Hülsenfrüchte, Hühner- und Fleischbrühe, Quark, beliebtes Pizzagewürz
  zählt zu den Kräutern der Provence
  getrocknet: als Grillwürze
  Achtung: getrocknete Blätter haben 3fache Würzkraft, deshalb vorsichtig dosieren!

Ysop

- Geschmack: thymian- und salbeiähnlich, leicht minzig
- Aussaat: unter Glas: März–April in Schalen oder Frühbeet
  Freiland: Mai
- Erntezeit: Juni–September des 2. Jahres
- Aufbewahrung: frisch: tiefkühlgeeignet
  geeignet zum Einlegen in Essig und Öl
  trocknungsgeeignet
- Sonstiges: mehrjährig
- Wirkungsweise: Tee aus Ysopblättern: schleimlösend, verdauungsfördernd, magenberuhigend
  zusammen mit Salbei: gegen nächtliches Schwitzen
  zusammen mit Fenchel: gegen Magen-Darm-Beschwerden
- Was wird wie verwendet: Blätter, frisch oder getrocknet
  für: Soßen, Salate, Fleischgerichte, fettes Fleisch, fetter Fisch

---

Zitronenmelisse

- Geruch: nach Zitrone
- Geschmack: zitronenähnlich, frisch-würzig
- Bedingungen: sonnig, warmer Standort
- Aussaat: unter Glas: Mitte März–Ende Mai
  Freiland: April–Mai
- Erntezeit: Juni–Mitte Oktober
- Entfernung der Reihen voneinander: 30 cm
- Entfernung innerhalb der Reihen: 40 cm
- Aufbewahrung: frisch: tiefkühlgeeignet
  getrocknet: luft- und sichtundurchlässig aufbewahren (Aroma geht schnell verloren)
- Sonstiges: mehrjährig
- Wirkungsweise: Melissengeist: beruhigend, entspannend, schlaffördernd
  Melissentee (kurz vor der Blüte ernten): herzstärkend, krampflösend, bei Schlaflosigkeit, verdauungsfördernd,
  bei Migräne, beruhigend, bei nervösen Störungen
- Was wird wie verwendet: junge Blätter, frisch oder getrocknet
  für: Gemüse, Salate, Soßen, Suppen, Fleisch, Fisch, Süßspeisen, Mayonnaise, Leber, Geflügel und Wild, Milch- und Eierspeisen, Quark, Bowlen, Kräutertees, -essig
  vorsichtig würzen

Eßbare Wildkräuter

Bärlauch (Wildknoblauch)

- Geruch: starker Knoblauchgeruch
- Bedingungen: wächst im Frühjahr in feuchten, humusreichen Laubwäldern und schattigen Gebüschen
- Geschmack: knoblauchartiges Aroma, bitter, beizend, scharf
- Erntezeit: März–Mai (vor der Blüte) und Herbst
- Wirkungsweise: hilft bei Verdauungsstörungen, Bronchitis
  Bärlauch enthält ätherische Öle
- Was wird wie verwendet: Blätter, frisch für: Blattsalate, Rohkost, Frischquarkspeisen, Pellkartoffeln, Getreidesuppen, aufs Butterbrot, zum frischen Ziegen- und Schafskäse, als Mus püriert ans Kartoffelpüree, für Pesto
  20mal gehaltvoller als Knoblauch

Löwenzahn

- Geschmack: grüne Blätter deutlich bitter, gebleichte schmecken milder
- Bedingungen: wächst im Frühjahr auf kräftig gedüngten Wiesen, Weiden, Wegrändern
- Aussaat: Kultursorten Freiland: März–April
- Pflanzzeit: Mai–Juni
- Erntezeit: junge Blätter im Frühjahr (wild)
  Kultursorten: 1. Schnitt September/Oktober, dann überwintern und Blätter zum Bleichen zusammenbinden
- Entfernung der Reihen voneinander: 25 cm
- Entfernung innerhalb der Reihen: 20 cm
- Wirkungsweise: diabetikergeeignet, Leber und Galle stimulierend, magenstärkend, blutreinigend, appetitanregend durch Bitterstoffe, verdauungsfördernd, stark entwässernd, deshalb als Tee bzw. als Preßsaft aus frischen Pflanzen auch bei Rheuma und Gicht, harntreibend
  leichtes Abführmittel
- Was wird wie verwendet: ganze junge Blättchen: als Salat oder wie Spinat feingehackt als Würze für: Salate, Frühlingssuppen, Kräutersoßen, gegrilltes Fleisch
  Wurzel oder Kraut vor der Blüte als Tee
  Wurzel wurde früher zusammen mit der Zichorienwurzel geröstet und zu Kaffee-Ersatz verarbeitet, Blüten eßbar

Sauerampfer

- Geschmack: erfrischend bitter, würzig-säuerlich
- Bedingungen: wächst im Frühjahr auf nährstoffreichen Fettwiesen, Weiden, an Böschungen und grasigen Weg- und Feldrändern
  schattige Lage
- Dunkelkeimer
- Aussaat: Kultursorten:
  Freiland: März/April und August/September
- Erntezeit: April–September, laufend frische Blätter, vor der Blüte ernten
- Entfernung der Reihen voneinander: 25 cm
- Entfernung innerhalb der Reihen: 12–15 cm
- Aufbewahrung: nur frisch verwenden
- Sonstiges: mehrjährig
- Wirkungsweise: Blätter haben hohen Vitamin-C-Gehalt, hoher Oxalsäuregehalt, blutreinigend, appetitanregend,
  Vorsicht bei Rheuma und Nierenkrankheiten!
- Was wird wie verwendet: Blätter, feingehackt, für Rohkost, Kartoffel- und Fischsuppen, Frühlingssuppen und -soßen, Kräutersoßen, Salate, pikante Quarks, Eierspeisen
  ganz als Wildgemüse zu Suppen, als Salat oder als Füllung für Omeletts

---

Spitzwegerich

- Geschmack: herb (Blätter), dumpf, wenig aromatisch
- Bedingungen: wächst im Sommer an Waldrändern und auf Wiesen, Weiden, Äckern
- Erntezeit: Mai–Anfang Juni
- Aufbewahrung: zarte junge Blätter verwenden, möglichst vor der Blüte
- Sonstiges: mehrjährig
- Wirkungsweise: reizmildernd, entzündungshemmend, wundheilend (zerstoßene Blätter auf Wunden), verdauungsfördernd, appetitanregend, regelt den Stuhlgang, krampflösend, diuretisch, schleimlösend bei Husten, Heiserkeit, chronischen Katarrhen
  zum Gurgeln bei Halsentzündungen
  Breiumschläge bei Insektenstichen und Quetschungen
- Was wird wie verwendet: Kraut für Tee und Breiumschläge (zerquetschte Blätter) sowie Bestandteil schleimlösender Bonbons
  Preßsaft im Frühjahr bis zur Blüte
  Blätter für: Kräutersuppen, Béchamelsoße, Rohkost, Wildsalate, möglichst mit aromareichen Blattsalaten und Kräutern gemischt

Keime und Sprossen

Keimlinge selber ziehen
Das Ziehen von Keimlingen ist unabhängig von der Jahreszeit und Witterung möglich. Sie können sich deshalb das ganze Jahr hindurch mit Sprossen und Keimlingen selbst versorgen.
Das Ziehen von Samen ist uralt und wurde bereits vor 5000 Jahren in China praktiziert. Schon damals wußte man um die Lebenskraft, die in den kleinen Samen steckt. Ungekeimte Samen sind ideale Vorratsspeicher für hochwertige Fette, Eiweiße, Mineralstoffe, Spurenelemente, Vitamine und Enzyme. Beim Keimen werden die Samen weich, schmackhaft und auf natürliche Weise zum Nahrungsmittel. Dabei erfährt der an sich schon gehaltvolle Samen eine enorme Aufwertung. Denn unter Aufnahme von Wasser und Sauerstoff werden die arteigenen Enzyme aktiviert und mobilisiert, und der Enzymgehalt steigt. Durch die Enzymaktivität werden Kohlenhydrate, Fette und Eiweiße aufgeschlossen und für den menschlichen Organismus besser verwertbar.
Je nach Samen und Keimdauer steigt der Vitamin- und Mineralstoffgehalt um 50 % bis 200 % an. Bei Weizensamen hat sich nach 5 Tagen Keimdauer das Vitamin E, bei Mungobohnen das Vitamin B_2 verdoppelt.
Nicht nur wegen des hohen Vitamin- und Mineralstoffgehalts sind frische Sprossen besonders gesund. Sie würzen, helfen Salz sparen, liefern Ballaststoffe und eignen sich für die leichte, kalorienarme Küche. Sie sind deshalb

auch besonders bei Diabetes und Herz-Kreislauf-Erkrankungen geeignet. Vorteilhaft ist diese Ernährung für heranwachsende und alternde Menschen wegen des hohen Vitalstoffgehalts.

Erstaunliche Inhaltsstoffe

Es gibt eine Fülle von Samen, die Sie für die Keimung verwenden können. Neben Getreidesamen und Sojabohnen gehört wohl zu den bekanntesten Samen die Luzerne, auch Alfalfa genannt. Sie hat besonders viel Vitamin A, D und E und den höchsten Mineralstoffgehalt unter den Keimlingen. Außerdem ist Alfalfa reich an Eiweiß. Menschen aus dem ländlichen Raum dürfte die Luzerne bekannt sein, denn sie wird in der Landwirtschaft als hochwertiges Viehfutter angebaut.

Pikante Sprossen und Keime – Vitalstoffe pur.

Senfsamen enthalten Fett, Vitamin A, B_1, B_2 und C, Kalium, Eisen und werden vielfach auch als Heilmittel bei Verdauungs- und Hautproblemen eingesetzt.

Sonnenblumenkerne sind Eiweiß-, Fett- und Eisenträger und weisen wichtige Spurenelemente auf.
Linsen sind Vitamin-B- und Eiweißlieferanten und wie die Mungobohne eine sinnvolle Ergänzung im vegetarischen Speiseplan. Denn Eisen, Kalium, Kalzium und B-Vitamine – typische Bestandteile von Fleisch – werden auch von Hülsenfrüchten geliefert.
Kresse ist mit ihren Vitaminen C und A, ihren ätherischen Ölen nicht nur ein natürliches Antibiotikum, sondern sie wirkt auch noch entwässernd.

Jetzt kann's losgehen

Jetzt sollten Sie nur noch wissen, wie man Keimlinge zieht. Hierbei wird der natürliche Vorgang des Pflanzenwachstums nachgeahmt. Dazu brauchen Sie lediglich keimfähige Samen, Wasser, Licht und Wärme. Wichtig: Kaufen Sie nur Keimsamen mit spezieller Keimfähigkeit und aus biologischem Anbau!
Einen geeigneten Keimapparat (siehe auch S.22) bekommen Sie in jedem

Reformhaus, Bio- und Naturkostladen. Eine genaue Gebrauchsanweisung, wie die Keime zu ziehen sind, wird mitgeliefert.
Der Keimapparat eignet sich hervorragend für kleine Samen (z. B. Kresse, Leinsamen, Senf, Radieschen, Luzerne etc.). Für Getreide, Hülsenfrüchte und Sonnenblumenkerne kann schon ein großes Glas oder auch ein Haarsieb ausreichen. Sie sollten etwa 4 bis 6 Stunden im Wasser quellen. Anschließend werden sie auf ein Sieb geschüttet und verteilt. Die gequollenen Körner und Hülsenfrüchte müssen gut abtropfen, bevor sie in ein Glas oder ein anderes geeignetes Behältnis gefüllt werden. Es genügt, das Gefäß mit einem Tuch abzudecken. Lassen Sie das Keimgut in der Küche an einem hellen, warmen Ort stehen. Die Keimlinge müssen jeden Tag (morgens und abends) mit frischem Wasser abgespült werden. Schon nach 2 bis 3 Tagen können Sie Keimlinge ernten. Achten Sie darauf, daß sie nicht auswachsen. Der Wachstumsprozeß wird unterbrochen, indem Sie das Gefäß mit den Pflänzchen in den Kühlschrank stellen und so lange aufbewahren, bis Sie die Keimlinge vollständig verbraucht haben.
Die gekeimten Hülsenfrüchte können Sie, ohne sie extra garen zu müssen, verzehren.
Eine Ausnahme bilden die Sojabohnensprossen, sie werden kurz blanchiert. Für Bohnensprößlinge nimmt man am besten Adzuki- oder Mungobohnen. Sie werden nicht gekocht.
Alle Keime werden roh gegessen, komplett mit Wurzel und Blattansatz.
Es gibt keinen Abfall.

Samen und Keimlinge

Alfalfa (Luzerne)

- Geschmack:
  würzig, herb, leicht nußartig
- Inhaltsstoffe:
  sehr viel Vitamin A, C, D, E, eine Vielzahl von Mineralstoffen, alle 8 essentiellen Aminosäuren, Protein, Chlorophyll, Faserstoffe, sehr eiweißreich
- Wirkungsweise:
  für Zähne, Muskeln und Knochen
- Anwendungsgebiet:
  für Salate, Suppen, Soßen, Quark, als Brotbelag
- Keimzeit:
  etwa 7 Tage, Keimblätter können mitverzehrt werden
- Keimtemperatur:
  18 bis 22 °C
- Wässern:
  1- bis 2mal täglich
- Ertrag:
  die 4fache Menge der Samen

Bockshornklee

- Geschmack:
  sehr herb, orientalisch, wird beim Keimen bitter
- Inhaltsstoffe:
  Vitamine A, B_1, B_2, B_3, B_5, C, D, sehr viel Eisen, Phosphor, Saponin, Cholin, viel Eiweiß
- Wirkungsweise:
  bei Magen- und Darmerkrankungen
- Anwendungsgebiet:
  für Salate, Reisgerichte, Gebäck, zu Obst – sparsam verwenden
- Keimzeit:
  etwa 3 Tage
- Keimtemperatur:
  18 bis 21 °C
- Wässern:
  2- bis 3mal täglich
- Ertrag:
  die 3- bis 4fache Menge der Samen

Dinkel

- Geschmack:
  angenehm nußartig
- Inhaltsstoffe:
  Vitamin B_1, B_2, B_3, B_5, B_6, C, viel E, Kalium, viel Kalzium, Magnesium, Natrium, Schwefel, Chlor, Mangan, Zink, Jod, viel Eisen
- Anwendungsgebiet:
  für Salat, Müsli, Obstspeisen, als Backzutat
- Keimzeit:
  3 Tage
- Keimtemperatur:
  18 bis 22 °C
- Wässern:
  2- bis 3mal täglich
- Ertrag:
  die 2fache Menge der Samen

Kichererbsen

- Geschmack:
  nußähnlich
- Inhaltsstoffe:
  Vitamine B_1, B_2, B_3, C, D, E, sehr viel Vitamin A, Eisen, Phosphor, Zink, Mangan, Kalium, Magnesium, hoher Anteil an essentiellen Aminosäuren, viel Eiweiß
- Anwendungsgebiet:
  für Salate, Suppen, Gemüse
  Achtung: Kichererbsen enthalten den unbekömmlichen Eiweißstoff Phasin, deshalb vor dem Verzehr entweder 10 Minuten garen, 5 Minuten blanchieren oder in Fett dünsten
- Keimzeit:
  etwa 3 bis 4 Tage
- Keimtemperatur:
  18 °C
- Wässern:
  2- bis 3mal täglich
- Ertrag:
  die 3- bis 4fache Menge der Samen

Kresse

- Geschmack:
  würzig, pikant, herb
- Inhaltsstoffe:
  Vitamin A, B_1, B_2, B_3, viel C und D, Kalium, Kalzium, Jod, Eisen, Phosphor, ätherische Öle
- Wirkungsweise:
  natürliches Antibiotikum, wirkt entwässernd
- Anwendungsgebiet:
  für Salate, Suppen, Kräutersoßen, Quark, Eier, Nudeln, als Brotbelag
- Keimzeit:
  5 bis 6 Tage
- Keimtemperatur:
  18 bis 22 °C
- Wässern:
  1mal täglich
- Ertrag:
  die 4fache Menge der Samen

Leinsamen (Leinsaat)

- Geschmack:
  nußartig
- Inhaltsstoffe:
  Vitamin E, F, K, Eisen, Kalzium, Kupfer, Magnesium, Phosphor, Jod, viel Eiweiß
- Wirkungsweise:
  schleimbildend, bei Verstopfung
- Anwendungsgebiet:
  für Obst, Suppen, Müsli
- Keimzeit:
  2 bis 3 Tage
- Keimtemperatur:
  18 bis 22 °C
- Wässern:
  1mal täglich
- Ertrag:
  die $1^1/_2$fache Menge der Samen

Linsen

- Geschmack:
  nußartig
- Inhaltsstoffe:
  Vitamin A, B_1, B_2, B_3, B_6, B_{12}, viel C und E, Phosphor, Eisen, Zink, Mangan, Natrium, viel Eiweiß
- Anwendungsgebiet:
  für Salate, Suppen, Gemüse
- Keimzeit:
  3 Tage
- Keimtemperatur:
  18 bis 22 °C
- Wässern:
  3- bis 4mal täglich
- Ertrag:
  die 4- bis 5fache Menge der Samen

Mungobohnen (Adzukibohnen)

- Geschmack:
  süßlich, erbsenähnlich
- Inhaltsstoffe:
  Vitamin A, B_1, B_2, B_5, B_{12}, C, viel E, Kalzium, viel Kalium und Phosphor, Eisen
- Anwendungsgebiet:
  für Salate, Nudeln, Reis, Omelette
- Keimzeit:
  4 bis 5 Tage
- Keimtemperatur:
  18 bis 22 °C
- Wässern:
  2- bis 3mal täglich
- Ertrag:
  die 4- bis 5fache Menge der Samen

Rettich

- Geschmack:
  scharf, pikant
- Inhaltsstoffe:
  Vitamin A, B_1, B_2, B_3, viel C, Kalzium, Phosphor, Eisen, Natrium, Magnesium, reich an Senfölen
- Wirkungsweise:
  macht Speisen bekömmlicher
- Anwendungsgebiet:
  für Salatsoßen, Gemüse, Eintöpfe, als Brotbelag – sparsam verwenden
- Keimzeit:
  3 bis 4 Tage
- Keimtemperatur:
  18 bis 22 °C
- Wässern:
  2- bis 3mal täglich
- Ertrag:
  die 2- bis 3fache Menge der Samen

Senf

- Geschmack:
  scharf, würzig, pikant
- Inhaltsstoffe:
  Vitamin A, B_1, B_2, viel C, Schwefel, Phosphor, Kalium, Eisen, ätherisches Senföl
- Wirkungsweise:
  hilft bei Verdauungs- und Hautproblemen
- Anwendungsgebiet:
  Salate, Soßen, Quark, Eintöpfe, als Brotbelag
- Keimzeit:
  2 bis 3 Tage
- Keimtemperatur:
  18 bis 22 °C
- Wässern:
  1mal täglich
- Ertrag:
  die 2fache Menge der Samen

Sonnenblumen

- Geschmack:
  mild, nach dem Keimen bitterer
- Inhaltsstoffe:
  sehr viel Eisen, wichtige Spurenelemente, Eiweiß, hochwertiges Fett
- Wirkungsweise:
  hilft bei Verdauungs- und Hautproblemen
- Anwendungsgebiet:
  für Salate, Suppen, Müsli, Nachspeisen
- Keimzeit:
  2 Tage
- Keimtemperatur:
  18 bis 22 °C
- Wässern:
  2- bis 3mal täglich
- Ertrag:
  die 3fache Menge der Samen

Weizen

- Geschmack:
  süßlich, nußartig
- Inhaltsstoffe:
  Vitamin B_1, B_2, B_3, B_5, B_6, C, viel E, Kalium, viel Kalzium, Magnesium, Natrium, Schwefel, Chlor, Mangan, Zink, Jod, viel Eisen
- Anwendungsgebiet:
  für Salat, Müsli, Obstspeisen, als Backzutat
- Keimzeit:
  3 Tage
- Keimtemperatur:
  18 bis 22 °C
- Wässern:
  2- bis 3mal täglich
- Ertrag:
  die 2fache Menge der Samen

Essig und Öl

Essig, eine „Kultur" in jeder Beziehung

Von China bis Griechenland

Und wieder muß ich zurückgreifen auf die Nachlässe der Zeitgeschichte.
Im alten China war der Essigkrug Symbol des Lebens, und die Köche des Altertums in Ägypten, Griechenland und Rom kannten den Essig und wußten ihn gut zu nutzen.
Der chemische Begriff für Sauerstoff (Oxygenium) stammt aus dem antiken Hellas: to oxon war der durch Luftzutritt sauer gewordene Wein. Essig ist wohl ein Zufallsprodukt, das auf natürlichem Wege durch Vergärung alkoholischer Substanzen entsteht. Die überall in der Luft vorhandenen Essigbakterien (Mikropilze) wandeln den Alkohol unter Mitwirkung des Sauerstoffs in Essigsäure um. Diese Essigsäure kommt dann wesentlich verdünnt (etwa 5 bis 15 %) als Essig in den Handel.
Obwohl man diese Zusammenhänge im Altertum bestimmt nicht kannte, gewannen die Menschen Essig, indem sie Wein und andere alkoholische Flüssigkeiten in offenen Krügen an einem sonnigen Platz – Wärme beschleunigt den Vorgang – vergären ließen. So gab es schon vor etwa 2000 Jahren die verschiedensten Essigsorten aus Trauben, Feigen oder gerösteter Gerste.

Die alten Römer

Essig war schon immer eine beliebte Würze für pikante Speisen. Er galt aber auch als gesundes, erfrischendes Getränk. Die römischen Legionäre bekamen anfangs keinen Wein, sondern „posca", Essigwasser, das gegen Erkältungen immun und gegen Klimaschwankungen widerstandsfähig machen sollte. Zu den Mahlzeiten reichte man für gewöhnlich eine Schale mit mildem Essig, in die Brot getaucht wurde.
Auch für medizinische und kosmetische Zwecke wurde Essig bereits im Altertum verwendet. Früh war auch seine konservierende und reinigende Wirkung bekannt. Mit Zucker und Essig bedeckte Lebensmittel ließen sich so über große Entfernungen transportieren und kamen frisch auf den Tisch.

Alte Bräuche

In der Vergangenheit lagen die Motive dafür, Wein in Essig umzuwandeln, in erster Linie in seinen heilenden Eigenschaften begründet. Noch vor 200 Jahren war die Essigproduktion fast ausschließlich für den pharmazeutischen Markt bestimmt. Und bei folgender Recherche kam ich wieder ins Staunen: In Frankreich wurde gegen Ende des 14. Jahrhunderts eine Kooperation von Essigerzeugern gegründet, die sich gesetzlich verpflichteten, in jedem Fall über die Geheimnisse der Essigzubereitung Stillschweigen zu bewahren.
Lange Zeit hatte man geglaubt, daß es genüge, Objekte, Behälter und Geschirr, aber auch Gliedmaßen von Menschen, die unter schweren Krankheiten litten, mit Essig abzureiben. Man nahm an, mit dieser Art der Desinfektion die Ansteckungsgefahr zu bannen.

Seit frühester Zeit wurde Essig auch zum Haarewaschen verwendet. Er war wirksam gegen fettiges Haar, hellte die Haare etwas auf, und nach dem Waschen ließen sie sich gut kämmen.

waren. Als erstes wurden sie mit Essigwasser ausgewaschen bzw. desinfiziert und erst danach mit schulmedizinischen Mitteln weiterbehandelt.

Roy Kieferles hausgemachter Aromaessig

Die Gegenwart

Heute werden die alten Bräuche fast nicht mehr angewandt, wer aber einmal auf dem Land gelebt hat, wird da und dort mit diesen alten Bräuchen in Berührung gekommen sein. Sei's nur dann, wenn eine Verletzung, z. B. ein kleiner Schnitt, eine Schürfung oder andere offene Wunden, zu behandeln

Die Wissenschaft

Mit Beginn des 19. Jahrhunderts wurde der Essig von den Wissenschaftlern genauer untersucht. Mit der Tatsache, daß fast jedes Lebewesen selbst Essigsäure im Körper produziert, beschäftigte sich der Biochemiker Hans Krebs. Er erhielt für seine wissenschaftlichen Ergebnisse 1953 den Nobelpreis für Medizin.
Krebs bewies, daß sämtliche Stoffwechselvorgänge in den meisten lebenden Organismen über das Zwischenprodukt Essig geleitet werden. Er kam zu dem Ergebnis, daß Essig stoffwechselanregend und appetitsteigernd wirkt. Essigsäure regt die Sekretion der Speicheldrüsen an, vor allem der Bauchspeicheldrüse, wovon wiederum die gesamte Verdauung profitiert.
Im Zusammenhang mit dem Fett- und Kohlenhydratabbau ist Essigsäure lebensnotwendig. Deshalb produziert unser Organismus selbst Essigsäure in verhältnismäßig großen Mengen und verbraucht sie bis zu 100 Gramm täglich, u. a. für diverse Stoffwechselvorgänge.
Hersteller und Befürworter von Obstessig verweisen auf das von Dr. Jarvis geschriebene Buch „5 x 20 Jahre leben", in dem er die Anwendung von

„naturtrübem Apfel-Essig" bei Trinkkuren als vorteilhaft für unsere Gesundheit beschreibt. Aus dieser Quelle ist zu erfahren:
Der naturtrübe Apfelessig hat gegenüber dem filtrierten Apfelessig weitaus mehr Inhaltsstoffe. Hervorzuheben wäre das Apfelpektin. Durch die Verbindung des Apfelpektins mit dem körpereigenen Kalzium werden die aus Cholesterin aufgebauten Gallensäuren eingebunden, somit würde dies den Cholesterinspiegel im Blut senken.
Um die für die Verdauung benötigte Gallensäure zu ergänzen, holt der Körper Cholesterin aus dem Blut.
Der Cholesterinspiegel im Blut wird dadurch gesenkt. Die Arterienverkalkung (Arteriosklerose) wird gehemmt, und die Blutgerinnungsfähigkeit verbessert sich.
Interessant ist bei dieser Gelegenheit zu erfahren, daß die wertvollen Inhaltsstoffe von Äpfeln sich wiederum im naturtrüben Apfelessig wiederfinden. Das wären: mehr als 20 Mineralstoffe, organische Säuren, Gerbstoffe und die Vitamine A, B_1, B_2, B_6, P (Rutin), C, E und Niacin.

Essig für unsere Gesundheit

Ich war erstaunt, als ich erfuhr, daß Essig mehr Vitamin C enthält als Zitronen. Es entbehrt demnach jeder Grundlage, wegen der Vitamine Zitrone dem Essig für Salate vorzuziehen. Es sei denn, Sie reagieren allergisch auf Essig, was bei einem „naturreinen Produkt" äußerst selten der Fall ist. So wie alle Rohstoffe und Zutaten sollte eben auch der Essig fein im Geschmack und von ausgesuchter biologischer Qualität sein.
Heutzutage vollzieht sich der Gärungsprozeß nicht mehr in offenen Tonkrügen, sondern in speziellen großen Bottichen aus Holz oder Edelstahl.
3 Essiggrundsorten werden in Deutschland auf diese Weise produziert: Weinessig (aus Wein), Branntweinessig (aus Branntwein) und Obstessig (aus Obstwein oder Most).

Essig aus Wein

Essig aus Wein wird vorwiegend aus kräftigen, alkohol- und aromareichen weißen und roten Weinen des Mittelmeerraumes hergestellt. Hier gelten die Italiener als besonders gute Weinessighersteller.
Duft, Würze und Farbe des Grundrohstoffes Wein bleiben trotz Gärung im Essig erhalten. Weinessig ist deshalb von ausgeprägt würzigem Eigengeschmack.
Weißweinessig hat eine helle bis goldgelbe Farbe, Rotweinessig zeichnet sich durch eine rotbraune Farbe aus. Im Handel wird er in folgenden Konzentrationen angeboten: der ausschließlich aus Wein hergestellte, echte Weinessig mit üblicherweise 6 % Essigsäure oder der Wein-Branntwein-Essig, bestehend aus 25 % Wein- und 75 % Branntweinessig mit 5 % Säuregehalt.

Essig aus Branntwein

Der Rohstoff für Branntweinessig ist ein Branntweindestillat, das auf 10 bis 12 % verdünnt ist. Dieses Destillat wird aus Zuckerrübenmelasse, Kartoffeln oder Getreide gewonnen. Dabei werden die Stärkebestandteile zunächst in Zucker umgewandelt. Daraus entsteht Alkohol, der wiederum zu Essigsäure vergoren wird. Seine Säure ist geschmacksneutral, seine Farbe fast wasserhell.

Essig aus Obstwein

Er wird vorwiegend aus Äpfeln hergestellt. Die Äpfel werden zu Most bzw. Wein vergoren, aus dem dann die Essigsäure gewonnen wird. Der Obstessig ist kaliumreich, hat eine helle rötliche Farbe und einen frisch-fruchtigen, milden Geschmack.
Gerade wegen des milden Aromas dient er bestens als Grundlage für selbsthergestellte Aromaessige. Geben Sie beispielsweise frische Estragonblätter mit Ysop (Sie können auch reife Waldhimbeeren oder andere Früchte und Beeren verwenden) in eine Flasche, füllen sie mit Obstessig auf und lassen das Ganze 4 bis 5 Wochen durchziehen. Der Inhalt wird dann abgeseiht und in geeignete Flaschen umgefüllt.

Essig aus Traubenmost – Balsamessig

Befaßt man sich mit dem Thema Essig, käme es einem Sakrileg gleich, den Aceto Balsamico, zu deutsch „Balsamessig", nicht besonders zu erwähnen. Es bedarf auch einer langen Suche, das gutgehütete Geheimnis dieser edlen Würze aus Traubenmost etwas zu lüften. Wer in einschlägigen deutsch-italienischen Kochbüchern danach sucht, wird dies vergebens tun. Selbst im großen Kochbuch der Accademia Italiana „della Cucina" steht kein Wort über den Balsamico. Nun, wer sucht, der findet auch meistens, und wenn es nur die Bestätigung dafür ist, was man

aus Insiderkreisen moderner Kochkunst erzählt bekommt.
Fündig wurde ich bei einem italienischen Autor namens Vittorio Cavazzuti, der den Werdegang des Balsamicos mit seinem ganzen Prozedere beschreibt.
Eigentlich ist er gar kein Essig im klassischen Sinn, aber einige Sorten, dilettantisch und im schnellen Verfahren hergestellt, lassen doch den typischen Essiggeschmack erkennen.

„Fremder, kommst Du nach Modena, so versäume es nicht, Dich am köstlichen Original zu laben, um dann des Lobes voll Deine kulinarische Reise zu preisen."

Modena, von dort, so sagte man mir, kommt das eigentliche italienische Original des Aceto Balsamico, dessen Rohstoff alleine der „gekochte Most" weißer Trebbiano-Trauben ausmacht. Der Original-Balsamico trägt die Bezeichnung „Tradizione", alles andere sind Imitate. Hier beginnt schon der Unterschied zum richtigen Essig, dessen Rohstoff, der Wein oder das Obst, nicht gekocht wird. Jener gekochte Traubenmost kommt in ein Faß mit Essigmutter. Dann beginnt die Arbeit von aeroben Mikroorganismen der Gattung „Acetobacter". Nun fängt die eigentliche Prozedur an, von der man lediglich die Abläufe kennt. Was durch die Intuition des jeweiligen Herstellers den Balsamico so einzigartig werden läßt, bleibt ein gut gehütetes Geheimnis. Es ist überlieferte und gewachsene Familientradition. Und nur in Modena und Umgebung ist man legitimiert, den echten Aceto Balsamico Tradizione herzustellen. Seine Farbe und sein Aroma werden bestimmt durch die Lagerdauer und den immer wieder neu beginnenden Gärungsprozeß.
Eine prägende Besonderheit ist dabei das Umfüllen des gärenden Traubenmostes in ein anderes Faß. Das kann in einem Jahr bis zu fünfmal sein! Aber kein gewöhnliches Holzfaß wird dazu genommen, edles Holz aus Eiche, Kirsche, Kastanie, Esche, und den Abschluß des Rituals soll ein Faß aus Maulbeerholz bilden. Nach jedem Gärungsprozeß gewinnt der Traubenmost inhaltlich an Substanz, gleichermaßen reduziert sich die Menge der Gesamtflüssigkeit. So schätzt man, daß von einem Doppelzentner Traubenmost nach einem Jahr der Prozedur nicht mehr als etwa 2 Liter Balsamessig gewonnen wird, so stark ist die Reduzierung der Flüssigkeit während der Gärung. Erst wenn man weiß, mit wieviel Aufwand und Zeit so ein Aceto Balsamico entsteht, wird man ihn als Kostbarkeit schätzen und seinen Preis akzeptieren.

Aromaessig, selbstgemacht

Himbeeressig

Zum Aufbewahren:
1 verschließbare Flasche
(z. B. Glaskaraffe o. ä.)

Zutaten:
reife Gartenhimbeeren (besser Waldhimbeeren)
1 Zweig Estragon
etwas frischer Dill mit Samen (Blüte)
1 TL weiße Pfefferkörner
guter milder Rotweinessig

Zubereitung:
Die Himbeeren gut verlesen und nur die einwandfreien Beeren nehmen. Die Kräuter waschen und mit einem Tuch trockentupfen. Den groben Stiel des Estragons abtrennen und die Kräuter in die Flasche legen. Danach die Flasche zu $^3/_4$ mit den Himbeeren und den Pfefferkörnern auffüllen. Anschließend mit dem Essig die Beeren bedecken, so daß alles mit der Flüssigkeit bedeckt ist. Die Flasche verschließen und 3 bis 4 Wochen bei Zimmertemperatur durchziehen lassen. Der Inhalt wird dann abgeseiht und in geeignete Flaschen umgefüllt.

Gewürzessig

Zutaten:
etwas Thymian, Rosmarin, weiße oder schwarze Pfefferkörner
1 TL Dillsamen
1 Knoblauchzehe
1 walnußgroßes Stück Meerrettich

Zubereitung:
Die Zubereitung erfolgt wie bei Himbeeressig. Dazu eignet sich Obst-, Rotwein- oder Weißweinessig.

Aromatisieren
Zum Aromatisieren von Essig können Sie folgende Kräuter verwenden: Liebstöckel, Estragon, Bärlauch, Majoran, Ysop, Borretsch, Apfel- und Rosenblüten.

Die wichtigsten Speiseöle

Ursprünglich wurde Öl gewonnen, indem die Ölsaaten in hölzernen Mörsern zermahlen wurden. Noch bis ins Mittelalter hinein wurden die Ölfrüchte ausschließlich kaltgeschlagen. Dazu wurden die Früchte in Jutetaschen gefüllt, in eine Holzpresse gelegt und durch Schlagen auf einen Keil das Öl ausgepreßt. Bis zu dieser Zeit galt das Öl noch als Medizin und wurde in Tongefäßen und Krügen in Erdkellern aufbewahrt oder in kühle Erde eingegraben.
Heute werden Öle entweder durch Pressung (Kalt- oder Heißpressung), Extraktion mit chemischen Lösungsmitteln oder Zentrifugieren gewonnen.
Der Umgang mit Speiseöl will gelernt sein, denn jede Ölsorte besitzt ihre natürliche Farbe und ihren arteigenen Geschmack. Aber nicht diese Geschmacksvielfalt alleine macht es kompliziert, sondern auch das Wissen um den gesundheitlichen Aspekt des Öles sowie die Verwendungsmöglichkeiten der einzelnen Ölsorten. Das heißt, daß sich manche Öle hervorragend für Frischkost eignen und andere wiederum nur zum Ausbacken von Speisen.

Olivenöl

Das Olivenöl hat eine Vorzugsstellung unter den bei uns angebotenen Speiseölen. Entscheidend für die Wertigkeit und den Preis des Olivenöls ist dabei die Art der Herstellung. Im Olivenöl-Übereinkommen von 1979, das auch für alle EU-Mitgliedsstaaten Gültigkeit hat, wurde diese Herstellung geregelt. Es gibt 3 Qualitätsklassen, in die man Olivenöl einteilt: in natives, raffiniertes und reines Olivenöl.

Das jungfräuliche Öl

Das Kaltpreßverfahren (1. Pressung) ist das schonendste, denn es erfolgt ausschließlich durch das einfache mechanische Auspressen. Durch diesen physikalischen Vorgang des Pressens entsteht bereits Wärme, zusätzliche Wärme wird nicht zugeführt. Die Temperatur übersteigt dabei nie 50 °C und ist somit nicht größer als die Wärme, der die Pflanze während des Wachstums in den Ursprungsländern durch Sonnenbestrahlung ausgesetzt ist.
Ein wichtiges Merkmal für die Kaltpressung ist, daß nach dem Pressen das Öl lediglich gewaschen und filtriert, aber nicht raffiniert wird.
Das Kaltpreßverfahren gliedert sich heute wie früher in 3 Phasen: Zuerst werden die Samen oder Früchte in Brech- oder Mahlwerken zerkleinert, damit die Gewebe und Zellwände, in denen die Öltropfen eingeschlossen sind, zerrissen werden. Das Öl kann austreten. Durch das Mahlen entsteht ein öliger Brei, der teilweise noch in Handarbeit, meist jedoch maschinell verrührt wird. Die Fachsprache benennt diesen Vorgang mit „Kneten". Danach wird, wie einst in der Antike, der Brei auf runde Matten, die heute aus Kokos, Bast oder aus Nylon bestehen, in Portionen von etwa 2 bis 3 kg

verteilt. Diese bis zu 30 übereinander gestapelten Matten kommen in eine Presse, die früher von Hand, heute jedoch hydraulisch betrieben wird. Der nötige Druck und die dadurch anfallende Temperatur werden dabei sorgfältig kontrolliert. Öl und Fruchtfasern laufen ab, während die Fasern der Matten die festen Bestandteile der Früchte zurückhalten.
In einer Zentrifuge werden dann Wasser und die eventuellen Rückstände vom Öl getrennt, die erste Pressung, das jungfräuliche Öl, ist entstanden. Es ist ein Öl von allerbester Qualität. Die erste Ausbeute ist gering, darum auch relativ teuer. Diese höchste Qualitätsklasse trägt beim Olivenöl den Zusatz „extra", und wird daher als „extra vergine" oder Jungfernöl bezeichnet.
Ein Olivenöl allerersten Güte eignet sich nicht zum Braten. Es wird bevorzugt für die kalte Küche, aber auch zum Dünsten (Fisch) und Kurzbraten verwendet.

2. Pressung

Das Öl der zweiten Pressung, genannt „vergine", ist ebenfalls von bester Qualität. Die auf den Matten verbliebene Masse wird dafür noch einmal „geknetet" und kommt ein zweites Mal unter die Presse. Dieser Vorgang könnte theoretisch nochmals wiederholt werden, wobei die Qualität stark reduziert würde, aber es wäre noch kaltgepreßt. Aber noch ist der Vorgang der Ölgewinnung nicht abgeschlossen: Der Brei wird erwärmt auf über 80 °C, in einen Zylinder gefüllt und einem fünfmal höheren Druck als bei der ersten Pressung ausgesetzt. Dieses Öl wird meist anschließend noch raffiniert, um es geschmacksneutral zu machen. Farbe und Qualität sind stark gemindert.
Es ist empfehlenswert, dieses Öl der zweiten Pressung zum Braten zu verwenden. Bei einem Öl der ersten Pressung würden die mineralischen Bestandteile und Fruchtfäden des nativen Olivenöles verbrennen.
Das Olivenöl wird in der Ölmühle noch gefiltert und lagert dann in großen Fässern, dunkel und bei gleichbleibender Temperatur, bis es in Flaschen oder Blechbehälter abgefüllt wird.

Wissenswertes

Olivenöl lagert man am besten an einem dunklen, nicht zu kühlen Ort. Bei Lagerung im Kühlschrank unter +6 °C oder in kühleren Jahreszeiten trübt sich das Öl leicht (Flockenbildung). Diese Trübung ist normal und hat keinen Einfluß auf die Qualität des Öls. Es handelt sich dabei lediglich um geringfügige Teile eines natürlichen Wachses, das als Rückstand bei kaltgepreßten Ölen zurückbleibt. Bei Zimmertemperatur und durch leichtes Schütteln wird das Olivenöl wieder klar.
Die Angabe „naturbelassen", die oft auf kaltgepreßten Ölen zu finden ist, bedeutet, daß außer der selbstverständlich schonenden Erzeugung die Auswahl der Ölsaaten und Früchte besonders sorgfältig erfolgt ist.

Was macht kaltgepreßtes Öl so wertvoll?

Fettsäuren können in 3 Gruppen unterteilt werden: in die gesättigten Fettsäuren, die einfach ungesättigten und die mehrfach ungesättigten Fettsäuren. Alle 3 Fettsäuregruppen sind für den Menschen mehr oder weniger wichtig. Lebenswichtig ist die Linolsäure, die der menschliche Körper selbst nicht herstellen kann. Linolsäure ist die wichtigste ungesättigte Fettsäure. Sie kommt in Pflanzenölen vor, insbesondere in kaltgepreßten Ölen. Überhaupt stellen pflanzliche Fette die Versorgung von Linolsäure sicher.
Eine linolsäurereiche Kost kann zur Senkung erhöhter Cholesterinwerte führen und sich positiv auf erhöhten Blutdruck auswirken. Ihre günstige Wirkung kann die Linolsäure allerdings nur entfalten, wenn genug Vitamin E als Begleitsubstanz im Öl vorhanden ist. Das ideale Verhältnis beträgt dabei 1 mg Vitamin E pro 1 g Linolsäure. Dieser Wert wird wiederum vor allem in kaltgepreßten Ölen erreicht. Eine weitere Besonderheit von Olivenöl: es senkt nicht das Gesamtcholesterin wie andere kaltgepreßte Öle, sondern nur das schädliche LDL-Cholesterin. Das für unsere Gesundheit wichtige HDL-Cholesterin bleibt erhalten. Tierische Fette dagegen liefern die gesättigten Fettsäuren, die eher ungesund sind.
Des weiteren befinden sich im kaltgepreßten Öl die fettlöslichen Vitamine A, D, E und K sowie das Provitamin A (Carotin). Erhitzen Sie kaltgepreßtes Öl, werden wertvolle Substanzen wie das Vitamin E zerstört.

Sonnenblumenöl

Es ist ideal zum Anmachen jeglicher Salate, zum Backen und Herstellen von Ölspeisen. Dieses Öl hat einen sehr hohen Anteil von Linolsäure (63 %). Auch sein Gehalt an Vitamin E macht das Sonnenblumenöl zu einem der biologisch wertvollsten Öle.

Traubenkernöl

Dieses Öl wird aus den Kernen sonnengereifter Weintrauben gewonnen. Traubenkernöl hat einen hohen Anteil an mehrfach ungesättigten Fettsäuren (70 %) und wird von Feinschmeckern wegen seines aromatischen Geschmacks für Rohkost und raffinierte Salatsoßen verwendet. Es wird durch

Extraktion gewonnen und anschließend raffiniert, da es im Rohzustand im allgemeinen ungenießbar ist.

Distelöl

Distelöl, auch Safloröl genannt, wird aus dem Samen der Saflorpflanze gewonnen. Bei uns wird diese krautartige Pflanze auch Färberdistel genannt, weil jahrhundertelang ihre zuerst gelben, dann roten Blüten die wertvollen Farbstoffe Gelb und Karminrot lieferten. Von allen Ölen hat Distelöl den höchsten Gehalt an Linolsäure von 78 %. Es ist daher für eine biologische Ernährung oder als Diätöl besonders wichtig und wird als cholesterinsenkend empfohlen. Naturbelassen hat Distelöl, das oft mit Weizenkeimöl gemischt wird, einen ziemlich strengen Geschmack und wird oft deswegen vom Verbraucher abgelehnt.

Weizenkeimöl

Es wird aus dem Keim des Weizenkorns gewonnen. Weizenkeimöl ist eines der wichtigsten Öle unserer Zeit, weil es einen hohen Vitamin-E-Gehalt (Antioxydant) hat und reich an den Vitaminen der B-Gruppe ist. Es ist ein beliebtes Diätöl und findet auch in der anspruchsvollen Kosmetik eine starke Verwendung. Seine Farbe ist goldgelb und sein Geschmack angenehm.
Mit Weizenkeimöl sollte sehr sorgfältig umgegangen werden. Vitamin E ist luftempfindlich und wird durch Einwirkung von Sauerstoff zerstört.
Deshalb sollte Weizenkeimöl möglichst nur frisch, in kleinen Mengen gekauft und nur für kalten Speisen bzw. Salate verwendet werden.
Vitamin E hat eine starke antioxydante Wirkung, schützt den Organismus vor den sogenannten „freien Sauerstoffradikalen“, die im Körper den Zellschutz durch oxydativen Streß beschädigen. Vitamin E gilt als Fruchtbarkeitsvitamin. Es beugt gegen chronische Krankheiten vor und ist leistungsfördernd.

Walnußöl

Für mich ist das kein Öl, sondern eine Delikatesse. Durch die Knappheit des Rohstoffes zählt das Walnußöl zu den teuersten Ölen. Sein Linolsäuregehalt liegt bei etwa 72 %, der Eiweißgehalt bei 18 bis 25 %. Hinzu kommen reichlich Vitamine. Es ist sehr aromatisch und wird besonders gerne für spezielle Salate, z. B. Feldsalat oder Frisée verwendet.

Noch etwas Grundsätzliches zur Verwendung von Öl

Verwenden Sie zur Zubereitung von Frischkost oder Salaten nur Öl mit Zimmertemperatur. So kommt der Feinschmecker voll in den Genuß des Ölaromas.
Wer jetzt Lust auf Öl bekommen hat, sollte sich nur in kleinen Mengen bevorraten oder einen schnellen Verbrauch anstreben, damit die Qualität erhalten bleibt.

Gewürzkräuteröl, selbst gemacht

Mein Gewürzkräuteröl

1 Glasflasche mit Schraubverschluß

Zubereitung:
Die Gewürze nacheinander in die Flasche füllen. Dann vorsichtig zuerst mit Distelöl, dann mit Traubenkernöl und zum Schluß mit Sonnenblumenöl auffüllen. Wichtig ist, daß die frischen Kräuter ganz mit Öl bedeckt sind, da sie sonst eventuell anfangen zu faulen und damit das Öl verdorben wäre. Die Glasflasche nun verschließen und an einem lichtgeschützten Platz etwa 14 Tage durchziehen lassen.

Dieses Öl paßt hervorragend zu allen Salaten, zu Bratkartoffeln oder zum Einreiben von Backkartoffeln und ist speziell zum Aromatisieren geeignet.

Zutaten:
1 frischer Zweig Majoran
etwas Dill mit Blüten
1 frischer Zweig Basilikum
1 Lorbeerblatt
1 frischer Zweig Thymian
1 TL Kümmel
1 TL Senfkörner
1 TL Pfefferkörner
$^1/_3$ l Distelöl
$^1/_3$ l Traubenkernöl
$^1/_3$ l Sonnenblumenöl

Mein Tip

Verschenken Sie doch einmal etwas Selbstgemachtes: Das Gewürzkräuteröl ist nicht nur gesund und schmeckt, sondern ist auch ein dekoratives Geschenk, wenn Sie es mit einem bunten Tuch und einem Gummi oder einer schönen Schleife versehen. Ein selbstgeschriebenes Etikett auf der Flasche macht sich auch immer besonders gut.

Einladung zum Frühstück

Sich Zeit nehmen

Für viele besteht das morgendliche Frühstück lediglich aus einer schnellen Tasse Kaffee. Bedauerlicherweise nimmt man sich für das Frühstück oft zu wenig Zeit. Ob nun Morgenmuffel oder nicht, man sollte sich diese Zeit gönnen, denn ein gutes Frühstück hat mehr zu bieten als nur eine Tasse Kaffee.

Mehr als nur frühstücken

Die erste Mahlzeit steht für das erste Genußempfinden des beginnenden Tages und kann deshalb ein positiver Wegbereiter für den ganzen Tag sein. Nehmen Sie sich die Zeit am Morgen, genießen Sie noch die Stille des Tages, und wecken Sie Ihre Lebensgeister. Viele gönnen sich dann am Wochenende ein ausgiebiges Frühstück als Ausgleich zur Alltagsgepflogenheit. Sie meinen es gut mit sich, und es kommt fast immer eine Variante des klassischen Frühstücks auf den Tisch: Eier, Wurst und Käse; eine zuckrige Marmelade auf Toast, gesüßte Joghurts und ähnliches befriedigen dann noch die Lust auf Süßes. Für die Gesundheit darf es auch schon mal ein Vollkornbrot sein. Denn laut Inhaltsstoffangabe sind schließlich einige Samen oder Körnchen enthalten, einige Zusatzstoffe und färbendes Malzextrakt. Das Fertigmüsli – als gesunde Ernährung getarnt –, das ebenfalls nicht fehlen darf, erweist sich aber bei näherer Betrachtung als Kalorienbombe. Wie gut, daß ein solches Früh-

stück nur sonntags serviert wird, denn jeden Morgen würde unser Organismus ausschließlich damit beschäftigt sein, Verdauungshilfe zu leisten, so daß für unsere Arbeit nicht mehr viel Energie übrigbliebe.

Ein gesundes Frühstück als Start in den Tag

Weniger ist oft mehr

Deshalb mein Tip an Sie: Je einfacher ein Frühstück zusammengestellt ist, desto bekömmlicher wird es sein. Die Morgenmahlzeit soll Ihnen schließlich Energie für die nächsten Stunden liefern, ohne Ihren Körper zu belasten. Sie sollen nach dem Frühstück auch nicht wieder in einen Zustand der Müdigkeit zurückfallen. Die Zutaten, die Sie für meine Frühstücksvarianten benötigen, beschränken sich auf volles Getreide Ihrer Wahl, frisches Obst und Früchte der Jahreszeit, frische süße Sahne, Obstdicksäfte und naturreinen kaltgeschleuderten Bienenhonig, außerdem brauchen Sie eine Rohkostreibe und eine Flockenmaschine (Erläuterung siehe S. 19 und 21).

Die schönsten und genußvollsten Momente, ein Frühstück einzunehmen, sind die in einer geselligen Runde. Anderen beim Genuß zuzuschauen, schafft selbst Appetit.

Wie wäre es mit einer Einladung zum Frühstück?

Teilen Sie doch Ihre positiven Erfahrungen, die Sie mit der vollwertigen und naturgemäßen Ernährung machen, und geben Sie für Freunde und Bekannte eine Einladung zum Frühstück. Bereiten Sie Ihre Gäste aber darauf vor, daß dieses Zusammensein einige Stunden in Anspruch nimmt und sie die nötige Zeit dafür mitbringen sollten. Denn wenn Menschen zusammensitzen und essen, so ist dies ein Stück Kultur, das in unserer heutigen Zeit immer mehr verlorengeht.
Sie können für dieses Frühstück Ihrer Phantasie freien Lauf lassen. Neben den frisch zubereiteten Müslirezepten ist auch Ihre Backkunst gefragt. Die Rezepte in diesem Buch sind unkompliziert und deshalb leicht umzusetzen. Selbst würzige Getreide- und Kartoffelsuppen, Gemüsekuchen oder Pizzas ergänzen ein ausgedehntes Frühstück und bieten Abwechslung zu den herkömmlichen Brunchgerichten.
Frisch gepreßte Säfte, duftende Kräutertees oder auch ein Getreidekaffee wären zu empfehlen. Sogar ein Glas Champagner oder Sekt könnte dazugehören und Ihren Kreislauf in Schwung bringen.

Der Blick unter die Schale

Die Verwendung des vollen Getreides empfehle ich Ihnen deshalb, weil es nicht nur aus komplexen Kohlenhydraten besteht, die im Körper langsam verstoffwechselt werden und ihm kontinuierlich Energie liefern. Vielmehr sind die wertvollen Mineralien und Ballaststoffe, die vor allem in den Randschichten des Korns sitzen, sowie die Vitamine des Getreidekeims ausschlaggebend für den hohen gesundheitlichen Wert des vollen Korns.

Eine sommerliche Angelegenheit

Bei einer Einladung im Sommer ist das Angebot aus der Natur reichlich. Wie wäre es mit einem milden frischen Ziegenkäse auf reifen Tomaten, gewürzt mit Basilikum und nativem Olivenöl (Rezept siehe S. 97)? Auf eine Eierspeise müssen Sie natürlich nicht verzichten – nur Speck und Schinken werden Sie bei meinen Rezepten vergeblich suchen. Probieren Sie doch statt dessen, Ihr Rührei mit Olivenöl, Kräutersalz und Schnittlauch zu würzen. Köstlich schmecken Eier auf Tomaten, gewürzt mit frischem Pfeffer aus der Mühle. Wenn Sie wie ich die Möglichkeit haben, die Eier von freilaufenden Hühnern frisch vom Bauernhof zu bekommen, dann gönnen Sie sich ein weichgekochtes Frühstücksei, natürlich mit selbstgebackenem Brot dazu. Das Brotbacken benötigt allerdings Zeit, dafür hat man aber einen kleinen Vorrat, und je nach Rezept schmeckt das Brot nach 2 bis 3 Tagen noch besser.
Werden Brot oder Brötchen doch einmal alt und trocken, so können Sie herrliche Knödel daraus machen (S. 146).
Nicht nur für nervöse Menschen oder Magen- und Darmkranke bildet eine leichte, aber nahrhafte Getreide- oder Kartoffelsuppe eine ideale Frühstücks- oder Zwischenmahlzeit. Frisch gemahlener Dinkel, Hafer, Gerste oder auch Vollkornreis werden zu leckeren Suppe, gewürzt mit dem Hauch einer frischen Peperonischote oder, etwas dicker gekocht, zur Grütze, die ich gerne mit etwas Kompott oder frischem Obst, etwas Sahne und Blütenhonig zum Süßen mag. Ich kenne viele ältere oder zuckerkranke Menschen, die täglich ihre Hafergrütze zum Frühstück nehmen und damit ihr Wohlbefinden erklären.
Eine perfekte Ergänzung zu Ihrem Frühstücksbüfett könnte ein selbstgemachter Früchtejoghurt aus Naturjoghurt und reifem Obst oder auch ein würziger Partysalat sein.
Und noch etwas: Bei all meinen Rezepten haben Sie fast kein Verpackungsmaterial zu entsorgen, und Sie benötigen wenig Geschirr.

Trinken nicht vergessen!

Bei ballaststoffreicher Kost sollten Sie daran denken, auch ausreichend Flüssigkeit zu sich zu nehmen. Ballaststoffe brauchen viel Flüssigkeit, um im Darm richtig quellen zu können. Das wiederum kommt Ihrer Gesundheit

zugute. 1 bis 2 Gläser Wasser vor oder nach dem Frühstück sind empfehlenswert.
Trinken unterstützt die Körperreinigung und fördert den Stoffwechsel. Es hilft entschlacken und regelt den Wasserhaushalt im Körper. Sie sollten mindestens 2 Liter am Tag trinken. Dabei sind Gemüse, Obst und Salate bereits schon berücksichtigt. Wenn Sie mitunter an kleinen „Befindlichkeitsstörungen" leiden, liegt es möglicherweise daran, daß Ihr Körper zuwenig Flüssigkeit hat. Sie werden sich rasch wohler fühlen, wenn Sie etwas trinken. Kaffee und Schwarztee sind zwar nicht verboten, man sollte jedoch in Maßen davon trinken. Wenn Sie sich am Morgen die Zeit für ein Vitamin- oder Mineralstoffgetränk nehmen wollen, dann pressen Sie sich einfach Saft frisch aus (siehe Rezepte Seiten 84/85). Eine Küchenmaschine mit Saftzentrifuge ist dabei eine große Hilfe. Dieser Saft ist dann in wenigen Minuten fertig und auch für Kinder eine ideale Ergänzung, wenn einmal der Appetit nicht so groß ist.

Kräuter bitten zum Tee

Das wachsende Gesundheitsbewußtsein bringt immer mehr den Wunsch nach eigenangebauten Kräutern für Teegetränke wie auch medizinische Kräutertees zutage. Sie werden sehen, wenn Sie sich einmal intensiver mit dem Thema Kräuter befassen, werden Ihnen die unterschiedlichsten Geschmacksnuancen wie auch die verschiedenen Wirkungsweisen, die Kräuter zu bieten haben, vertraut. Sie werden den Variationsreichtum nicht mehr missen wollen.

Um einen besonderen Genuß daraus zu machen, können Sie den Kräutern getrocknete Blüten (z. B. Wildrosen, Malven, Veilchen) und Früchte (z. B. Hagebutten, Erdbeeren, Himbeeren, Brombeeren) beimischen.

Für 1 Tasse Kräutertee überbrühen Sie 1 EL der Mischung mit heißem Wasser und lassen den Tee 8 bis 10 Minuten ziehen. Danach abseihen und mit Honig süßen.

Dieser Tee hat eine angenehme Begleiterscheinung: Er stimuliert den Kreislauf, wirkt sich günstig auf die Niere aus und hilft, Gewebswasser auszuschwemmen.
Solch einen Tee können Sie auch ohne Probleme in einer Thermoskanne mit zur Arbeit nehmen.

Weitere Anregungen zum Thema Kräuter entnehmen Sie bitte der Aufstellung ab Seite 42.
Dort finden Sie nicht nur Anbautips, sondern auch Hinweise auf die Wirkungsweisen der einzelnen Kräuter.

Flockenfrühstück

Zubereitungszeit: 10 Minuten

Zubereitung:
Die Früchte in mundgerechte Stücke schneiden oder raspeln, mit den Erdmandelflocken mischen und auf einem Teller anrichten. Das Getreide in der Pfanne ohne Fett kurz anrösten (darren, dextrieren), bis es leicht Farbe annimmt und sich ein Aroma verbreitet. Die heißen Körner werden durch die Flockenmaschine gedreht und sofort über das Obst gestreut. Die Sahne und je nach Geschmack etwas Blütenhonig darüberträufeln.

Zutaten:
1 großer Apfel
1 Birne oder andere Früchte der Saison
1 EL Erdmandelflocken
2 bis 3 EL Getreide Ihrer Wahl (z. B. Hafer, Dinkel, Gerste oder Weizen)
1 bis 2 EL süße Sahne
etwas Blütenhonig oder Obstdicksaft nach Geschmack

Hinweis

Manche Getreidearten knistern und hüpfen in der Pfanne, wenn sie erwärmt werden (Popkorn-Effekt).

Flockenfrühstück mit Joghurt

Zubereitungszeit: 8 bis 10 Minuten

Zubereitung:
Das Getreide in einer beschichteten Pfanne trocken anrösten, bis es leicht Farbe annimmt und sich ein Aroma verbreitet. Die heißen Körner durch die Flockenmaschine drehen. Das Obst waschen, kleinschneiden, unter den Joghurt mischen und das Ganze mit Honig oder Obstdicksaft abschmecken. Die Getreideflocken darüber verteilen.

Zutaten pro Person:
2 EL frische Getreideflocken
200 g Früchte der Saison
100 g Naturjoghurt (wahlweise Kefir oder Dickmilch, Fettgehalt: 3,5 % Fett)
Blütenhonig oder Obstdicksaft nach Geschmack

Das schnelle und gesunde Frühstück

Zubereitungszeit: 5 Minuten

Zutaten pro Person:
200 g Früchte der Saison (oder nach Bedarf)
2 bis 3 EL Erdmandelflocken
Joghurt oder Sahne nach Bedarf
1 EL Walnußkerne (je nach Geschmack auch Haselnuß- oder Sonnenblumenkerne)

Zubereitung:
Das Obst kleinschneiden oder raspeln und mit den restlichen Zutaten vermischen. Auf Süßmittel kann verzichtet werden, da Erdmandelflocken süßlich schmecken.

Mein Tip

Die Verwendung von Nüssen empfehle ich für die Winterzeit, da sie wertvolle Fettsäuren und Vitamine enthalten. In den Sommermonaten können Sie auf eine reichliche Auswahl von Früchten zurückgreifen. Dann sollten Sie auf die kalorienreichen Nüsse verzichten.

Müsli aus eingeweichtem Korn

Zubereitungszeit: 8 Minuten
Zeit zum Quellen: einige Stunden

Zutaten pro Person:
2 bis 3 EL Dinkelkörner
1 Apfel
1 kleine Birne oder andere Früchte der Saison
Honig oder Obstdicksaft nach Bedarf
2 EL süße Sahne

Vorbereitung:
Einen Tag zuvor die Dinkelkörner durch die Flockenmaschine drehen oder grob in der Mühle mahlen. Die Flocken werden mit kaltem Wasser zu einem dicken Brei verrührt. Dieser muß zugedeckt über Nacht oder zumindest einige Stunden quellen.

Zubereitung:
Das Obst kleinschneiden, mit dem gequollenen Dinkel gut vermengen, bei Bedarf mit Honig oder Obstdicksaft süßen, anrichten und mit Sahne beträufeln. Wer mag, kann das Frischkorn noch mit Beeren oder anderen Früchten garnieren.

Getreide als Zwischenmahlzeit

Zubereitungszeit: 8 Minuten
Zeit zum Quellen: einige Stunden

Vorbereitung:
Einen Tag zuvor die Dinkelkörner durch die Flockenmaschine drehen und die Flocken über Nacht in Wasser quellen lassen.

Zubereitung:
Die Karotte und den Apfel in feine Stifte raspeln und zusammen mit den übrigen Zutaten anmachen.

Zutaten pro Person:
2 EL Dinkelkörner
1 mittelgroße Karotte
1 Apfel
1 bis 2 TL getrocknete Weinbeeren (Rosinen) oder frische Trauben
2 reife Aprikosen
50 g Naturjoghurt (3,5 % Fett)
1 bis 2 EL süße Sahne

Die Grütze

Zubereitungszeit: 10 Minuten

Zubereitung:
Das Getreide fein mahlen und in das erwärmte Wasser einrühren. Unter Rühren leicht aufkochen lassen und auf der ausgeschalteten Herdplatte noch etwa 4 bis 5 Minuten quellen lassen.
Die Grütze in einen Teller geben und mit Salz abschmecken. Das Obst oder Kompott mit der Sahne dazugeben. Ohne Obstzugabe wird die Grütze etwas dünner gekocht und dann wie eine Suppe gewürzt.

Zutaten pro Person:
2 bis 3 EL Getreidekörner nach Wahl (z. B. Hafer, Hirse, Vollreis, Dinkel oder Gerste)
$^{1}/_{4}$ l Wasser
1 Prise Meersalz
frisches Obst je nach Bedarf oder
100 g frisch gekochtes Kompott nach Jahreszeit
1 EL süße Sahne

Mein Tip

Die Grütze eignet sich hervorragend als kräftespendende Zwischenmahlzeit und kann als Suppe in der Thermoskanne zur Arbeit mitgenommen werden.

Einfache Brotrezepte

Hierzu einige Regeln, die Sie beachten sollten.

Für das Backen:
Für Brotteige muß der Ofen auf Höchststufe vorgeheizt werden. Brotteige brauchen zum Beginn des Backprozesses einen Feuchtigkeitsschub, der das Aufgehen des Teiges begünstigt. Darum beim Vorheizen etwas Wasser in den Backofen stellen und nach 20 Minuten wieder herausnehmen. Danach die Hitze des Backofens auf 180 bis 190 °C reduzieren. Das gebackene Brot muß sich leicht anfühlen und, wenn man es beklopft, hohl klingen.

Für die Teigzubereitung:
Verarbeiten Sie zum Vorteig möglichst frische Hefe. Die Flüssigkeit sollte handwarm sein. Mahlen Sie das Getreide erst unmittelbar vor dem Gebrauch, damit die hochempfindlichen Enzyme nicht durch den Luftsauerstoff geschädigt werden. Der Teig sollte immer gut geknetet werden und zum Gehen (Gären) mit einem Tuch bedeckt sein. Stellen Sie den Teig nicht direkt in die Wärme. Günstig ist normale Zimmertemperatur. Getreidemehle benötigen unterschiedliche Flüssigkeitsmengen, das heißt, je nach Beschaffenheit des Mehles brauchen Sie mal mehr, mal weniger Flüssigkeit.

Brötchen, Kipfle oder anderes Kleingebäck

Vorbereitungszeit: 20 Minuten
Ruhezeit: etwa 45 Minuten
Backzeit: 15 Minuten

Zutaten:
30 g frische Hefe
1 TL Honig
600 g frisch gemahlenes Dinkelmehl
100 ml handwarmes Wasser
je nach Geschmack Sesam, Mohn, Sonnenblumenkerne, grobgehackte Kürbiskerne usw.
200 ml frische handwarme Milch
1 EL kaltgepreßtes Olivenöl
etwa 15 g Meersalz
Sesam, Mohn, Sonnenblumenkerne, Kümmel usw. zum Bestreuen

Zubereitung:
Die Hefe zerbröckeln und mit Honig, 100 g Dinkelmehl und 100 ml Wasser einen Vorteig anrühren. Zugedeckt etwa 10 bis 15 Minuten gehen lassen. Den Vorteig mit dem restlichen Mehl, Milch, Olivenöl, Meersalz sowie je nach Geschmack mit Sesam, Mohn, Sonnenblumenkernen, Kümmel oder ähnlichem zu einem glatten Teig kneten und mit einem Tuch abgedeckt nochmals etwa 25 bis 30 Minuten bei Zimmertemperatur gehen lassen. Anschließend den Teig erneut durchkneten und daraus die gewünschten Formen drehen. Die Backwaren auf das Blech setzen, nochmals gehen lassen und im vorgeheizten Backofen bei 180 bis 190 °C 15 Minuten lang backen. Am besten ofenwarm servieren.

Mein Tip

Die Brötchen mit bestreuten Samen im Blech zusammensetzen, so bekommen Sie eine schöne Variante in Geschmack und Form.
Wenn Sie das Blech vorher kalt abspülen, im Backofen erhitzen und dann die Teigstücke daraufgeben, laufen sie nicht auseinander.

Knuspriges Stangenbrot

Vorbereitungszeit: 20 Minuten
Ruhezeit: etwa 60 Minuten
Backzeit: 25 bis 30 Minuten

Zubereitung:
Zum Ansatz die Hefe mit Honig und etwas Wasser zu einem glatten Vorteig verrühren und zugedeckt gehen lassen, bis er das doppelte Volumen erreicht hat. Anschließend mit allen übrigen Zutaten einen festen Teig kneten. Den Teig in einer Schüssel zugedeckt an einem warmen Ort etwa 20 Minuten gehen lassen. Den Teig noch einmal durchkneten und erneut 20 Minuten gehen lassen. Danach die gewünschten Geschmackszutaten in den Teig rühren (die Menge bestimmen Sie selbst, oft reichen schon 1 bis 2 EL Sesam und Kerne aus).
Den fertigen Teig in 4 bis 5 gleich große Stücke teilen, daraus etwa 30 cm lange Rollen formen, auf ein gefettetes Blech legen, mit einem scharfen Messer mehrmals tief und schräg einschneiden und zugedeckt 15 Minuten gehen lassen. Die Teigrollen werden anschließend mit Milch, Wasser oder Öl bestrichen. Sie können jetzt je nach Belieben Sesam, Mohn, Sonnenblumen- oder Kürbiskerne darüberstreuen. Der Brotteig wird dann im vorgeheizten Backofen bei 200 °C etwa 25 bis 30 Minuten ausgebacken. Die Stangenbrote werden warm serviert.

Zutaten:
1 Würfel frische Hefe
1 EL Honig
1/4 l Wasser
500 g frisch gemahlenes Dinkel- oder Weizenmehl
300 g frisch gemahlenes Gerstenmehl
75 g zerlassene Butter
4 EL kaltgepreßtes Olivenöl
16 g Meersalz
200 ml frische Milch

Geschmackszutaten:
Sesam
Mohn
Sonnenblumenkerne
grobgehackte Kürbiskerne

Weizen-Dinkel-Vollkornbrot

Vorbereitungszeit: 20 Minuten
Ruhezeit: etwa 50 Minuten
Backzeit: 50 Minuten

Zubereitung:
Zum Ansatz die Hefe mit Honig und etwas Wasser zu einem glatten Vorteig verrühren und zugedeckt gehen lassen, bis er das doppelte Volumen erreicht hat. Anschließend mit allen übrigen Zutaten einen festen Teig kneten. Den Teig in einer Schüssel zugedeckt an einem warmen Ort etwa 20 Minuten gehen lassen. Den Teig noch einmal durchkneten und erneut 20 Minuten gehen lassen.
Den Teig nun in die gewünschte Form bringen, auf ein gefettetes Blech legen und mit etwas kaltem Wasser bepinseln. In den vorgeheizten Backofen schieben und bei 180 °C etwa 50 Minuten backen.

Zutaten:
1 Würfel frische Hefe
1 EL Honig
1/2 l handwarmes Wasser
500 g frisch gemahlenes Weizenmehl
300 g frisch gemahlenes Dinkelmehl
16 g Meersalz

Vitalstoffcocktails

Kohlrabi-Birnen-Saft

Zubereitungszeit:
5 Minuten

Zutaten pro Person:
zu gleichen Teilen junge Kohlrabiknollen und nicht zu weiche Birnen einer nicht-mehligen Sorte (z. B. Gute Luise, Williams Christ)

Zubereitung:
Die Kohlrabiknollen und die Birnen entsaften.
Der hohe Mineralstoffgehalt bringt Sie in Schwung.

Karotten-Orangen-Apfel-Saft

Zubereitungszeit: 6 Minuten

Mein Tip

In der Traubenzeit läßt sich dieser Saft auch mit blauen und/oder weißen Trauben, roter Bete und Apfel herstellen.

Zutaten pro Person:
1 große oder 2 kleine Karotten
1 geschälte Orange
1 großer oder mehrere kleine saftige Äpfel
einige Tropfen Öl oder Sahne

Zubereitung:
Die Karotten gründlich waschen und bürsten. Alle Zutaten nacheinander in die Saftzentrifuge geben. In einem Glas auffangen und ein paar Tropfen Öl oder Sahne dazugeben und umrühren.

Sauerkraut-Tomaten-Saft

Zubereitungszeit: 8 bis 10 Minuten

Zutaten pro Person:
100 g Sauerkraut
200 g Weißkohl (am besten kleiner Kopf)
8 feste reife Tomaten (kleine Flaschentomaten)
1 TL Olivenöl, extra vergine

Zubereitung:
Kohl und Tomaten abwaschen und mit einem Tuch trocknen. Tomaten vierteln oder halbieren. Weißkohl in Stücke schneiden, damit sie in die Öffnung des Entsafters passen.
Sauerkraut in ein Küchentuch geben und den Saft in ein Glas auspressen. Tomaten, Weißkohl und Sauerkraut abwechselnd durch den Entsafter lassen. In das Glas zum Sauerkrautsaft leeren. Olivenöl dazugeben und gut umrühren.

Durch seine hohe Konzentration an Mineralien, Vitaminen und anderen Biostoffen stärkt der Saft das Immunsystem, wirkt vitalisierend auf Magen und Darm, fördert die Blutbildung und ist obendrein noch gut bekömmlich und verdauungsfördernd.

Rote-Bete-Apfel-Saft

Zubereitungszeit: 5 Minuten

Mein Tip

Dieser Saft erfrischt und wirkt auch blutbildend.

Zubereitung:
Gemüse gründlich waschen und bürsten, dann entsaften.

Zutaten pro Person:
zu gleichen Teilen
rote Bete,
saftige Äpfel

Fitneß-Cocktail

Zubereitungszeit: 5 Minuten

Zubereitung:
Von der Ananas die Schale abschneiden. Karotte waschen und bürsten. Orange schälen und vierteln. Alles in die Saftzentrifuge geben, die Ananas zuletzt. Sahne hinzufügen und umrühren.

Zutaten pro Person:
$^1/_4$ einer
frischen Ananas
1 Karotte
1 Orange
1 TL Sahne

Erntedanksaft

Zubereitungszeit: 5 Minuten

Zubereitung:
Trauben und Apfel waschen, Traubenstiele abzupfen und Apfel in Stücke schneiden. Karotte unter Wasser sauber bürsten. Nacheinander entsaften. Sahne dazugeben und verrühren.

Zutaten pro Person:
100 g rote Trauben
50 g weiße Trauben
1 säuerlicher Apfel
1 Karotte
1 TL Sahne

Vorspeisen, Zwischengerichte und Partygelüste

Vorspeisen

Zeit beim Essen

Nicht jeder Mahlzeit muß unbedingt eine Vorspeise vorausgehen. Wenn Sie jedoch zu einem besonderen Anlaß oder einfach mal zwischendurch Ihren kulinarischen Bedürfnissen nachkommen wollen, sollte die Vorspeise nicht fehlen. Wenn Sie sonst gesund essen, werden Sie sicherlich Frischkost in Ihrem Speiseplan längst miteinbezogen haben. Allerdings gilt auch hier: lieber weniger, dafür aber Qualität. Schließlich spielt die Menge bei Frischkost nicht immer eine Rolle. Kräuter beispielsweise zeigen schon in kleinen Mengen eine appetitanregende und verdauungsfreundliche Wirkung.
Fehlende Zeit zum Essen ist ein Manko in der deutschen Eßkultur. Gesunde Ernährung braucht Zeit, braucht Muße, und in dieser Beziehung können wir noch viel von den Südländern lernen.

Leicht muß sie sein

Bei einem größeren Menü verzichtet man schon seit langem auf die opulente Note.
Eines hat sich zu früher jedoch nicht geändert: die Vorspeise. Der Auftakt eines festlichen Menüs ist seit eh und je die Vorspeise.
Früher hat man freilich bei den einfacheren Leuten auf die Feinheit des Menüs wenig geachtet. Da gab es nach einer kräftigen Fleischsuppe und einer fetten Pastete halt gekochtes Rindfleisch und dazu noch Beilagen. Je nach Region wurde als Vorspeise auch gebratener Fisch angeboten – und das so üppig, daß man heutzutage bereits davon satt gewesen wäre.

Zeit für Neues – die vegetarische Alternative

Im Vergleich zu damals sind die Portionen kleiner geworden. Die Menüs der klassisch-konservativen Küche haben sich in ihrem Aufbau wenig verändert. Da beinhaltet jeder Gang in irgendeiner Weise ein tierisches Produkt. Für Genießer der vegetarischen Küche ein Trauerspiel. Tierische Produkte allenthalben: in der Vorspeise, hier meist gut versteckt in Terrinen oder Pasteten, in der Suppe – bis hin zum Eischaum im Dessert! Wo doch heute jeder weiß, daß tierisches Eiweiß und Fett in großen Mengen ungesund sind, weil sie mit Purin und Cholesterin vergesellschaftet sind und diese Substanzen Gicht und Herz-Kreislauf-Krankheiten begünstigen.
Nicht selten sind es „undefinierbare" Vorspeisen, die dazu dienen, die Reste vom Vortag zu verwerten, und die strotzen oft vor Fett und Eiweiß. Schlimm ist, daß man die nicht einmal mehr richtig kauen muß. Gottlob gehören einschlägige Leberspezialitäten so langsam der Vergangenheit an. Ich frage mich, warum Vorspeisen aus Gemüse und Salat überhaupt mit tierischen Produkten angeboten werden müssen. Mangelt es an schöpferischen Einfällen, oder hat keiner den Mut, die altüberlieferten Zöpfe abzuschneiden?

In der Tat: Womit könnten wir uns ein größeres Armutszeugnis ausstellen als durch den Umstand, daß wir Vorspeisen nur noch dann akzeptieren, wenn Fleischbestandteile ihnen die „Vollwertigkeit geben"?
Für die Hausfrau lohnt es sich nicht, die klassischen Vorspeisen wie Pasteten oder Sülzen zu Hause zu machen. Es sei denn, Sie planen ein Fest und wollen etwas ganz Besonderes anbieten. Sie brauchen aber spezielle Geräte, viel Zeit und viele Esser, damit sich der Aufwand lohnt. Wenn Sie sich die Mühe machen wollen, ist es empfehlenswert, zuvor diverse Vorspeisen dieser Art in Restaurants auszuprobieren.

Meine Empfehlung: Fisch nie als erster Gang

Mitunter sind in großen Menüs Fischdelikatessen vorgesehen. Dabei ist es wichtig, daß der richtige Fisch genommen wird. Er sollte fettarm sein und leicht verdauliches Eiweiß haben. Ich rate Ihnen aber folgendes zu beachten: Vermeiden Sie es, Fisch als ersten Gang zu servieren. Tierisches Eiweiß in Vorspeisen kann zu Folge haben, daß man sich schnell gesättigt fühlt, der Appetit verschwunden ist und man sich durch die nächsten Gänge quälen muß.

Verwöhnen Sie die Augen!

Nicht nur der Gaumen soll gekitzelt und die Eßlust angeregt werden; das Auge bekommt ebenfalls etwas zu sehen. Denn eine appetitlich angerichtete Speise regt den Speichelfluß und die Verdauung an.
Große Wirkung und wenig Aufwand erzielen Sie schon mit einem Radieschen, einer jungen zarten, saftigen Möhre, einer aromatischen Gurkenscheibe mit Kräuterdip oder ganz einfach mit Gemüse natur. Es muß also nicht immer die aufwendige Küche sein. Die Vorspeisen in diesem Buch leben alle vom einfachen und natürlichen Geschmack der Zutaten. Abwechslung kommt lediglich mit Gemüsesülze, Joghurt oder Buttermilchterrinen.

Kleine Gabelsalate, angereichert mit frischen Kräutern und Keimlingen, auch kurz gebratenes Gemüse in Olivenöl mit Rosmarin (S. 166) gehören dazu und ergeben eine ideale Vorspeise.

Warum nicht mediterran ?

Warum nicht einmal einen Ausflug in die mediterrane Küche machen? Mir hat sie es besonders angetan. Zwar kommt sie bei mir in abgespeckter Form auf den Tisch, aber ihre fleischlose Vielfalt ist dennoch imponierend. Was bei den Italienern als Vorspeise gilt und deshalb in kleinen Mengen verspeist wird, gilt andernorts als Hauptspeise. Auch begleitet den Italiener das ofenfrische Fladen- oder Pizzabrot über die ganze Mahlzeit hinweg – und man nimmt sich Zeit, viel Zeit.

Die Speise davor

Wenn Sie sich für eine Vorspeise entscheiden, denken Sie bitte daran – eine Speise „davor" soll es sein. Schließlich soll danach noch etwas folgen.

Fassen wir also zusammen: Diese kleinen Appetitanreger sollen leicht sein, kalorienarm und den Magen nicht belasten. Vorspeisen dürfen Lust auf „mehr" machen. Wie Sie bereits wissen, läßt ein dekorativer Anblick den Speichel fließen, was wiederum die Verdauungssäfte anregt. Die richtigen Inhaltsstoffe wirken sich ebenfalls günstig auf die Verdauung aus. Leider wird das alles bei vielen Vorabhäppchen nicht berücksichtigt. Entweder sind sie zu kompakt, oder man hat schlichtweg die falschen Zutaten gewählt.

Fehlt das Blech?

Bevor Sie sich an die Rezepte machen, ist es wichtig, das jeweils geeignete Backblech zu besorgen. Sie werden es beim Fladenbrot (S. 90), den Tarteletten (S. 102/103) oder den Minipizzas (S. 96) dringend brauchen. Schwarzbleche sind prima zum Backen von Fladenbroten geeignet. Die besten Erfahrungen werden Sie mit den herkömmlichen Pizzablechen machen, die Sie in jedem Fachgeschäft kaufen können. Für die Vorspeisen aus salzigem Mürb- oder Hefeteig benütze ich gerne ein Blech mit integrierten Minibackformen. Sie können aber auch andere geeignete Backförmchen verwenden. Ideal ist eine Höhe von 2 bis 3 cm, ein oberer Durchmesser von 6 cm und ein Bodendurchmesser von 4 cm. Mit diesen Minibackformen lassen sich sehr schöne „blinde" Formen backen. „Blind" nennt man gebackene Teige ohne Belag. Diese Formen können nach dem Erkalten mit allerlei raffinierten Salaten belegt werden. Aber auch schon fertig gefüllte mund- und gabelgerechte Minitarten können Sie damit zaubern.

Fladenbrot

Zubereitungszeit: 12 Minuten
Ruhezeit: 3 Stunden, 10 Minuten
Backzeit: 10 Minuten

Zutaten:
etwa 25 g frische Hefe
lauwarmes Wasser
400 g Dinkelvollmehl
3 EL Olivenöl
Meersalz
1 TL Honig
Zum Bestreuen und Würzen: s. u.

Zubereitung:
Die Hefe mit etwas Wasser und Mehl zu einem flüssigen Hefevorteig verrühren. Das restliche Mehl in eine große Schüssel geben und eine Mulde eindrücken. Den Hefevorteig zusammen mit dem Öl und etwas Salz dazugeben und mit einer Gabel einarbeiten. Den Teig gut durcharbeiten und zu einer Kugel formen.
Nach dem Kneten sollte der Teig fest, aber elastisch sein. Fühlt er sich zu naß an, fehlt noch etwas Mehl. Den Teig in eine Schüssel geben und zugedeckt mindestens 3 Stunden bei Zimmertemperatur gehen lassen.
Dazwischen den Teig noch einmal leicht durchkneten. Der Teig kann auch eingefroren werden.

Mein Tip

Wenn Sie es lieber etwas ausgefallener lieben, dann ergänzen Sie den Fladenbrotteig mit 1 kleinen Karotte, die Sie fein raspeln und unter den Teig kneten.
Statt der Karotte können Sie auch Walnüsse, leicht geröstete Zwiebeln mit Majoran, Haselnüsse, Mandeln, Pinien- oder Sonnenblumenkerne nehmen.

Durch entsprechendes Würzen kann man dem Teig eine besondere Note geben.
Die gewünschte Teigmenge auf einer bemehlten Arbeitsfläche in geeigneter Größe mit dem Nudelholz ausrollen. Sie können auch ein Backblech mit Öl bestreichen. Der Teig wird mit den Händen zu einem Fladen geformt und auf dem Blech auseinandergedrückt.
Vor dem Bestreuen den Teig mit etwas Olivenöl einpinseln. Zum Bestreuen eignen sich Mohn, Sesam, Sonnenblumen- oder Pinienkerne.
Zum Würzen des Teiges oder zum Bestreuen nimmt man auch Rosmarin, Majoran, Thymian oder eine Gewürzmischung.
Den Teig noch etwa 8 bis 10 Minuten gehen lassen, mit Olivenöl bepinseln, Mohn darüberstreuen und den Fladen im Backofen bei 200 °C 8 bis 10 Minuten knusprig backen.

Gefüllte Gurkenröllchen

Zubereitungszeit: 40 Minuten
Zeit zum Ziehen: 1 Stunde

Zubereitung:
Von der Gurke den Stiel und die Blüte abschneiden. Die Gurke der Länge nach mit einem langen, dünnen Messer in Scheiben schneiden, und zwar so dünn, daß sie sich aufrollen lassen. Den Frischkäse mit dem Sauerrahm gut verrühren, anschließend mit Pfeffer, Salz und den Kräutern würzen. Die einzelnen Gurkenscheiben mit der Käsecreme messerdick bestreichen, zusammenrollen und auf einen Teller oder eine Platte setzen. Im Kühlschrank mit Folie bedeckt 1 Stunde durchziehen lassen und anschließend auf eine mit Gartenkresse bestreute Platte legen. Die Tomaten häuten (siehe S. 170 Tomatengemüse), danach in kleine Würfel schneiden und über die Gurkenröllchen geben. Mit etwas Kresse garnieren. Den Buchweizen ohne Fett anrösten und ebenfalls über die Gurken geben. Kurz vor dem Servieren mit Salz und Pfeffer nachwürzen.

Mein Tip

Dazu passen heiße Pellkartoffeln. Als Salatgarnitur oder zu Brot schmecken die Röllchen ausgezeichnet.

Zutaten:
1 ebenmäßige frische Salatgurke (sie sollte nicht zu dünn sein)
200 g Frischkäse (20 % Fettgehalt)
3 EL Sauerrahm
Pfeffer
Meersalz
2 EL Schnittlauchröllchen
1 kleines Bd. Dill
4 Tomaten
Garten- oder Kapuzinerkresse
2 EL Buchweizenkörner

Bunter Vorspeisenteller

Zubereitungszeit: 15 Minuten

Zubereitung:
Die Karotten und das Gemüse waschen und putzen. Die Blumenkohlröschen in etwas Wasser mit einigen Tropfen Öl bißfest dünsten. Für die Kräutervinaigrette alle Zutaten zusammenrühren. Die Pflücksalatblätter in Vinaigrette wenden und fächerartig auf dem Teller anrichten.
Blumenkohl am offenen Teil ansetzen, Karotten auf Salatblätter verteilen. Noch warme Karotten sowie den Blumenkohl mit Vinaigrette beträufeln und den Blumenkohl zusätzlich mit Eiwürfeln (1 EL) und Dill überstreuen. Die Radieschen in Stifte raspeln und darüberstreuen.

Zutaten pro Person:
Öl
5 kleine Karotten mit Stiel
2 bis 3 Blumenkohlröschen
5 helle Pflücksalatblätter
1 Ei
2 bis 3 Radieschen
Dill

Für die Kräutervinaigrette:
1 Zwiebel
1/2 EL Senf
3 EL Obstessig
Pfeffer
1 Tasse kaltes Wasser
1 TL Meersalz
frische Kräuter (Schnittlauch, Petersilie, Estragon, Zitronenmelisse und Dill)
nach Belieben auch 1 Knoblauchzehe

Junges Gemüse in Sülze

Vorbereitungszeit: etwa $1\frac{1}{2}$ Stunden
Zeit zum Gelieren (pro Geliervorgang):
20 Minuten
(für 6 Personen)

Zutaten für die Sülze:
600 g frisches Gemüse (Karotten, Kohlrabi, Blumenkohl, Brokkoli, Zucchini und kleine Bohnen)
12 Blatt Gelatine oder 2 TL pflanzliches Geliermittel (z. B. Agar-Agar)
1 l gut gewürzte Gemüsebrühe (Rezept siehe S. 123)
Pflanzenwürze
Meersalz
Pfeffer

Für die Soße:
2 bis 3 EL Olivenöl
200 g frischer Sauerrahm
Meersalz
Pfeffer
Balsamessig
3 EL Schnittlauchröllchen
1 EL Dill
1 EL Petersilie
1 EL Zwiebelrohr einer Frühlingszwiebel
2 EL Alfalfakeimlinge (oder andere Keimlinge)

Zubereitung:
Das Gemüse waschen und putzen. Die Karotten und den Kohlrabi ungeschält bißfest kochen, danach erst schälen. Den Blumenkohl und den Brokkoli in Röschen teilen, kurz in leicht gesalzenem Wasser bißfest kochen (das Wasser sollte etwas stärker gesalzen sein als sonst, damit das Gemüse an Wasser verliert und es nachher nicht in die Sülze abgibt, so bleibt die Sülze beim Schneiden stabil und fällt nicht auseinander). Die Zucchini längs in größere Stücke schneiden und kurz ins kochende Wasser geben.
Die Bohnen etwa 10 Minuten gar kochen und das Gemüse auf einem Tuch abtupfen.
Die Gelatine in etwas kaltem Wasser einweichen und ausdrücken. Die Gemüsebrühe erwärmen, mit Pflanzenwürze, Salz und Pfeffer abschmecken (stärker würzen, da die Gelatine die Wirkung der Würze abschwächt) und die Gelatine hineingeben. Etwas umrühren, damit sich die Gelatine auflösen kann. So lange stehenlassen, bis sie anfängt zu gelieren.
Eine geeignete Terrinenform mit einer etwa 3 mm dicken Geleeschicht ausgießen und im Kühlschrank fest werden lassen.
Die Karotten in Stifte schneiden, den Kohlrabi in Scheiben, den Blumenkohl und den Brokkoli in Röschen belassen. Auf die erstarrte Sülze wird dann eine Schicht Bohnen gelegt, mit Gelee bedeckt und wieder zum Erkalten in den Kühlschrank gestellt. Nacheinander die anderen Gemüse einlegen und jede Schicht erstarren lassen. Mit einer Zucchinischicht (Schale nach oben) den Vorgang abschließen.
Wichtig: Das Gemüse sollte gut mit Gelee bedeckt sein. Wollen Sie ganz sicher sein, daß die Sülze stabil bleibt, dann nehmen Sie einfach 2 bis 3 Blatt mehr Gelatine oder $\frac{1}{2}$ TL Agar-Agar, dafür wird die Sache weniger delikat.
Für die Soße (Dip) wird das Olivenöl mit dem Sauerrahm gut verrührt, Salz, Pfeffer und Balsamessig dazugeben, ebenso die feingeschnittenen Kräuter und Zwiebelrohr wie auch die Keimlinge. Alles gut verrühren. Bis zum

Mein Tip

Die Sülze geht auch schneller, wenn Sie keinen Wert darauf legen, die Gemüse in eine bestimmte Reihenfolge zu bringen: Das zurechtgeschnittene Gemüse wird ohne bestimmte Anordnung in die Terrine geschichtet und mit dem heißen Gelee aufgefüllt.

Gebrauch kühl stellen. Anstelle von Sauerrahm könnte auch zur Hälfte Joghurt mit Sauerrahm vermischt werden.
Zum Stürzen die Form kurz in heißes Wasser stellen. Mit einem scharfen Messer die Sülze in Scheiben schneiden.

Variante

Eine Alternative dazu ist eine Soße aus etwas Apfelessig, Sonnenblumen- und Olivenöl, etwas Gemüsebrühe oder Wasser, Salz, Pfeffer, 1 TL Senf und frische feingewiegte Kräuter.

Gestockte Buttermilch nach Bauersfrauenart

Vorbereitungszeit: 35 Minuten
Ruhezeit: etwa 5 Stunden
(für 6 bis 8 Personen)

Zutaten:
750 g Buttermilch (Demeter-Qualität aus dem Reformhaus oder Naturkostladen)
10 Blatt Gelatine oder 2 TL Agar-Agar
250 g Sauerrahm
1 kleine gekochte Karotte
150 g feingeschnittene frische Kräuter (Schnittlauch, Kerbel, Dill, Petersilie, Basilikum, Frühlingszwiebel, wenig Estragon)
Meersalz
weißer Pfeffer
etwas Zitronensaft

Zubereitung:
Etwas Buttermilch leicht erwärmen, die in kaltem Wasser vorgeweichte, gut ausgedrückte Gelatine darin auflösen. Unter die restliche Buttermilch rühren. Danach den gutgerührten Sauerrahm dazugeben und verrühren. Die Karotte in Würfel schneiden und zusammen mit den Kräutern in die gelierende Buttermilch geben. Mit Salz und Pfeffer gut würzen, anschließend mit Zitronensaft abschmecken. Die Mischung in eine Terrinenform oder ein anderes geeignetes Gefäß gießen, glattstreichen und etwa 5 Stunden, am besten über Nacht, kühl stellen. Zum Stürzen der gestockten Buttermilch die Form kurz in heißes Wasser stellen. Mit einem angewärmten Messer in dicke Scheiben schneiden.

Mein Tip

Gestockte Buttermilch paßt hervorragend zu Salaten und Frischkost oder zu einem Tomaten- oder Gurkensalat. Als Vorspeise wird eine kalte würzige Kräutersoße gereicht, wie z. B. bei der Gemüsesülze. Variante zur Soße: Agar-Agar mit $^{1}/_{8}$ l Frischmilch aufkochen lassen und in die Buttermilch rühren.

Zwischengerichte

Schön, wenn es sie gibt

Zwischengerichte sind kleinere Mahlzeiten, die man über den Tag verteilt zu sich nimmt. Das ist der Gesundheit zuträglicher. Sie stillen den Hunger zwischendurch, und man folgt somit dem Ratschlag moderner Ernährungswissenschaftler, lieber weniger, aber dafür öfter zu essen.

Happen, Snacks oder Imbisse sollten kalorienarm sein, damit sie der Figur und der Fitneß nicht schaden und trotzdem neue Energie bringen. Wer sie langsam und mit Genuß ißt und sie gut kaut, wird davon satt. Diese kleine Mahlzeit belastet nicht. Sie macht also nicht träge nach dem Essen.

Frisch und ausgewogen soll es sein

Auch in einer größeren Speisenfolge sollte von allen gesunden Fitmachern etwas enthalten sein, daher empfehle ich Frischkost, die mit eiweißreichen und fettarmen Milchprodukten ergänzt wird.

Frischkost zusammen mit Schmankerln aus vollem Korn kann ich ebenfalls empfehlen. Die Vitalstoffe sollten dem Körper schnell verfügbar gemacht werden, und dabei hilft schon – wie bereits erwähnt – gutes Kauen. Bei Zwischenmahlzeiten sind viele Menschen unsicher in der Auswahl der Bestandteile. Sicherlich behelfen sich viele mit kalorienarmer Kost, wie beispielsweise Magerjoghurt oder Apfel. Das ist zwar lobenswert, aber auf Dauer langweilig und nicht ausgewogen genug. Besser wäre ein Vollmilchjoghurt, dazu ein Apfel und ein Stück Vollkornbrot.

Sie machen fröhlich und motivieren

Pfiffige Abwechslung bei den Mahlzeiten zwischendurch, besonders am Arbeitsplatz, macht fröhlich und schafft neue Motivation.

Soll eine Zwischenmahlzeit schmecken, müssen die Rohstoffe und Zutaten von bester Qualität sein. Die Rezepte sollen auf den individuellen Energiebedarf abgestimmt sein. Der Imbiß für einen Sportler, einen Schüler oder Arbeiter müßte deswegen mehr Kohlenhydrate liefern als derjenige für einen Menschen mit sitzender Tätigkeit. Streßgeplagte Manager benötigen einen Snack, der Lecithin und B-Vitamine enthält, Nahrung für Nerven und Gehirn.

Geringer Aufwand, große Wirkung

Als Anregung stelle ich schon mal vorweg einige Rezepte in Kurzform als Imbißmöglichkeiten vor.
Die einfachste Zwischenmahlzeit wäre eine Scheibe Vollkornbrot mit Butter, belegt mit Gurken-, Radieschen- und Tomatenscheiben, einige Apfelschnitze dazu – fertig; würzen können Sie mit Schnittlauchröllchen oder frischen Keimlingen.
Ein Stück einfacher Frischkäse (Ziegen-, Schafs- oder Kuhmilchkäse), angemacht mit Kräutern, gewürzt mit Pfeffer und Olivenöl, dazu etwas Frisches, beispielsweise Tomaten, mit knusprigem Fladenbrot. Das ist etwas Köstliches und macht lange satt.

Für die schlanke Linie empfehle ich einen schnell zubereiteten Obstsalat, der mehr Genuß bringt als am Stück gegessenes Obst. So werden beispielsweise eine Banane, ein Apfel, einige Weintrauben und eine junge Möhre fein geraspelt, mit Joghurt oder Buttermilch vermischt, dazu gibt es geröstete Sonnenblumenkerne oder aromatische Erdmandelflocken.

Wenn aber Arbeit schnell hungrig macht, dürfte ein köstlicher Kartoffelkuchen vom Vortag (siehe Bauernkuchen, S. 97) angebracht sein.
Mit geraspeltem Obst oder Gemüse schmeckt er noch interessanter. Ein richtiger Sommersnack nach dem Sonnenbad oder der Gartenarbeit ist eine würzige Gemüsesülze mit Bratkartoffeln oder eine Buttermilchterrine mit Schnittlauch oder Frühlingszwiebeln.

Ein Tomatensalat mit Basilikum, etwas Pfeffer und dazu nur ein kleines Rührei paßt ebenso zum sommerlichen Ambiente wie ein frisch gepreßter Saft aus Obst und Gemüse, der ebenfalls erstaunlich gut den ersten Hunger stillt.
In die kalte und triste Jahreszeit paßt eine heiße und wohlriechende Getreidesuppe (S. 96), mit frischer Winterkresse gewürzt.
Sie sehen, es sind die einfachsten Rezepte, mit denen Sie große Wirkung erzielen. Im richtigen Moment angeboten, überzeugen sie jeden Naturkostkritiker.

Satt, aber nicht schachmatt

Empfehlenswert ist also alles, was schmeckt und sättigt, ohne daß man im Anschluß schachmatt gesetzt ist. Frischkost und Qualitätsprodukte spenden die nötige Energie, Sie brauchen keine Kalorien zu zählen, und zudem verhelfen sie Ihnen zu mehr Vitalität.

Bunte Getreidesuppe

Vorbereitungszeit: 30 Minuten
Zeit zum Quellen: 15 Minuten

Zutaten:
80 g Getreideschrot aus Hafer, Buchweizen, Dinkel und Hirse
$^3/_4$ l Gemüsebrühe
4 reife Tomaten
1 Zwiebel
20 g Butter
4 EL Kräutergemisch aus Gartenkresse, Petersilie, Schnittlauch und Kerbel
Meersalz
weißer Pfeffer

Zubereitung:
Das Getreideschrotgemisch durch Erwärmen in einem Topf ohne Fett so lange leicht anbräunen, bis es aromatisch duftet. Topf von der Platte nehmen, Gemüsebrühe dazugeben und mit dem Schneebesen gut verrühren. Dann kurz aufkochen lassen. Die Zwiebel kleinwürfeln, in Butter andünsten und zur Suppe geben. Mit Salz und Pfeffer abschmecken. 15 Minuten bei milder Hitze quellen lassen. Tomaten waschen und die Stielansätze entfernen. Im Mixer grob zerkleinern. Das Tomatenmus mit einem Holzlöffel unter die Suppe rühren und nochmals erhitzen. Kräuter fein wiegen und dazugeben. Die Suppe in vorgewärmten Tellern servieren.

Minipizzas – mein Lieblingssnack

Zubereitungszeit: 35 Minuten
Backzeit: 10 bis 12 Minuten
(für 12 Förmchen)

Zutaten:
etwa 200 g Hefeteig (siehe S. 90 Fladenbrot)
Olivenöl zum Bestreichen
6 mittelgroße reife Gartentomaten
1 kleine Kugel Mozzarella
Trocken- oder Frischkräuter (Majoran, Thymian) oder fertige Gewürzmischung (Pizzamischung)
frisches Basilikum
Meersalz
Pfeffer
Mehl

Zubereitung:
Den Teig auf einer leicht bemehlten Arbeitsfläche ausrollen (Dicke: $^1/_2$ cm). Mit einem Glas (Ø = 8 cm) Teigplätzchen ausstechen, in die mit Olivenöl bestrichene Form legen und anpassen. Die Mozzarellakugel in dünne Scheiben schneiden und je 1 Scheibe auf die Teigböden legen.
Die Tomaten häuten (siehe S. 170 Tomatengemüse), halbieren und mit der Schnittfläche nach oben auf die Käsescheiben legen, salzen und pfeffern. Die Basilikumblätter waschen, fein schneiden und über den Tomaten verteilen, mit den Kräutern bestreuen. Etwas Olivenöl darauf träufeln und die Pizzas im vorgeheizten Backofen auf höchster Stufe für etwa 10 bis 12 Minuten knusprig backen. Hinweise zum Backblech finden Sie auf den Seiten 22 und 89.

Mein Tip

> Die Minipizzas passen besonders gut zu Frischkost und schmecken auch kalt.

Bauernkuchen

Zubereitungszeit: 30 Minuten
Backzeit: 20 Minuten

Zubereitung:
Den Hefeteig ausrollen, auf ein gefettetes Blech legen, so daß der Teig am Blechrand abschließt. Den Teigrand etwas nach unten drücken, damit er flach abschließt.
Die Zwiebel in Olivenöl glasig dünsten und abkühlen lassen. Die Kartoffeln durch die Kartoffelpresse drücken.
Die restlichen Zutaten dazugeben, würzen und gut vermischen. Die Kartoffelfüllung gut auf dem ausgerollten Teig verteilen. Den Kuchen im vorgeheizten Backofen bei höchster Stufe etwa 20 Minuten lang backen.
Nach dem Backen den Kuchen vom Blech nehmen, einige Minuten ruhenlassen, dann in Stücke schneiden und warm servieren.

Zutaten:
etwa 200 g Hefeteig (reicht für ein rundes Backblech mit Ø 28 cm (siehe S. 90 Fladenbrot)
1 mittelgroße Zwiebel
Olivenöl zum Dünsten
4 bis 5 heiße mehligkochende Kartoffeln (evtl. auch kalte Kartoffeln)
2 Eier
150 g Sauerrahm
Meersalz
Pfeffer
1 Prise Muskat
1 EL abgezupfte Majoranblätter

Mein Tip

Der Bauernkuchen schmeckt auch noch am nächsten Tag.

Sommergenuß

Ziegenkäse auf Tomatenscheiben

Zubereitungszeit: 10 Minuten

Zubereitung:
Die Tomaten waschen, abtrocknen und den Stielansatz ausschneiden. Etwas dickere Scheiben schneiden und auf Teller oder Platte verteilen.
Den Ziegenkäse in Scheiben schneiden und auf den Tomatenscheiben verteilen.
Basilikum entweder ganz oder etwas zerkleinert über die Tomaten mit Ziegenkäse geben.
Mit Olivenöl beträufeln, danach salzen und pfeffern.

Zutaten pro Person:
2 reife, etwas größere Tomaten
etwa 80 g Ziegenfrischkäse, nicht gesalzen (am besten direkt vom Bauern oder aus dem Fachgeschäft)
8 bis 10 Blätter frisches Basilikum
Salz
schwarzer Pfeffer
Olivenöl, erste Pressung

Mein Tip

Mit Blattsalatblättern unter den Tomaten können Sie dieses Gericht noch verschönern.
Dazu paßt frisches Fladenbrot oder eine heiße Pellkartoffel.

Partygelüste

Anekdote

Sagt ein Bekannter zu mir: „Morgen sind wir eingeladen bei der Familie B."
Ich erwidere: „Aber Du hast mir doch schon erzählt, daß es dort immer so gähnend langweilig ist, immer die gleichen Gespräche, immer die gleichen Witze."
„Stimmt", sagt mein Bekannter, „aber das Essen ist immer spitze!"

Klein und ausgefallen

Der Erfolg einer Party wird meist an dem gemessen, was es zu essen und zu trinken gibt. Feste, egal welcher Art, finden ihren Höhepunkt beim Essen, und über die Qualität der Kochkunst ist man sich schnell einig.

Zwanglos zugreifen

Sie merken, gutes Essen und Trinken lassen andere Dinge unwichtig werden. Es gibt viele schöne Einbauküchen, die oft kalt bleiben, weil man sich lieber einladen läßt, statt selbst zu kochen.
Vom Büfett einer Party erwartet man immer etwas Nichtalltägliches. Kleine ausgefallene Köstlichkeiten, pikant gewürzt, mit kreativer Note. Da und dort noch ein unbekanntes Rezept, das sich nachzumachen lohnt.
Weil Partys eine unkomplizierte und lockere Atmosphäre haben, darf das Speisenangebot genauso zwanglos sein. Es gibt keine Zwänge in der Speisenfolge, und je nach Gelüste wird zugegriffen. Das Angebot braucht nicht zu groß zu sein. Wichtig ist, daß die Mengen großzügig kalkuliert sind und die Gerichte den Rahmen des Üblichen sprengen.

Klein – fein – anders

Beliebte Gerichte sollten im Angebot überwiegen, unbekannte Dinge werden eher zurückhaltender wahrgenommen, deshalb ist es sinnvoll, davon kleinere Mengen anzubieten. Eine würzige Suppe sollte immer dabei sein, ein „Süpple von roten Linsen" (S. 127). Beliebt sind auch die Kartoffel- und die Tomatensuppe (S. 124/125. Partyschlager sind ofenfrische Gemüsekuchen und Pizzas, Frischkostsalate, zu denen Fladenbrot und selbstgebackene Brötchen nicht fehlen sollten. Der warme Zwiebelkuchen (S. 101) hat immer seine Liebhaber, und ein guter Kartoffelsalat nach altschwäbischem Rezept (S. 100) wird bestimmt große Anerkennung finden. Die Salatgurkenroulade (S. 91), mit gewürztem Frischkäse gefüllt, wird wahrscheinlich der ewigen „Diät-Tante" gut ins Programm passen.

Bunte Gemüsepizza vom Backblech

Vorbereitungszeit: 40 Minuten
Backzeit: etwa 20 Minuten

Zubereitung:
Ein Backblech mit Olivenöl einpinseln. Den Teig ausrollen und auf das Backblech legen. Die Ränder etwas dicker lassen. Die Paprikaschoten waschen, halbieren und das Kerngehäuse entfernen. Die Tomaten häuten (siehe S. 170 Tomatengemüse). Die Brokkoliröschen ganz kurz in Salzwasser aufkochen, herausnehmen und gut abtropfen lassen, wenn nötig mit Küchenkrepp abtupfen. Die Paprikahälften und die geschälten Zwiebeln in dünne Streifen und die Tomaten in Scheiben schneiden.
Die Paprika- mit den Zwiebelstreifen mischen und mit den Tomatenscheiben auf dem Teig verteilen. Vorsicht, nicht zu dick belegen! Brokkoliröschen so anordnen, daß der Boden restlos bedeckt ist. Den Mozzarella in kleine Stücke schneiden und über den ganzen Belag streuen. Die Basilikum-, Majoran- und Oreganoblätter waschen, abzupfen, in Streifen schneiden und alles über der Pizza verteilen.
Den Belag mit Olivenöl beträufeln, salzen und pfeffern und im vorgeheizten Backofen bei 200 °C auf mittlerer Schiene für etwa 20 Minuten backen. In kleine Stücke schneiden und heiß servieren.

Zutaten:
300 g vom Hefeteig (siehe S. 90 Fladenbrot)
1 rote Paprikaschote
1 gelbe Paprikaschote
6 reife Gartentomaten
1 bis 2 mittelgroße Zwiebeln
10 kleine Brokkoliröschen
Meersalz
Pfeffer
Olivenöl
frisches Basilikum
frischer Majoran
frischer Oregano
1 Kugel Mozzarella (125 g, abgetropft)

Mein Tip

Den restlichen Teig können Sie im Kühlschrank aufbewahren und sollte aber spätestens am nächsten Tag aufgebraucht werden. Wie wär's z. B. mit einem Fladenbrot?

Krautkuchen

Vorbereitungszeit: 30 Minuten
Backzeit: 15 bis 20 Minuten

Zutaten:
Sahnemürbteig (siehe S. 102)
200 g junges Weißkraut
1 Zwiebel
etwas Olivenöl zum Braten
Meersalz
Pfeffer
1/2 TL ganzer Kreuzkümmel
1 rundes Backblech (Ø etwa 28 cm)
50 g Sauerrahm
2 EL Sesam

Zubereitung:
Das Kraut und die geschälte Zwiebel in feine Streifen schneiden. Das Olivenöl erhitzen und darin zuerst die Zwiebel leicht anrösten, das Kraut dazugeben und zugedeckt bei milder Hitze bißfest dämpfen. Den Topf von der Kochstelle nehmen und das Kraut in eine Schüssel umfüllen, salzen, pfeffern, Kümmel dazugeben und durchmischen. Den Teig ausrollen und auf das gefettete Blech legen. Den Boden mit dem Sauerrahm bestreichen, das abgekühlte Kraut darauf verteilen, mit Sesam bestreuen und im vorgeheizten Backofen bei 200℃ etwa 15 bis 20 Minuten lang backen. In kleine Stücke schneiden und heiß servieren.

Mein Tip

Will man kleine Krautkuchen backen, kann man natürlich auch Minibackformen verwenden. Sollte das Kraut zu trocken werden, muß noch etwas Olivenöl darübergeträufelt werden.

Schwäbischer Kartoffelsalat

Zubereitungszeit: 15 Minuten
(ohne Garzeit der Kartoffeln)

Zutaten:
8 Kartoffeln mittlerer Größe
1 EL mittelscharfer Senf
4 EL Obstessig
1 kleine Zwiebel
1 Salatgurke
1 Tasse Gemüsebrühe
8 EL Distel- oder Sonnenblumenöl
Salz
Pfeffer

Zubereitung:
Gewaschene Kartoffeln in wenig Wasser garen, pellen und noch warm mit Messer oder mit Hobel in nicht zu feine Scheiben schneiden. Senf, Essig und kleingeschnittene Zwiebeln dazugeben.
Gurke schälen, in Scheiben hobeln und daruntermengen. Mit erhitzter Gemüsebrühe übergießen und dann Öl untermengen, mit Salz und Pfeffer abschmecken.

Mein Tip

Dazu paßt sehr gut frischer Feldsalat, den Sie um den Kartoffelsalat dekorieren und mit kleingehackter Petersilie garnieren.

Warmer Zwiebelkuchen

Zubereitungszeit: etwa 40 Minuten
Ruhezeit: 35 Minuten
Backzeit: 25 bis 30 Minuten

Zubereitung:
Den Hefeteig zubereiten wie bei Fladenbrot (S. 90) beschrieben und etwa 35 Minuten gehen lassen.
Die Zwiebeln schälen und sehr fein schneiden. Mit etwas Butter die Zwiebeln zugedeckt langsam glasig dünsten. Abkühlen lassen. Die Eier, den Sauer- und den Süßrahm gut verrühren und unter die Zwiebeln mengen. Salzen und je nach Belieben auch etwas pfeffern.
Das Backblech mit etwas Butter oder Olivenöl einfetten.

Den Hefeteig auswellen und auf dem Backblech ausbreiten. Die Ränder etwas dicker lassen und ein wenig hochziehen. Die Zwiebelmasse darauf gut verteilen und mit Kümmel bestreuen. Im vorgeheizten Backofen bei 200 °C etwa 25 bis 30 Minuten lang backen. Herausnehmen, etwas abdampfen lassen und noch heiß servieren.

Zutaten für den Hefeteig:
500 g ausgesiebtes Dinkelmehl
30 g frische Hefe
70 g Butter
1 EL Olivenöl
10 g Meersalz
1/4 l handwarme Milch
1 bis 2 EL frische Milch

Für den Belag:
800 g Zwiebeln
etwas Butter
4 Eier
1/8 l Sauerrahm
1/8 l Süßrahm
Meersalz
Pfeffer nach Bedarf
Butter oder Olivenöl zum Einfetten
1 TL ganzer Kümmel

Mein Tip

Sie können das grobe Blattgrün des Lauchs gut für eine Brühe verwenden.

Lauchkuchen

Zubereitungszeit: etwa 30 Minuten
(für 4 bis 6 Personen)

Zubereitung:
Die Butter in Würfel schneiden und zusammen mit dem Mehl, dem Ei und Salz zu einem geschmeidigen Teig kneten. In einem Tuch eingeschlagen bis zur Verarbeitung kühl stellen.
Den Lauch der Länge nach aufschneiden und gründlich waschen. Das grobe Blattgrün abschneiden und den Lauch in Streifen schneiden. Die Butter in einer Pfanne zerlassen, den Lauch dazugeben und zugedeckt dünsten. Anschließend etwas abkühlen lassen. Die gekochten Kartoffeln (frisch oder vom Vortag) durch eine Presse drücken, zusammen mit dem Lauch in eine Schüssel geben, Sauerrahm und Ei darunterrühren, mit Salz und Pfeffer abschmecken.

Den Teig ausrollen, auf ein passendes, gefettetes Blech legen, die Lauchmasse darauf verteilen, den Teigrand gleich hoch drücken. Im vorgeheizten Backofen bei 180 °C für etwa 20 Minuten backen. Noch heiß servieren.

Zutaten:
100 g kalte Butter
200 g gesiebtes Dinkelvollmehl
1 kleines Ei
1 Prise Meersalz

Für den Belag:
etwa 220 g junger Lauch
2 mittelgroße mehligkochende Kartoffeln
100 g Sauerrahm (20 % Fett)
1 Ei
1 EL Butter zum Dünsten
Meersalz
Pfeffer

Tarteletten aus gesalzenem Mürbteig

Zubereitungszeit: 30 Minuten
Ruhezeit: 1 Stunde
Backzeit: etwa 10 Minuten
(für 12 bis 14 Stück)

Zutaten:
200 g kalte Butter
400 g Dinkelvollmehl
2 Eier
1 EL feingeriebener Parmesan
Meersalz
2 bis 3 EL kaltes Wasser nach Bedarf

Zubereitung:
Die Butter in Würfel schneiden, mit dem Mehl, den Eiern, dem Parmesan und etwas Salz zu einem geschmeidigen Teig kneten. Der Parmesan ist würzig, deshalb sollte man mit dem Salz sparsam sein.
Wird der Teig zu trocken, etwas Wasser dazugeben.

Den Teig zu einer Kugel formen und höchstens 1 Stunde kühl ruhenlassen. Den Teig halbieren, mit dem Nudelholz beide Hälften ausrollen (Dicke: 1/2 cm), mit einem Glas (Ø = 8 cm) runde Teigplätzchen ausstechen. Die Tarteletteformen fetten, die Teigausstecher in die Backformen legen, so daß sie etwas über den Rand gehen. Den Backofen auf höchster Stufe vorheizen und die Tarteletten für 8 bis 10 Minuten backen. Die Tarteletten aus den Formen nehmen und auf einem Backgitter auskühlen lassen.

Sahnemürbteig für Tarten

Vorbereitungszeit: 20 Minuten
Ruhezeit: 1 Stunde
Zubereitungszeit: 30 Minuten
(für 12 bis 14 Stück)

Zutaten:
200 g Dinkelvollmehl
1 TL Weinsteinbackpulver
1 Prise Meersalz
100 g kalter Sauerrahm (24 % Fettgehalt)
etwa 3 EL kaltes Wasser

Zubereitung:
Aus den Zutaten einen geschmeidigen Teig kneten, den Teig zu einer Kugel formen und etwa 1 Stunde kühl stellen.
Mit dem Nudelholz den Teig ausrollen (Dicke: etwa 1/2 cm), mit einem Glas (Ø = 8 cm) Teigplätzchen ausstechen und in gefettete Formen legen. Im vorgeheizten Backofen auf höchster Stufe 8 bis 10 Minuten backen. Den Teig aus den Formen lösen und auf einem Backgitter auskühlen lassen.

Mein Tip

Mit geröstetem Sesam oder Sonnenblumenkernen bestreuen.

Füllung aus Frischkäse

Zubereitungszeit: 8 Minuten
(für 12 bis 14 Tarten)

Zutaten:
100 g Frischkäse (20 % Fettgehalt) (Ricotta als Alternative)
2 bis 3 EL Sauerrahm
50 g geriebener Parmesan
3 EL geschnittene Gartenkresse
Meersalz
weißer Pfeffer

Zubereitung:
Den Frischkäse und den Sauerrahm glattrühren, die übrigen Zutaten dazugeben, an den Salat geben und kurz vor dem Füllen salzen und pfeffern.

Pikante Frischkostfüllungen

Diese Füllungen sind relativ einfach zu machen. Hier gilt es, das saisonale Frischeangebot zu nutzen. Sie können sämtliche Wurzel- und Salatgemüse verwenden. Wichtig dabei ist, daß sie sich sehr fein würfeln oder in feine Streifen schneiden lassen.
Die Gemüsesorten können getrennt oder bunt gemischt verwendet werden.

Gurkencocktail

Junge kleine Gurken gut waschen, von Stiel und Blüte befreien und ungeschält in kleine Würfel schneiden.
Paprikaschoten nach Wahl, wobei sich rote und gelbe besser eignen, weil sie bekömmlicher sind. Die Paprikaschoten waschen, halbieren, das Kerngehäuse und die weißen Innenwände entfernen. Das Fruchtfleisch ebenfalls fein würfeln.
Kleine junge Karotten putzen, in feine Stifte hobeln und daraus kleine Würfel schneiden.
Mit Kohlrabi wird in gleicher Weise verfahren. Radieschen in Stifte schneiden. Schneiden Sie den Blattstiel nicht ab. Sie können das Radieschen dann besser hobeln.
Tomaten oben einritzen, kurz in heißes Wasser geben und die Haut abziehen. Die Früchte halbieren und in kleine Würfel schneiden.
Alle kleingeschnittenen Gemüse nach dem Würfeln kühl stellen.
Die Salate sollten kurz vor dem Füllen angemacht werden, damit sie nicht zuviel Flüssigkeit abgeben und so die Tarten aufweichen.

Salatsoßen für die Füllungen

Wählen Sie aus zwischen Oliven-, Sonnenblumen- oder Walnußöl, oder geben Sie die Öle gesondert an die jeweiligen Salate.
Mit Salz, Pfeffer und einem milden Balsamessig oder Obstessig abschmecken.
Den letzten Pfiff geben Sie den Salatmischungen, indem Sie Keimlinge oder frische Kräuter (siehe Kapitel Frischkost ab S. 104) dazugeben.

Frischkost und Salate

Roh ist nicht gleich frisch

Häufig wird für Frischkost auch der Begriff „Rohkost" verwendet. Das heißt, daß die Kost in ungegartem Zustand verzehrt wird. Über den Frischezustand der Lebensmittel sagt der Begriff jedoch noch gar nichts aus. Für viele wertgebende Inhaltsstoffe ist gerade die Frische entscheidend. Denn diese Stoffe sind flüchtig oder werden durch den Kontakt mit Sauerstoff sehr schnell abgebaut. Deshalb ist ein vor Stunden angerichteter Salat zwar roh, aber nicht mehr frisch. Mit „roh" wird meist die Vorstellung verbunden, daß die Gerichte grob, unfertig und unansehnlich sind. Daher möchte ich gerne bei dem Begriff „Frischkost" bleiben.

Frischkost ist wertvoll …

Nichts ist für unsere Gesundheit so wichtig wie eine regelmäßige Versorgung mit Frischkost. Sie gibt dem Körper alles, was er zum Leben braucht: hochwertiges Eiweiß, das sich vor allem in rohem und gekeimtem Getreide findet, aber auch in vielen anderen Pflanzen und in Milchprodukten enthalten ist, Fette, Kohlenhydrate, Ballaststoffe, Vitamine, Mineralstoffe und Spurenelemente, daneben auch Enzyme, Geschmacksstoffe und vieles mehr. Alles zusammen nenne ich „Vitalstoffe".

… stärkt das Immunsystem …

Durch ihren hohen Gehalt an Vitalstoffen trägt Frischkost erheblich zur Stärkung unseres Immunsystems

Experten tauschen sich aus.

bei. Da sie überwiegend aus ballaststoffreichen Gemüse-, Salat- und Obstsorten besteht, optimiert man dadurch die tägliche Ballaststoffaufnahme.

... macht satt und schlank ...

Mit einer ausreichenden Versorgung von Frischkost kann Darmerkrankungen vorgebeugt werden, und Gewichtsprobleme regulieren sich meist von allein. Frischkost sättigt, ohne zu belasten!

Frischkost ist im allgemeinen kalorienarm, liefert aber trotzdem reichlich wertvolle Substanzen und ist deshalb für die „schlanke Küche" unverzichtbar.

... aber die Qualität!

Frischkostgerichte mit Salaten und Gemüsen sind abwechslungsreich und sehr gesund. Dabei kommt es nicht immer auf die Menge der Zutaten an, sondern auf die Herkunft und die Qualität des Gemüses. Am besten schneidet man das Gemüse aus dem eigenen Garten ab. Sie können sich dann darauf verlassen, daß es sich hierbei um „handgezogenes" und naturbelassenes Gemüse handelt, wenn Sie auf Chemie verzichtet haben. Sie ernten unvergleichlich gute Qualität. Das Gemüse ist in seinem Geschmack und seiner Beschaffenheit den Treibhauskulturen weitaus überlegen.

Die Alternative – Naturkost aus dem Laden

Gerade in der Übergangszeit und in den Wintermonaten haben Frischkostliebhaber gewisse Versorgungsengpässe zu überbrücken. Denn mit einer Orange, Banane oder hie und da einem Apfel ist unserer Gesundheit nicht ausreichend gedient. Zwar gibt es sicherlich alle Sorten von Obst und Gemüse im Handel, doch wer Wert auf gesunde, genetisch und chemisch einwandfreie Ware legt, wartet gerne ab, bis heimische, saisonfrische Frühbeetprodukte zu haben sind. Bis es soweit ist, bietet der Naturkostladen Alternativen an. Allerdings sind die Importe aus südlichen Ländern nur zu sündhaft teuren Preisen zu haben. Nur wenige wollen sich diesen Luxus leisten.

Ende April wird es billiger

Läuft mit dem Wetter alles gut, ist es Ende April, Anfang Mai soweit: Man bekommt erntefrischen Kopf- oder Eissalat, auch Spinat, frische Garten- und Wildkräuter können bereits Einzug in die Küche halten. Der Frühsommer beschert uns eine Fülle von Produkten für die frische Küche. Zum großen Angebot an Blattsalaten sind Kohlrabi, junge Karotten, Frühretticke, Blumenkohl und Frühzwiebeln eine knackige Ergänzung.

Sommerzeit – Frischkostzeit

Wenn im Sommer die ersten Tomaten erntereif sind, durchziehen sie meine Küche wie ein roter Faden – als Geschmackszutat, als Farbtupfer oder so wie sie sind. Werden sie sparsam eingesetzt, paßt ihre gereifte Säure hervorragend zu fast jeder Frischkost. Zudem enthalten sie das „Schönheitsvitamin" A, das gut ist für Haare, Haut, Zähne und Augen, außerdem hilft es, Erkältungen vorzubeugen. Die Gurke mit ihrem erfrischenden Geschmack eignet sich prima für Salate, ist aber auch anderweitig verwendbar. Zusammen mit saurem Rahm und aromatischem Dill ergibt sie einen leckeren Salat. Die jungen zarten Gurken können mit Schale gegessen werden. Die ausgereiften Freilandgurken werden am besten vor dem Verzehr geschält, zumindest aber gut gewaschen.

Vorrat ist die halbe Miete

Wir können uns im Winter genauso gesund ernähren wie im Sommer, wenn wir auf Lagergemüse zurückgreifen. Allerdings müssen Sie davon ausgehen, daß durch die Lagerung auch wertvolle Inhaltsstoffe zum Teil verlorengehen. Sie können diesen Verlust durch frische Sprossen und Keimlinge wieder wettmachen. Es ist deshalb wichtig, daß wir uns im Herbst einen ausreichenden Gemüsevorrat anlegen. Weiß- und Rotkraut, rote Bete, Schwarzrettich mit seinem köstlichen Aroma, dazu Feldsalat und feine Kresse bieten während der Wintermonate eine gesunde Abwechslung in der Küche. Das Zubereiten der Salate aus diesen Gemüsesorten braucht etwas Zeit. Wenn Sie keine Möglichkeit der Lagerhaltung haben, sollten Sie beim Einkauf auf die einwandfreie Qualität der Produkte achten.

Welche Bedeutung und welchen Stellenwert die richtige Ernährung für den Körper hat, können Sie vielleicht beim Lesen dieses Buches verstehen. Ich möchte den Lesern und Anwendern dieses Kochbuches gerne zeigen, daß sich Eßgewohnheiten ändern können, wenn man z. B. erkannt hat, wie wichtig die richtige Ernährung in unserem Leben werden kann. Daß Kinder mit einer Selbstverständlichkeit in eine Karotte oder einen Apfel beißen, anstatt sich mit Süßigkeiten vollzustopfen, kann eine Folge dieser Einsicht sein. Sie gewinnen an Vitalität und Lebensfreude und schaffen optimale gesundheitliche Bedingungen für das Alter.

Blüten im Salat

In einem Kochbuch aus dem 18. Jahrhundert fand ich ein Rezept mit dem Namen „Blumensalat". Blüten im Salat sind also keine Erfindung der Neuzeit.

„Die Blüten von Kapuzinerkresse, Dill und Borretsch werden mit etwas Weinessig, wenig Salz und Provenceöl begossen und mit einer Gabel behutsam gemengt. In Ermangelung einer Blume nehme man

das junge Gänseblümchen. Dieser Salat ist von angenehm pikantem Geschmack und dient zugleich zur Verschönerung einer Tafel, auch zur Verzierung von Kopfsalat."

Historisches vom Salat

Dem deutschen Wort Salat liegen u. a. das lateinische „sal" (Salz) und das italienische „insalata" zugrunde, letzteres bedeutet soviel wie eingesalzene Speise. Möglicherweise entstand der aus unserer Küchenkultur gebräuchliche Name Salat aus der Verbindung von „sal" und dem ebenfalls lateinischen „lactuca". (Lattich: Dieser milchsaftführenden Pflanzengattung gehören eine ganze Reihe von Salatpflanzen an – wie auch unsre meistgegessene: der Kopfsalat.)
Salat war also ursprünglich etwas Eingesalzenes oder mit Salz Angemachtes.
Grünen Salat und Kresse kannten schon die Sumerer im 4. Jahrhundert vor Christus. Bei den Griechen galt das Zubereiten von Salaten als hohe Kunst. Ihre Götter erlaubten sich den Luxus, neben Nektar und Ambrosia auch Salat zu genießen. Ich unterstelle ihnen einmal, daß auch sie schon um die universelle Kraft der Pflanzen wußten.
Zu Beginn des 18. Jahrhunderts kannte man in Mitteleuropa kaum mehr als 50 Salatrezepte. Die Zeit war also reif für eine „Salatrevolution". Und die brach tatsächlich auch mit Macht über die Küchen bei Hofe und in den Bürgerhäusern herein. In kürzester Zeit entstanden unzählige neue Salatkreationen. Salat war nun nicht mehr länger einfach etwas Gesalzenes, sondern dehnte sich auch auf Mischungen mit Obst und Früchten aus. Er war jetzt zu einem bunten Durcheinander aller möglichen Nahrungsmittel geworden, und so ist es bis heute geblieben. Ich möchte jedoch behaupten, daß wir unsere Salate heute mit etwas mehr Raffinesse arrangieren.

Interessant auch folgendes Rezept, welches zeigt, wie man sich damals selbst in den Wintermonaten um Frisches kümmerte:

„Zichoriensalat: Die im Winter im Keller gewachsenen Blätter der in der Erde oder Sand eingeschlagenen Zichorienwurzel werden gut gewaschen, in kleine Stücke geschnitten und mit Öl, Essig und wenig Salz angemengt."

Frühbeet und Freiland – der feine Unterschied

Nicht jeder Salat(-kopf) ist gleich verschmutzt. Unter Glas wachsende Frühbeetsalate sind weniger mit Erde oder Sand behaftet als der Freilandsalat. Sie sind auch zarter und sollten deshalb schonend behandelt werden. Man hat weniger Abfall und muß nicht akribisch nach Insekten im Salatkopf suchen. Bei Freilandsalaten ist das anders. Die äußeren Blätter sind meist hart, und an ihren Blattunterseiten kann man schon einmal Insekten oder Weichtiere finden. An den Blättern bleibt Erde hängen. Deswegen mit dem Daumen beim Waschen daran entlangfahren. Sie sollten die Salatblätter erst nach dem Waschen teilen, damit die wasserlöslichen Vitalstoffe beim Wässern nicht herausgespült werden. Wenn Sie den Salat gleich verarbeiten, dann schlagen Sie die Blätter in ein Tuch ein und schwenken sie leicht durch, damit das restliche Wasser abfließt.
Wird der Salat später verwendet, gibt

man ihn in ein größeres Sieb, schüttelt ihn einige Male leicht und läßt das Wasser von alleine ablaufen.
Den Salat können Sie in einer luftdicht abschließenden Schüssel im Kühlschrank 1 bis 2 Tage aufbewahren.

Noch ein Wort zum Anmachen. In einer engen Schüssel fühlt sich der Salat nicht wohl. Nehmen Sie deshalb immer eine große Schüssel. Das hat den Vorteil, daß auch jedes Blatt etwas von der Salatsoße abbekommt.

Salat und Frucht

Um Salaten eine raffinierte Note zu geben, werden Früchte beigemengt. Sie verfeinern nicht nur den Geschmack, sondern liefern auch zusätzliche Enzyme, Pektine und Ballaststoffe. Besonders wenn der Salat eine Hauptmahlzeit sein soll, ist die Ergänzung mit Obst sinnvoll. Wie Sie das genau machen, erfahren Sie in den nachfolgenden Rezepten.
Als Obst eignen sich Äpfel, Birnen, Ananas, Trauben, Erdbeeren, Mandarinen, Grapefruits, Bananen oder auch Mangos. Sie können es aber auch einmal mit Nüssen versuchen.
Wegen ihres hohen Enzymgehaltes verträgt sich die Ananas in rohem Zustand nicht mit Milch-, Käse- oder Sahneprodukten. Das Ananasenzym Bromelin spaltet das tierische Eiweiß. Muß der Salat länger als 15 Minuten auf den Verzehr warten, schmeckt er bitter.

Ein Salat kann Vorspeise, Zwischengericht oder Hauptmahlzeit sein.

Salat vorab

Der Salat, als Vorspeise genossen, nimmt den ersten Hunger. Dabei ist er kalorienarm und trägt dazu bei, daß man beim Hauptgang nicht zuviel ißt. Salat leistet Verdauungshilfe und fördert dadurch das Wohlbefinden nach dem Essen. Als Vorspeise gegessen, sollte ein leichter Blattsalat gewählt werden. Hier ist die Auswahl der Jahreszeit entsprechend groß. Im Winter beschränkt sie sich allerdings auf Feld-, Endivien- und Kressesalat. Im Frühjahr können Sie dann unter mehr Blattsalaten wählen oder auf jungen Spinat (mit Hasel-, Walnuß- oder Sonnenblumenöl eine Delikatesse) zurückgreifen. Für einen kleinen Salatteller können unterschiedliche Blattsalate gemischt werden, dazu passen Frühlingsradieschen und die ersten frischen Kräuter.

Salat dazwischen

Als Zwischengericht darf der Salat schon etwas gehaltvoller sein. Eine Ergänzung zu den Blattsalaten sind angemachte Kohlrabi, Karotten oder rote Bete. Dazu Gurkenscheiben und Keimlinge aus Linsen, Getreide oder Saaten.

Salat anstatt

Soll der Salat eine Hauptmahlzeit sein, darf es von allem etwas sein: Blattsalate, Wurzelgemüsesalat und dazu ein pikanter Weiß- oder Rotkrautsalat. Bei Kraut- und Feldsalat wird in fast allen Küchen noch nach alten Rezepten verfahren: Angeröstetes Rauchfleisch oder Speckwürfel sind immer mit von der Partie und überdecken leider das zarte Aroma der Rohstoffe, sofern es bei gezüchteten Treibhausprodukten überhaupt eines gibt.

Auf die Harmonie beim Würzen kommt es an.

Es geht auch ohne Speck: mit einem feinen Essig, einem aromareichen kaltgepreßten Öl, vielleicht etwas Kümmel, Petersilie, wenig Pfeffer, etwas Meersalz, feinen Frühlingszwiebeln – und schon haben Sie einen leckeren Krautsalat.

Sie können zu Ihrem Salat ein hartgekochtes Ei oder heiße Pellkartoffeln mit frischem Sauerrahm und Schnittlauch reichen oder etwas in Olivenöl gebratene Zucchinischeiben, rote und gelbe Paprikastreifen, dazu noch Sprossen und Keimlinge aus Getreide, und die Eiweißversorgung ist sichergestellt.

Fad ist schad

Es gibt Leute, denen es unwichtig ist, woher die Zutaten für den Salat kommen. Sie setzen keine große Erwartungen in die Qualität und den Geschmack. Deshalb werden sie auch nicht nach der Herkunft der Produkte fragen.

Bei mir ist das anders. Für meine Gerichte verwende ich nur ausgesuchte Zutaten. Meine Ansprüche an die Qualität sind sehr hoch. Ich verwende deshalb nur Zutaten aus meinem Garten oder aus garantiert kontrolliertem ökologischem Anbau. Eine Ware aus dem Treibhaus und hochgezüchtete, fad schmeckende Gemüse haben keine Chance, bei mir als Frischkost auf den

Tisch zu kommen. Salat soll Appetit machen und schön für das Auge sein. Er soll zum Essen einladen, und man soll beim Essen die Frische schmecken. In Frischkost steckt universelle Kraft. Um diese Kraft zu erhalten, müssen die Rohstoffe möglichst schonend behandelt und verarbeitet werden.

Die besondere Beziehung

Aus diesem Grund ist die Zubereitung für mich beinahe ein Ritual, bei dem ich die Zutaten und Rohstoffe in geschmacklicher Harmonie zusammenbringe. Wer sich einmal aufmerksam beobachtet, wird feststellen, daß er seine Salate mit Dressings zudeckt. Das kann mitunter daran liegen, daß die Zutaten, die Sie verwenden, keinen Eigengeschmack haben. Die Hauptrolle müssen stets die eigentlichen Salatzutaten spielen. Sie bilden idealerweise mit dem Eigenaroma der Rohstoffe das gewünschte Geschmackserlebnis. Die Salatsoße kommt begleitend und abrundend dazu, um die Aromastoffe durch fetthaltige Zutaten wie Öl, Sauerrahm oder Joghurt zur Entfaltung zu bringen. Da jedoch Geschmack eine individuelle Empfindung ist, verzichte ich bei meinen Salatrezepten auf eine Mengenangabe bei den Salatsoßen und Dressings.
Die sollen Sie für sich persönlich herausfinden. Denn es ist ein sensibler Gaumen erforderlich, um eine Beziehung zum Produkt zu schaffen. Als beste Zutaten für eine leckere Salatsoße genügen ein feiner Essig, kaltgepreßtes Olivenöl, Pfeffer aus der Mühle, ein Hauch frischer Knoblauch, ein Salatkraut Ihrer Wahl, frischer Sauerrahm, Naturjoghurt und Sauer- oder Dickmilch.

Kauen

Wer keine Zeit zum Essen hat, sollte erst gar nicht an die Frischkost gehen und lieber ein Glas Frischmilch trinken oder eine Suppe essen.
Nicht umsonst bildet sich beim Anblick von appetitlich angerichteten Speisen in unserem Mund Speichel. Das kann aber nur passieren, wenn Sie bewußt mit viel Zeit ein Gericht zu sich nehmen. Gut funktionierende Speicheldrüsen sind eine wichtige Verdauungshilfe. Sollten Sie mitunter diesen Speichelfluß vermissen, ist es hilfreich, die Nahrung gut zu kauen. Dann erst leistet unsere Mundspeicheldrüse wertvolle Verdauungshilfe und ermöglicht somit eine bessere Verträglichkeit und Resorption der Nährstoffe.
Darum: Gut gekaut, ist halb verdaut.
Nervöse Menschen haben oft Probleme mit dem Magen-Darm-System. Das kann daran liegen, daß sie ihre Speisen nach wenigen Kauvorgängen einfach hinunterschlucken oder sogar überhaupt nicht kauen. Das bereitet dem Magen sowie dem Dünndarm erhebliche Probleme, und sie brauchen sich über ihre Beschwerden gar nicht zu wundern. Also: Zeit lassen beim Essen und ausgiebig kauen!
Das ist der Gesundheit besonders zuträglich.

Salat von jungem Spinat

Zubereitungszeit: 15 Minuten

Zutaten:
250 g Salatspinat
50 g Gartenkresse
1 mittelgroße Karotte
50 g Keimlinge von roten Linsen
etwas Olivenöl, Essig und Meersalz für die Linsen

Für die Soße:
50 g Gartenkresse
1/2 Knoblauchzehe
Obstessig
Olivenöl „nativ extra"
Meersalz
schwarzer Pfeffer

Zubereitung:
Den Spinat gründlich waschen und die Stiele auf die Hälfte zurückschneiden. Die Kresse waschen und von den Samenresten befreien. Die Karotte waschen, putzen und in ganz feine Streifen schneiden, zusammen mit den anderen Zutaten in eine große Schüssel geben.
Die Kresse für Soße waschen, den Knoblauch schälen und zusammen mit den übrigen Soßenzutaten und 2 bis 3 EL Wasser in einen Mixer geben und pürieren. Anschließend noch einmal abschmecken und über den Spinatsalat träufeln. Den Salat nach dem Anmachen auf Tellern oder in einer Schüssel servieren.

Die Linsenkeime in etwas heißem Olivenöl mit einigen Tropfen Essig und Salz kurz durchschwenken und sogleich über den Salat verteilen.

Mein Tip

Zu dieser Soße würde eine warme Kartoffel passen.
Als Beilage eignet sich Pinienfladenbrot.

Großer Sommersalat mit zweierlei Ölen

Zubereitungszeit: 15 Minuten

Zutaten:
etwa 250 g gemischte Salate (Kopfsalat, Eichblattsalat und Frisée)
etwa 150 g rohes Gemüse: 1 Karotte, je 1 rote und gelbe Paprikaschote, 1 rote Gemüsezwiebel, 1 Salatgurke, einige Scheiben rote Bete und Radieschen und 2 reife Tomaten

Für die Salatsoße:
Weißweinessig
etwas Haselnußöl
etwas Sonnenblumenöl
Meersalz
Pfeffer
2 bis 3 EL Wasser
gemischte Kräuter (Liebstöckel, Petersilie, Schnittlauch, Kerbel, Estragon und einige kleine Basilikumblätter)

Zubereitung:
Die Salate und das übrige Gemüse waschen und putzen. Die großen Salatblätter teilen. Die Karotten, die Paprikaschoten und die Zwiebel in dünne Streifen schneiden. Die Gurke, die fertiggegarte rote Bete und die Radieschen in feine Scheiben hobeln und die Tomaten vierteln. Die Zutaten für die Soße miteinander verrühren und die feingeschnittenen Kräuter dazugeben. Die Salatblätter auf Teller oder eine Glasplatte dekorativ anrichten und mit der Salatsoße beträufeln.

Variante

Die Tomatenscheiben mit Ziegenkäse belegen, mit Salz und Pfeffer würzen und mit Basilikum garnieren. Anschließend mit Öl beträufeln.

Tomatensalat „Genuß im Spätsommer"

Zubereitungszeit: 6 Minuten

Zubereitung:
Die Tomaten waschen, den Stielansatz und grüne Stellen herausschneiden und in Scheiben schneiden. Die Scheiben auf 4 Teller verteilen. Dann salzen und pfeffern. Das Basilikum waschen, die Blätter von den Stielen zupfen und in feine Streifen schneiden oder die ganzen Blätter auf den Tomaten verteilen. Mit einem Löffel das Olivenöl über die Tomaten träufeln.

Zutaten:
2 bis 4 reife Gartentomaten (Fleischtomaten eignen sich am besten)
Meersalz
schwarzer Pfeffer
pro Tomatenscheibe ein Blatt junges frisches Basilikum
Olivenöl „nativ extra"

Eissalat – das knackige Vergnügen

Zubereitungszeit: 15 Minuten

Zubereitung:
Das Gemüse waschen und putzen. Den Eissalat in fingerdicke Streifen schneiden. Die Karotte schälen und in feine Stifte hobeln. Die Radieschen in feine Scheiben schneiden. Die Alfalfakeimlinge und die Sesamsamen zusammen mit dem Gemüse in einer Schüssel vermengen und salzen.
Die Kräuter waschen und fein schneiden. Aus den übrigen Soßenzutaten ein Dressing anrühren, mit Salz und Pfeffer etwas abschmecken und über den Salat gießen.
Den Buchweizen in einer Pfanne anrösten und dann über den Salat verteilen.

Zutaten:
1 Kopf Eissalat
1 Bd. Radieschen
1 mittelgroße Karotte
50 g Alfalfakeimlinge
1 EL ungeschälte Sesamsamen
Meersalz
2 EL Buchweizen

Für die Soße:
1 kleines Bd. Petersilie
1 Bd. Schnittlauch
150 g Schwedenmilch oder Joghurt
100 g Sauerrahm
Balsamessig
Meersalz
Pfeffer

Mein Tip

Dazu paßt Mohnfladenbrot.

Rote-Bete-Salat

Zubereitungszeit: 10 Minuten
Ruhezeit: 15 Minuten

Zutaten:
2 junge (kleine) Knollen rote Bete
2 säuerliche Äpfel
1 Zwiebel

Für die Soße:
Obstessig
Walnuß- oder Haselnußöl
Meersalz
Pfeffer
1 Msp. Kümmelsamen
1 kleine Zwiebel
2 EL Linsenkeimlinge
1 kleines Bd. Petersilie
etwas Öl für die Linsen
1 EL Sonnenblumenkerne

Zubereitung:
Die rote Bete gut waschen und schälen. Junge zarte Knollen braucht man nicht zu schälen.
Die rote Bete in hauchdünne Scheiben schneiden oder in Stifte raspeln. Die Äpfel gründlich waschen und ungeschält in Stifte hobeln. Die Zwiebel schälen und fein würfeln. Das Ganze in eine Schüssel geben. Die Linsenkeimlinge in etwas heißem Öl kurz durchschwenken, dazugeben. Aus den angegebenen Zutaten eine Salatsoße fertigen. Anschließend damit den Salat anmachen. Zum Schluß die Petersilie waschen, fein wiegen und untermischen. Etwa 15 Minuten zugedeckt durchziehen lassen. Vor dem Servieren die Sonnenblumenkerne in einer Pfanne anrösten und noch warm über den Salat streuen.

Erläuterung:

Grundsätzlich sollten Salate roh verzehrt werden. Hier dürfen wir eine Ausnahme machen. Der Grund dafür liegt darin, daß rote Bete durch Garen ihren Geschmack verändert und für viele deswegen angenehmer schmeckt. Durch Garen werden die Mineralien, die in roter Bete enthalten sind, besser verfügbar. Hier ist das Rezept eine Alternative zur Rohkost.

Bunte Kürbis-Rohkost

Zubereitungszeit: 12 Minuten

Zutaten:
400 g Kürbis (Hokkaido-Kürbis)
4 Karotten
80 g Sellerie
200 g Kohlrabi
Kürbiskerne
Meersalz
Pfeffer
8 EL Sauerrahm
Kürbiskernöl

Zubereitung:
Das Gemüse waschen und putzen. Anschließend raspeln, mischen, dann mit Salz, Pfeffer und Sauerrahm anmachen. Die Kürbiskerne anrösten und halbieren.
Den Salat mit Kürbiskernöl beträufeln und die Kerne darübergeben.

Rote Bete nach altem Rezept

Zubereitungszeit: 20 Minuten
Ruhezeit: 15 Minuten

Zubereitung:
Die rote Bete nach dem Waschen je nach Größe etwa 8 bis 12 Minuten kochen. Das Kochwasser abgießen und die Schale abziehen. Läßt sich die Schale nicht leicht abziehen, mit einem Schäler nachhelfen.
Die rote Bete in feine Scheiben hobeln. Die Birnen waschen und mit der Schale in feine Würfel schneiden.

Die rote Bete zusammen mit der geschälten und feingewürfelten Zwiebel und dem Preiselbeerkompott in eine Schüssel geben. Mit Salz und Pfeffer abschmecken und zugedeckt stehenlassen. Anschließend die Soße anrühren, zunächst ohne Salz und Pfeffer, da beides bereits schon im Salat ist. Die Soße über den Salat geben und zugedeckt etwa 15 Minuten ziehen lassen.
Die Walnußkerne fein schneiden und über den Salat streuen. Bei Bedarf noch einmal abschmecken und würzen.

Zutaten:
2 mittelgroße Knollen rote Bete (längliche Form)
2 reife feste Birnen
1 Zwiebel
1 bis 2 EL Preiselbeerkompott
Meersalz
Pfeffer
2 EL Walnußkerne

Für die Soße:
200 g Sauerrahm
etwas Sonnenblumenöl
1 TL Senf
etwas Obstessig
Meersalz
Pfeffer

Verrückter Salat

Zubereitungszeit: 12 Minuten

Zubereitung:
Die Chicoréeblätter unzerteilt unter fließendem Wasser waschen. Die Schale der Orange rundherum so abtrennen, daß die weiße Haut an der Schale bleibt. Die Kiwis schälen. Die rote Bete entweder schälen oder – bei einer ganz jungen Knolle – die Schale dranlassen. Dann nur die Wurzel und den Blattansatz entfernen. Die rote Bete in hauchdünne Scheiben hobeln und leicht salzen. Die Pinienkerne in einer Pfanne oder im Backofengrill ohne Fett rösten. Die Kiwis in feine Scheiben schneiden und auf dem Teller verteilen (siehe Abbildung). Darauf die Chicoréeblätter kreisförmig mit den Spitzen nach außen legen. Die rote Bete in der Mitte anrichten. Die Zutaten für die Soße gegebenenfalls mit etwas Wasser verrühren und über den Salat träufeln. Darüber die noch warmen Pinienkerne verteilen.

Zutaten:
1 bis 2 Chicorée
1 saftige Orange
1 bis 2 Kiwi
1 kleine junge Knolle rote Bete
etwas Meersalz
30 bis 40 g Pinienkerne

Für die Soße:
Balsam- oder Himbeeressig
Sonnenblumenöl
Meersalz
weißer Pfeffer

Mein Tip

Dieser Salat paßt gut als Vorspeise zu einem Nudelgericht.

Feldsalat nach Bauersfrauenart

Zubereitungszeit: 20 Minuten

Zutaten:
200 g Feldsalat
3 Radieschen

Für die Soße:
1 heiße mehligkochende Kartoffel
Rotweinessig
1 Msp. Senf
Walnuß- oder Sonnenblumenöl
Meersalz
Pfeffer
1/2 Knoblauchzehe
1 kleines Bd. Schnittlauch zum Garnieren

Zubereitung:
Den Feldsalat gut waschen und putzen und möglichst darauf achten, daß die Blätter beisammenbleiben
Die Radieschen waschen, putzen und in feine Scheibchen schneiden. Dann den Feldsalat und die Radieschenscheiben in eine große Schüssel geben.

Für die Soße die heiße Kartoffel schälen und mit einer Gabel zerdrücken. Zusammen mit den übrigen Zutaten und etwa 2 bis 3 EL lauwarmem Wasser mit einem Schneebesen oder Handrührgerät gut verrühren. Die Soße nochmals abschmecken und damit den Salat anmachen. Zum Schluß den Schnittlauch waschen, in feine Röllchen schneiden und über den Salat streuen.

Mein Tip

Durch die Kartoffel kann weniger Öl verwendet werden. Zu diesem Salat passen geröstete Sonnenblumenkerne.

Feldsalat „Grünes im Winter"

Zubereitungszeit: 20 Minuten

Zutaten:
etwa 200 g Feldsalat
8 bis 10 Walnußkerne
50 g gekeimte Babylinsen
etwas Olivenöl, Meersalz und Obstessig für die Babylinsen

Für die Soße:
Obstessig
kaltgepreßtes Walnußöl
Meersalz
schwarzer Pfeffer
1 bis 2 EL Wasser

Zubereitung:
Den Feldsalat sorgfältig waschen und putzen, denn es besteht die Möglichkeit, daß sich Sand und Boden in den Pflänzchen verwachsen. Die Salatröschen sollten beisammenbleiben. Die Walnußkerne kleinschneiden. Die Zutaten für die Soße miteinander verrühren. Den Feldsalat in eine Schüssel geben und mit der angerührten Soße anmachen. Die Babylinsen in etwas heißem Olivenöl schwenken, salzen und mit einigen Spritzern Essig ablöschen. Anschließend sofort über den Feldsalat geben und Walnußkerne darüberstreuen. Wer mag, kann noch feingeschnittene Schalotten dazugeben.

Selleriesalat

Zubereitungszeit: 15 Minuten
Ruhezeit: 2 bis 3 Stunden

Zutaten:
1 kleine Sellerieknolle (faustgroß)
Saft von 1/2 Zitrone
1 Stange junger Lauch
100 g Weintrauben
1 Apfel
1 Birne
80 g Walnußkerne

Für die Soße:
etwa 200 g Sauerrahm
etwas Weißweinessig
etwas Sonnenblumenöl
Meersalz
Pfeffer
50 g Keimlinge von roten Linsen

Zubereitung:
Die Sellerieknolle waschen, schälen und in feine Streifen schneiden (die Schalen können Sie später für eine Gemüsebrühe verwenden).
Die Streifen in eine Schüssel geben und mit dem Zitronensaft beträufeln. Den Lauch ebenfalls waschen, putzen und in hauchdünne Streifen oder kleine Würfel schneiden. Das Obst gut waschen. Die Trauben halbieren und entkernen; den Apfel und die Birne ungeschält fein raspeln. Die Walnußkerne grob mahlen oder schneiden.

Die Soßenzutaten miteinander verrühren und über den Salat geben. Das Ganze gut vermengen.
Den Salat zugedeckt 2 bis 3 Stunden kühl stellen. Vor dem Servieren den Salat mit Linsenkeimlingen bestreuen.

Mein Tip

Dazu paßt ofenfrisches Walnußfladenbrot.

Weißkrautsalat

Zubereitungszeit: 20 Minuten
Ruhezeit: 20 bis 30 Minuten

Zutaten:
1 kleiner junger Weißkrautkopf
250 g rote und weiße Trauben
Meersalz
100 g Keimlinge von roten Linsen
etwas Olivenöl für die Linsenkeimlinge
2 EL Sonnenblumenkerne

Für die Soße:
1 kleines Bd. Petersilie
1 Zwiebel
Obstessig
Sonnenblumenöl
1 Msp. ganzer Kümmel
Meersalz
Pfeffer

Zubereitung:
Die äußeren Blätter des Krautkopfs entfernen. Den Kopf halbieren oder vierteln und den Strunk herausschneiden. Mit dem Hobel das Kraut sehr fein schneiden. Ist der Krautkopf noch nicht fest genug, muß er mit dem Messer geschnitten werden.
Die Weintrauben abwaschen und halbieren, wenn nötig, die Kerne entfernen. Alles zusammen in eine große Schüssel geben, leicht salzen und vermengen.
Die Linsenkeimlinge in heißem Olivenöl kurz durchschwenken, zum Salat geben.
Für die Soße die Petersilie waschen und fein wiegen.

Die Zwiebel schälen und fein würfeln. Die Linsenkeimlinge, die Petersilie und die Zwiebel mit dem Essig, dem Öl, dem Kümmel, etwas Salz und Pfeffer würzen. Die Soße über das Kraut gießen und zugedeckt etwa 20 bis 30 Minuten durchziehen lassen.
Danach anrichten und mit gerösteten Sonnenblumenkernen bestreuen.

Kohlrabifrischkost – der knackige Genuß

Zubereitungszeit: 15 Minuten

Zutaten:
2 bis 3 junge Kohlrabi
1 kleine Fenchelknolle mit Grün
1 mittelgroße Karotte
2 säuerliche Äpfel
1 bis 2 EL Sonnenblumenkerne

Für die Soße:
etwa 200 g Sauerrahm
1 kleines Bd. Petersilie
50 g frische Kresse
Saft von 1 Orange
Weißweinessig
Sonnenblumenöl
Meersalz
Pfeffer

Zubereitung:
Das Gemüse waschen und putzen, die Äpfel lediglich waschen. Die Kohlrabi von der Wurzel in Richtung Blattansatz schälen. Die holzigen Teile wegschneiden. Die ganz feinen Blätter kleinschneiden und mitverwenden.
Die Fenchelknolle in feine Streifen schneiden, das Grün fein schneiden.
Die Kohlrabi, die geschälte Karotte und die ungeschälten Äpfel in feine Stifte hobeln.
Alles zusammen in eine große Schüssel geben und schön vermengen.
Für die Soße den Sauerrahm in eine Schüssel geben. Die Kräuter waschen, fein wiegen und den Saft der Orange dazugeben. Mit den restlichen Zutaten eine Soße anrühren, abschmecken und an den Salat geben. Zugedeckt noch einige Minuten durchziehen lassen.
In einer Pfanne die Sonnenblumenkerne anrösten und über den angerichteten Salat streuen.

Salatcocktail

Zubereitungszeit: 15 Minuten
(für 2 Personen)

Zutaten:
4 bis 5 junge frische Champignons
1 kleine Avocado
1 kleiner Chicorée
einige Löwenzahnsprossen (gelbes Herzstück vom Löwenzahn)
1 reife Fleischtomate
1 Apfel (säuerlich)
1/2 junge Gurke
60 g gemischte Keimlinge nach Wahl
je 1 Sträußchen Dill, Kerbel und Estragonblätter

Für die Soße:
kaltgepreßtes Öl nach Wahl (am besten eignet sich grünes Traubenkernöl)
Meersalz
Pfeffer
1 kleine geschälte und zerdrückte oder feingeschnittene Knoblauchzehe
Apfelessig

Zubereitung:
Den Lauch waschen, putzen und in feine Streifen schneiden. Den Chicorée kurz waschen und in mundgerechte Stücke zerteilen. Den Apfel waschen und mit Schale in Stifte raspeln. Die Avocado schälen, halbieren, den Stein entfernen und das Fruchtfleisch in kleine Würfel schneiden. Die Tomate waschen und in dünne Scheiben oder Streifen schneiden. Die Champignons abreiben, die Gurke schälen und beides in dünne Scheiben schneiden. Die Kräuter waschen und kleinzupfen. Alle Zutaten zusammen mit den Keimlingen in eine große Schüssel geben.
Die Zutaten für die Soße verrühren, über den Salat träufeln und danach in einer Glasschale anrichten.

Mein Tip

Mit frischem Fladenbrot schmeckt dieser Cocktail besonders gut.

Salat querbeet

Zubereitungszeit: 15 Minuten

Zubereitung:
Das Gemüse und den Salat waschen und putzen. Die Blumenkohlröschen vom Strunk entfernen und in feine Scheiben schneiden. Den Kohlrabi von der Wurzel zu den Blättern hin schälen. Die zarten Kohlrabiblätter in feine Streifen schneiden. Sie werden anschließend zum Salat gegeben.
Die Karotte und den Kohlrabi in feine Stifte raspeln oder hobeln. Die Radieschen und die Gurke in feine Scheiben schneiden (große Gurken werden vorher geschält) und die Babytomaten halbieren. Die Paprikaschote und das Weißkraut in feine Streifen schneiden, den Frisée in mundgerechte Stücke zerteilen. Die Kräuter waschen. Den Dill und den Kerbel vom Stiel abzupfen, das Basilikum in feine Streifen schneiden und die Petersilie fein wiegen. Nun alles zusammen mit den Keimlingen in eine große Schüssel geben und locker vermengen.
Die Zutaten für die Salatsoße mit 2 bis 3 EL Wasser verrühren und behutsam unter den Salat mischen. Den Salat anschließend einige Minuten ziehen lassen, abschmecken und eventuell noch einmal mit Salz und Pfeffer nachwürzen. Mit Kräuterblättern garnieren.

Zutaten:
etwa 300 g junger Blumenkohl
zarter Kohlrabi
1 junge Karotte
1 gelbe Paprikaschote
Radieschen
1 junge Gurke mit Schale
Babytomaten
junges Weißkraut und Frisée
frische Kräuter (Kerbel, Basilikum, Petersilie und Dill)
1 EL Alfalfakeimlinge
1 EL Radieschenkeimlinge

Für die Salatsoße:
Obstessig (Demeter-Qualität)
Sonnenblumenöl (wahlweise Distelöl)
etwas milder Senf
Meersalz
weißer Pfeffer

Chinakohlsalat

Zubereitungszeit: 15 Minuten

Zubereitung:
Den Chinakohl zerteilen, waschen und in kleine Würfel oder dünne Streifen schneiden. Die Birne und den Apfel lediglich gründlich abwaschen, anschließend fein raspeln. Die Karotte waschen, putzen und in feine Stifte hobeln. Alles zusammen in eine große Schüssel geben und mit den Alfalfakeimlingen vermengen. Die Soßenzutaten miteinander verrühren, etwas kräftiger abschmecken.
Die Soße über den Salat gießen, gut vermengen. Alles zugedeckt noch einige Minuten durchziehen lassen. Unter Umständen den Salat nachwürzen.
Den fertigen Salat mit den Pinienkernen bestreuen.

Zutaten:
1 kleiner Chinakohl
1 große Birne
1 Apfel
1 mittelgroße Karotte
80 g Alfalfakeimlinge
3 EL geröstete Pinienkerne

Für die Soße:
etwa 200 g Sauerrahm
Obst- oder Weißweinessig
Meersalz
Pfeffer
Sonnenblumenöl

Meine Suppenphilosophie

Natur pur!

Suppe wärmt nicht nur den Bauch

Suppen werden seit Jahrhunderten auf den Tisch gebracht. Ob in reichen Häusern auf großartig gedeckten Tischen oder in bescheidenen und ärmlichen Verhältnissen.
Die Suppe stand sowohl in guten als auch in schlechten Zeiten auf dem Speiseplan. Sie ist immer ein dankbarer Sattmacher gewesen, der mit wenigen Zutaten ein billiges und einfaches Mahl abgab.
Durch feine Zutaten allerdings und mit kostspieligen Einlagen wurde eine Suppe schnell zu einer Delikatesse, die nur in noblen Kreisen gegessen wurde. Auf den Geschmack kam es dabei an, nicht darauf, daß sie satt machen sollte. Es wurde allenfalls probiert, mit abgespreiztem Finger und geschürzten Lippen eine Kostprobe entnommen. Deshalb wanderten oft halbvolle Suppenschüsseln wieder in die Küche zurück. Wurde hier verschwenderisch mit Speisen umgegegangen, so bestand bei den Großfamilien auf dem Land eine Tagesmahlzeit nur aus einer Suppe. Sie machte zusammen mit einem Kanten selbstgebackenem Brot satt. Ich sage immer: „Suppe wärmt nicht nur den Bauch, sondern auch die Seele." Eine volle Suppenschüssel ist dazu da, daß man sie leer ißt. Schließlich gelingt eine Suppe immer, egal, ob der Koch gut oder weniger geübt ist.

Es ist lange her, daß Suppe in großen Mengen gekocht wurde. Es ist vorbei mit den Großfamilien, den großen Tafelrunden, in denen sie den Mittelpunkt der kulinarischen Freuden und Begierden bildete. Vorbei die Zeit, als die Suppe als Vorspeise gereicht oder als „dicke Suppe" zur Hauptmahlzeit wurde. Vorbei sind die guten alten Suppentage.

Natur contra Instant

Es gibt wenig Lebensmittel, aus denen man keine Suppe kochen kann. Doch bei vielen Suppen tut man sich schwer, den Geschmack der verwendeten Lebensmittel herauszufinden. Das liegt mitunter daran, daß die Rohstoffe nicht der gewünschten Qualität entsprechen, das heißt zu wenig Geschmacksträger enthalten, oder weil zu viele Gewürze und andere Zugaben den Eigengeschmack verfälschen. Ein Beispiel sind Fertigsuppen. Nach meiner Erfahrung schmecken Fertigsuppen ganz anders als eine Suppe aus frischen Zutaten. Der Suppenkoch scheint nicht mehr gefragt zu sein, seit die „Instanttüte" Einzug in die Küchen gehalten hat. Es begann alles mit der Flüssigwürze und der Erfindung des Brühwürfels. Mittlerweile gibt es keine Suppensorte mehr, die nicht schon fix und fertig aus der Packung oder der Dose käme.

Zweifelsohne ist diese Erfindung eine große Hilfe für viele Menschen. Der letzte Ausweg im Kampf gegen die Personalknappheit in den Küchen war für viele Gastronomiebetriebe die Verwendung von Fertigsuppen. Heute ist diese Behauptung so fest verwurzelt, daß eine übermächtige Suppenindustrie ein Volksnahrungsmittel produziert. Das ist schade, denn eine Suppe selbst zu kochen ist ein Erlebnis. Für Fertigsuppen kann man das nicht unbedingt behaupten. Durch Geschmacksverstärker und künstliche Aromate wird ein einheitlicher Suppengeschmack geschaffen. Das Empfinden für das natürliche Aroma der Zutaten geht zusehends verloren. Das beste Beispiel dafür ist die Grünkernsuppe (S.125). Aus frischem Grünkern gekocht, hat sie nichts gemein mit dem Fertigprodukt, das sich genauso nennt. Es gab sie schon zu Großmutters Zeiten, die Grünkern- und die Erbswürste, aus denen dicke Suppen gekocht wurden. Aber Großmutter kochte ihre Suppe meist aus den Resten des Vortags. Diese namenlosen Suppen waren und sind bis heute etwas ganz Besonderes. Weil Fleisch und Fett zu dieser Zeit knapp waren, blieb die Suppe oftmals die einzig nahrhafte, sättigende und erschwingliche Mahlzeit in schlechten Zeiten.

Der Getreidesuppen-Trick

Seit ich meine Küche auf Naturkost umgestellt habe, sind mir und meiner Familie die Getreidesuppen am liebsten. Durch das große Angebot an Getreidesorten (siehe ab S.134) ist für Abwechslung bestens gesorgt.

Zur Herstellung der Suppen reicht schon eine einfache Handmühle (S.19), ein Mixer oder Mixstab sowie eine selbstgekochte Gemüsebrühe (siehe S.123), die statt der konventionellen Fleischbrühe eine Grundlage jeder guten Suppe bildet. Bei der Herstellung von Getreidesuppen verwende ich folgenden Trick, um den Suppen ein noch besseres Aroma zu verleihen: Vor dem Mahlen des Getreides röste ich es im Backofen oder in einer Pfanne ohne Fett leicht an und lasse es erkalten, bevor es weiterverarbeitet wird. So ist das Getreide nicht nur angenehm auf der Zunge zu spüren, die Suppen werden dadurch auch noch schmackhafter und bekömmlicher. Vielleicht ist das die Erklärung dafür, daß gerade die Getreidesuppen auch bei meinen kleinen Gästen so beliebt sind.

Das Grundrezept – Sie benötigen es für verschiedene Rezepte in diesem Buch.

Mein Tip

Gemüsebrühe kann auch in größeren Mengen vorgekocht werden, um sie dann entweder portionsweise einzufrieren oder einige Tage im Kühlschrank aufzubewahren.

Gemüsebrühe

Vorbereitungszeit: 10 Minuten
Garzeit: 30 Minuten

Zutaten:
1 kleine Sellerieknolle
2 bis 3 kleine Stangen Lauch
5 bis 6 reife Tomaten
2 bis 3 Zwiebeln mit Schale
5 bis 6 Karotten
3 Knoblauchzehen
Olivenöl zum Braten
2 l Wasser
1 Lorbeerblatt
einige Pfefferkörner

Zubereitung:
Das Gemüse waschen, putzen und in Stücke schneiden. Die Zwiebeln und Karotten in Olivenöl leicht anbraten, danach die halbierten Tomaten dazugeben.
Der Knoblauch kommt zuletzt dazu, damit er nicht verbrennt. Die übrigen Zutaten hinzufügen, mit Wasser auffüllen und aufkochen. Etwa 25 bis 30 Minuten bei kleiner Hitze köcheln lassen. Das zerkochte Gemüse abseihen und die Brühe nach dem Erkalten kühl stellen.

Variante

Wenn Sie die schnellere Variante der Gemüsebrühe wünschen, dann verwenden Sie Pflanzenwürze oder Suppenwürfel auf Pflanzenbasis.

Gurkensuppe

Vorbereitungszeit: 18 Minuten
Garzeit: 15 Minuten

Zutaten:
2 Gemüsegurken
1 kleine Zwiebel
1 kleine Knoblauchzehe
Olivenöl oder Butter zum Dünsten
80 g Dinkelvollmehl
1 l Gemüsebrühe (siehe oben) oder Wasser
Meersalz
Pfeffer
150 g Sauerrahm
1 kleines Bd. Dill

Zubereitung:
Die Gurken schälen, der Länge nach halbieren und die Kerne entfernen. Anschließend die Hälften in Würfel schneiden. Die Zwiebel und die Knoblauchzehe schälen, fein würfeln und zusammen mit den Gurkenwürfeln in Fett gut andünsten, das feingemahlene Mehl dazugeben und ebenfalls mit andünsten. Danach mit der Gemüsebrühe auffüllen, gut umrühren und aufkochen lassen. Bei milder Hitze etwa 10 Minuten leicht köcheln lassen. Die Suppe mit dem Passierstab pürieren. Anschließend mit Salz und Pfeffer würzen, nochmals aufkochen lassen, vor dem Servieren den Sauerrahm unterziehen und die Suppe mit Dill bestreuen.

Mein Tip

Wird die Suppe in der Tasse serviert, dann vermengen Sie den Sauerrahm mit dem Dill und setzen einfach mit einem Löffel eine Sauerrahmhaube auf die Suppe.

Hafer-Kresse-Suppe

Vorbereitungszeit: 30 Minuten
Garzeit: 20 Minuten

Zutaten:
50 bis 60 g Hafer
1 kleine Karotte
1 Zwiebel
1 Knoblauchzehe
Olivenöl oder Butter zum Dünsten
1 l Gemüsebrühe (siehe S.123) oder Wasser
Meersalz
weißer Pfeffer
Pflanzenwürze
200 g frische Gartenkresse

Zubereitung:
Den Hafer trocken in einem Topf anrösten und anschließend fein mahlen. Die Karotte und die Zwiebel waschen, putzen und schälen. Den Knoblauch ebenfalls schälen und fein schneiden, in Öl oder Butter gut andünsten und mit der Gemüsebrühe auffüllen. Wird anstatt Gemüsebrühe Wasser verwendet, kann auch Instantgemüsewürze mit eingerührt werden. Etwa 10 Minuten köcheln lassen und anschließend mit dem Passierstab schaumig pürieren. Den gemahlenen Hafer schnell mit dem Schneebesen unter die Suppe rühren, würzen und etwa 10 Minuten bei leichter Hitze durchköcheln lassen. Mit etwas Suppe die geputzte Kresse pürieren oder sie mit dem Messer fein schneiden. Zur Suppe geben, umrühren und die Suppe gleich servieren.

Mein Tip

Zusammen mit der Kresse kann noch eine geschälte Tomate gemixt werden. Das gibt der Suppe den besonderen Pfiff. Wer mag, kann die Suppe mit etwas Sahne zusätzlich verfeinern.

Kartoffelsuppe

Vorbereitungszeit: 30 Minuten
Garzeit: 20 Minuten
(für 4 bis 6 Personen)

Zutaten:
500 g mehligkochende Kartoffeln
1 mittelgroße Karotte
2 Zwiebeln
1 Knoblauchzehe
1 kleiner Feldlauch
1 kleines Stück Sellerie (etwa 40 g)
1 bis 2 EL Butter
$1^1/_2$ l Gemüsebrühe (siehe S.123)
Meersalz
weißer Pfeffer
2 rohe Kartoffeln für 1 Rösti
Olivenöl
1 Bd. Schnittlauch
$1^1/_4$ l Sauerrahm (etwa 20 %)

Zubereitung:
Die Kartoffeln und die Karotte waschen und schälen. Die Zwiebeln und die Knoblauchzehe schälen. Den Lauch der Länge nach von der Wurzel her nach oben aufschneiden und unter fließendem Wasser reinigen.
Alles zusammen mit dem Sellerie in kleine Stücke schneiden. Die Butter zergehen lassen. Darin die Zwiebeln und den Knoblauch leicht anrösten, die übrigen Zutaten dazugeben, andünsten lassen und mit der Hälfte der Gemüsebrühe auffüllen. Etwas salzen und pfeffern. Etwa 15 Minuten leicht köcheln lassen.
Das Ganze nach und nach in den Mixer geben und pürieren. Danach alles zurück in den Topf geben, mit der restlichen Gemüsebrühe auffüllen und etwa 5 Minuten durchköcheln lassen.
Inzwischen die 2 zusätzlichen Kartoffeln schälen und in feine Stifte raspeln. In einer kleiner Pfanne Olivenöl gut erhitzen, die Kartoffelstifte darin in Kuchenform verteilen und auf beiden Seiten goldgelb braten. Das Rösti auf ein Küchenkrepp legen und warm halten.
Den Schnittlauch in feine Röllchen schneiden und unter den Sauerrahm rühren. Zum Schluß die Suppe abschmecken.
Das Rösti kleinschneiden. Die Suppe auf Teller oder in Tassen aufteilen, etwas von dem Rösti dazugeben und obenauf einen kleinen Klecks Schnittlauchsahne geben.

Grünkernsuppe

Vorbereitungszeit: 15 Minuten
Garzeit: 25 Minuten

Zubereitung:
Die Karotte waschen und putzen. Die Zwiebel und den Knoblauch schälen, alles in grobe Stücke schneiden und in Olivenöl anbraten.
Mit der Gemüsebrühe auffüllen und etwa 10 Minuten köcheln lassen. Das Gemüse mit dem Passierstab oder im Mixer schaumig pürieren und wieder in den Topf zurückfüllen. Den feingemahlenen Grünkern mit dem Schneebesen dazurühren und das Ganze aufkochen lassen. Den Liebstöckel waschen, fein wiegen und dazugeben. Nach 10 Minuten die Sahne dazugeben, mit Salz, Pfeffer und Pflanzenwürze abschmecken, die Kräuter zur Suppe geben und servieren.

Zutaten:
1 kleine Karotte
1 Zwiebel
1 Knoblauchzehe
Olivenöl zum Braten
3/4 l Gemüsebrühe (siehe S.123) oder Wasser
60 g frisch gemahlener Grünkern
1 kleiner Zweig Liebstöckel
50 g Sahne
3 EL feingewiegte Kräuter (Schnittlauch und Petersilie)
Meersalz
Pfeffer
Pflanzenwürze

Kieferles Tomatensuppe

Vorbereitungszeit: 30 Minuten
Garzeit: 30 Minuten

Zubereitung:
Die Tomaten waschen und abziehen (siehe Tomatengemüse S.170), dann das Fruchtfleisch in grobe Würfel schneiden. Die Zwiebel schälen und würfeln, die Knoblauchzehen und die Karotte würfeln und zusammen mit der Zwiebel in Olivenöl glasig dünsten. Die Tomaten, das Lorbeerblatt, den Thymian und das Tomatenmark in das Gemüse geben. Mit der Hälfte der Gemüsebrühe das Gemüse auffüllen und etwa 20 Minuten köcheln lassen. Das Lorbeerblatt und den Thymian herausnehmen. Alles mit dem Passierstab gründlich pürieren. Die Suppe mit dem Rest der Gemüsebrühe auffüllen. Aufkochen lassen und mit Salz und Pfeffer abschmecken. Die Suppe in Portionen anrichten, jeweils eine Sahnehaube darauf setzen und diese mit frisch geschnittenem Basilikum bestreuen.

Zutaten:
etwa 500 g reife Fleischtomaten
1 Zwiebel
2 Knoblauchzehen
1 kleine Karotte
Olivenöl zum Dünsten
1 Lorbeerblatt
1 kleiner Zweig Thymian
1 EL Tomatenmark
1 l Gemüsebrühe (siehe S.123) oder Wasser
Meersalz
weißer Pfeffer
150 g Sauerrahm (ersatzweise geschlagene Sahne)
1 Zweig frisches Basilikum

Omas Gersten-Suppeneintopf

Vorbereitungszeit: 30 Minuten
Garzeit: 20 Minuten

Zutaten:
1 Karotte
1 kleine Stange Lauch
2 Zwiebeln
1 Knoblauchzehe
Olivenöl oder Butter zum Dünsten
1 l Gemüsebrühe (siehe S.123) oder Wasser
50 g geröstete Gerste
Pflanzenwürze
Meersalz
weißer Pfeffer
1 frisches Ei
3 EL Milch
50 g Sauerrahm
Schnittlauch zum Bestreuen

Zubereitung:
Die Karotte und den Lauch waschen und putzen und in sehr kleine Würfel schneiden. Die Zwiebeln und den Knoblauch schälen, fein würfeln und mit den Karottenwürfeln in Olivenöl oder Butter andünsten.
Mit der Gemüsebrühe auffüllen. Die geröstete Gerste fein mahlen und dazurühren. Die Suppe aufkochen lassen und etwa 10 Minuten bei kleiner Hitze durchziehen lassen. Den Lauch dazugeben, mit Pflanzenwürze, Salz und Pfeffer abschmecken und weitere 5 Minuten leicht köcheln lassen. Das Ei mit der Milch verquirlen und unter die Suppe ziehen. Die Suppe nochmals mit Salz und Pfeffer würzen. Vor dem Servieren den Sauerrahm unterziehen und die Suppe mit dem Schnittlauch bestreuen.

Mein Tip

Diese Suppe sättigt sehr und könnte vor oder nach einer kleinen Rohkostmahlzeit gereicht werden.

Hirse-Blumenkohl-Suppe

Vorbereitungszeit: 15 Minuten
Garzeit: 30 Minuten

Zutaten:
40 g Hirse
1 faustgroßer Blumenkohl
1 Zwiebel
1 Knoblauchzehe
Butter zum Dünsten
3/4 l Gemüsebrühe (siehe S.123)
1/4 l frische Milch
Meersalz
weißer Pfeffer
Pflanzenwürze
50 g Sahne
etwas frische Petersilie zum Garnieren

Zubereitung:
Die Hirse abbrausen und auf einem Sieb gut abtrocknen lassen. Die Hirse in der Pfanne anrösten und nach dem Abkühlen fein mahlen. Vom Blumenkohl die Blätter entfernen, den Kopf waschen, putzen und den Strunk herausschneiden. Den Blumenkohl in Röschen teilen und den Strunk fein würfeln.
Die Zwiebel und die Knoblauchzehe schälen. Die Zwiebel fein würfeln und zusammen mit dem Knoblauch, dem zerkleinerten Blumenkohlstrunk sowie den Blumenkohlröschen in der Butter andünsten.
Das Ganze mit der Gemüsebrühe auffüllen und etwa 5 Minuten leicht köcheln lassen. Dann die Milch dazugießen und weitere 5 Minuten köcheln lassen. Alles mit dem Passierstab schaumig pürieren.
Die feingemahlene Hirse mit dem Schneebesen unterrühren. Mit Salz, Pfeffer und Pflanzenwürze würzen und 5 bis 8 Minuten köcheln lassen. Danach die Sahne dazugeben und kurz aufkochen lassen. Vor dem Servieren mit der feingewiegten Petersilie bestreuen.

Gemüsecremesuppe

Vorbereitungszeit: 20 Minuten
Garzeit: 30 Minuten

Zubereitung:
Die Zwiebel und den Knoblauch schälen. Den Kohlrabi schälen, die holzigen Teile abschneiden. Vom Blumenkohl oder vom Brokkoli den Strunk heraustrennen und kleinschneiden. Bei Brokkoli die Röschen ganz lassen. Alle übrigen Zutaten waschen, putzen und kleinschneiden und (mit Ausnahme des Lauchs) in Öl oder Butter andünsten. Mit der Gemüsebrühe übergießen und etwa 20 Minuten köcheln lassen. Danach die Suppe mit dem Passierstab im Topf pürieren. Anschließend den in feine Streifen geschnittenen Lauch dazugeben und aufkochen lassen. Mit Salz und Pfeffer würzen und mit Sahne verfeinern. Vor dem Servieren mit den feingeschnittenen Kräutern bestreuen.

Zutaten:
1 Zwiebel
1 Knoblauchzehe
1 kleiner Kohlrabi
1/2 Blumenkohl oder Brokkoli
1 Karotte
1 kleine Stange Lauch
2 rohe Kartoffeln
1 Zweig Liebstöckel
Olivenöl oder Butter zum Dünsten
1 l Gemüsebrühe (siehe S.123) oder Wasser
Meersalz
weißer Pfeffer
150 g Sahne
frische Gartenkräuter (z. B. Petersilie, Schnittlauch oder Kerbel) zum Bestreuen

Süpple von roten Babylinsen

Vorbereitungszeit: 20 Minuten
Garzeit: 30 Minuten

Zubereitung:
Das Gemüse waschen, putzen, schälen und bis auf die Kartoffel in Würfel schneiden. Die Gemüsewürfel in Olivenöl andünsten. Die Linsen in ein Sieb geben und mit kaltem Wasser abspülen. Die Kartoffel in Scheiben schneiden und zusammen mit den Linsen zum Gemüse geben. Mit 1/2 l Gemüsebrühe oder Wasser auffüllen, das Lorbeerblatt und den Thymian hineinlegen und zugedeckt 20 Minuten köcheln lassen.
Das Lorbeerblatt und den Thymianzweig herausnehmen. Die Gemüsesuppe mit dem Passierstab pürieren. Nach dem Mixen die andere Hälfte der Brühe dazugeben. Noch einmal etwa 10 Minuten köcheln lassen, etwas nachwürzen und einige Tropfen Obstessig hineingeben. Kurz vor dem Servieren den Sauerrahm unter die Suppe heben.

Anmerkung

Die Linsen bleiben nicht rot, sie werden durch das Kochen gelb.

Zutaten:
1 Zwiebel
1 Knoblauchzehe
1 kleine Karotte
Olivenöl zum Dünsten
80 g rote Babylinsen
1 rohe Kartoffel
1 l Gemüsebrühe (siehe S.123) oder Wasser
1 Lorbeerblatt
1 kleiner Zweig frischer Thymian
Meersalz
Pfeffer
etwas Obstessig
75 g Sauerrahm

Pikante Partysuppe

Vorbereitungszeit: 30 Minuten
Quellzeit: mehrere Stunden
Garzeit: 70 Minuten

Zutaten:
20 g Grünkern (ganze Körner)
etwas Meersalz
2 Zwiebeln
3 rohe Kartoffeln
1 Karotte
1 kleines Stück Sellerieknolle
2 Knoblauchzehen
Olivenöl zum Dünsten
20 g Babylinsen
Currypulver
1 rote Paprikaschote
6 geschälte reife Tomaten
2 l Gemüsebrühe (siehe S.123) oder Wasser
1 kleiner Zweig Thymian
Meersalz
Pfeffer

Zubereitung:
Den Grünkern waschen und in der zweifachen Menge Wasser über Nacht einweichen. Mit dem Einweichwasser und etwas Salz zugedeckt bei milder Hitze etwa 35 Minuten lang ausquellen lassen. Die Zwiebeln, die Kartoffeln, die Karotte und den Sellerie waschen, putzen, schälen und in feine Würfel schneiden. Den Knoblauch schälen und in feine Scheiben schneiden. Das kleingeschnittene Gemüse nun im Olivenöl andünsten. Die Linsen abspülen und zusammen mit dem Grünkern zu dem angedünsteten Gemüse geben. Mit Curry würzen und bei milder Hitze einige Minuten weiter andünsten. Aufpassen, daß der Curry nicht verbrennt! In der Zwischenzeit die Paprikaschote waschen, putzen und fein würfeln. Die Tomaten in grobe Würfel schneiden, in den Topf mit dem Gemüse geben und mit Gemüsebrühe auffüllen. Die Suppe unter Rühren aufkochen lassen, den Thymian dazugeben, mit Salz und Pfeffer abschmecken und etwa 30 Minuten bei milder Hitze köcheln lassen. Die Suppe ist bereits fertig, wenn das Getreide noch bißfest ist. Dann den Thymian herausnehmen und die Suppe servieren.

Mein Tip

Sie können die Suppe noch mit Sauerrahm verfeinern und mit Petersilie bestreuen.

Kürbissuppe

Vorbereitungszeit: 20 Minuten
Garzeit: 10 Minuten

Zutaten:
1 mittelgroßer Kürbis
1 Zwiebel
Butter zum Dünsten
1 bis $1^1/_2$ l Gemüsebrühe (siehe S.123)
Meersalz
Pfeffer
Essig
Vollkornbrot
Petersilie

Zubereitung:
Den Kürbis waschen und einen Deckel abschneiden. Das Kürbisfleisch vorsichtig aus dem Kürbis herauslösen, ohne das Kürbisgehäuse zu verletzen (siehe S.175). Die Zwiebel schälen und kleinschneiden. Das Kürbisfleisch (etwa 1 kg) mit der geschnittenen Zwiebel in Butter dünsten. Danach pürieren und mit der Gemüsebrühe aufkochen. Mit Salz, Pfeffer und ein paar Tropfen Essig würzen. Einige Minuten ziehen lassen. Den ausgehöhlten Kürbis mit heißem Wasser ausspülen, siedende Suppe einfüllen, Deckel darauf setzen und sofort servieren.
Die Suppe mit gerösteten Vollkornbrotwürfeln und kleingehackter Petersilie garnieren.

Dinkelsuppe mit Kräutern

Vorbereitungszeit: 15 Minuten
Garzeit: 20 Minuten

Zubereitung:
Den Knoblauch schälen. Die Karotte und den Sellerie waschen, putzen und fein würfeln. Die Zwiebel schälen und ebenfalls in Würfel schneiden. Die Gemüsewürfel in Fett anbraten und den Knoblauch später dazugeben. Mit der Gemüsebrühe auffüllen und etwa 8 bis 10 Minuten lang köcheln lassen. Alles mit dem Passierstab oder im Mixer schaumig pürieren.

Den Dinkel mit dem Schneebesen schnell unter die Suppe rühren und weitere 8 Minuten köcheln lassen. Die Sahne unterrühren, würzen und kochen lassen. Kurz vor dem Servieren die Kräuter dazugeben.

Zutaten:
1 Knoblauchzehe
1 kleine Karotte
1 kleine Sellerieknolle
1 Zwiebel
Olivenöl oder Butter zum Anbraten
1 l Gemüsebrühe (siehe S.123) oder Wasser
60 g frisch gemahlener Dinkel
75 g Sahne
Pflanzenwürze
Meersalz
weißer Pfeffer
3 bis 4 EL feingewiegte gemischte Kräuter (Kresse, Petersilie, Schnittlauch, Kerbel, Estragon, Majoran)

Naturreis-Brokkoli-Suppe

Vorbereitungszeit: 25 Minuten
Garzeit: 25 Minuten

Zubereitung:
Die Zwiebel und den Knoblauch schälen und fein würfeln. Die Karotte waschen und putzen, in kleine Stücke schneiden. Die Brokkoliröschen sehr klein aus dem Strunk schneiden. Den abgeschälten Strunk und die Karotte kleinschneiden. Zusammen mit dem übrigen Gemüse in etwas Olivenöl leicht anbraten. Mit der Hälfte der Gemüsebrühe auffüllen und etwa 10 Minuten köcheln lassen.
Den Naturreis ohne Fett in einer Pfanne leicht anrösten. Nach dem Abkühlen sehr fein mahlen. Den Rest der Gemüsebrühe erwärmen, das Reismehl hineinrühren und unter Rühren kurz aufkochen lassen.

Das Gemüse samt Brühe in den Mixer geben und sehr fein pürieren. Dann zur Reissuppe in den Topf geben, ebenso die Brokkoliröschen. Sahne dazugeben, mit Pflanzenwürze abschmecken, aufkochen lassen und weitere 5 Minuten zugedeckt bei milder Hitze leicht wallen lassen.
Vor dem Servieren mit der feingeschnittenen Petersilie bestreuen.

Zutaten:
1 Zwiebel
1 Knoblauchzehe
1 kleine Karotte
1 faustgroßer Brokkoli
Olivenöl zu Anbraten
1 l Gemüsebrühe (siehe S.123)
60 g Naturreis
50 g Sahne
Meersalz
weißer Pfeffer
Pflanzenwürze
Petersilie zum Garnieren

Die Getreideküche

Seit Jahrtausenden weitergegeben

Seit der Mensch entdeckt hat, wie man die eßbaren Samen wildwachsender Gräser zu Mehl verarbeiten kann, wird in allen Teilen dieser Welt quer durch die unterschiedlichen Kulturen Teig verarbeitet. Auf einfachen Holzbrettern, auf poliertem Stein, in hölzernen Schüsseln oder in großen Wannen, aber auch mit Hilfe moderner Maschinen wird auf diese Weise aus Mehl und Zutaten Teig gemacht. Es entsteht eine landesübliche Köstlichkeit. Über Generationen wurden die Rezepte weitergegeben.

Über den Tag hinaus planen

Eines dieser eßbaren Gräser, der wilde Weizen, Emmer oder auch Einkorn genannt, wächst in dichtstehenden Feldern, ohne daß es eine besondere Anbautechnik erfordert.

Während seiner dreiwöchigen Reife ernten die Menschen so viel, daß sie mehr als ein Jahr davon essen können. Die Grassamen haben viele Vorteile: sie brauchen wenig Boden, haben eine kurze Reifezeit, bieten einen hohen Nährwert, und sie lassen sich lagern. Die Menschen können über den Tag hinaus planen, denn bei guter Ernte ist ja für über ein Jahr vorgesorgt.
Mag sein, daß diese Entdeckung eher zufällig gemacht wurde, auf jeden Fall erkannte man vor mehr als 10 000 Jahren, daß die Edelgräser an bestimmbaren, günstig gelegenen Stellen gepflanzt und geerntet werden konnten. Um die Körner zu bearbeiten und haltbar zu machen, brauchte man Mahlsteine und Vorratsgefäße.

Lebensmittel „Korn"

Über die Jahrhunderte wurde aus dem Lebensmittel „Korn" das gesundheitlich weniger wertvolle Weißmehl, das wir als Haushaltsmehl Type 405 kennen. Diesem heute industriell bearbeiteten Weißmehl werden viele Vitamine, Mineralien, aber auch Fett und Ballaststoffe entzogen. Es enthält dann lediglich einfache Stärke, also Kohlenhydrate, und sehr wenig Mineralien. Zu wenig, um dem Menschen ein gesundes Leben zu gewährleisten. Man muß sich natürlich fragen, wie es dazu kommen konnte, daß aus einem vollwertigen Rohstoff etwas derart Verfeinertes, aber eher „Minderwertiges" entstehen konnte. Frisch gemahlenes Mehl oder Schrot aus vollem Korn dagegen enthält lebensnotwendige Inhaltsstoffe, wie zum Beispiel hochwertiges Eiweiß, wichtige Pflanzenfette, Kohlenhydrate, Vitamine, Mineralien, Spurenelemente, Aminosäuren, die für die körperliche und geistige Leistungsfähigkeit von großer Bedeutung sind.
Die Erklärung für diesen Unterschied ist einfach: Als der Mensch anfing, das volle Korn zu mahlen, hat er es auch sofort verwertet. Das war soweit auch kein Problem. Aber man muß wissen, daß im vollen Korn auch der Keimling und dadurch Fett enthalten ist. Hatte man nun angefangen, das gemahlene

Korn zu lagern, begann durch Einfluß von Wärme, Sauerstoff und Licht das Fett ranzig zu werden. Das Mehl verdarb und wurde bitter. Dadurch war eine längere Bevorratung nicht möglich. Man suchte nach einer anderen Art der Haltbarmachung. Bis es aber soweit war, vergingen Jahrhunderte.

Informationen im Überfluß

Erst im letzten Jahrhundert hat man begonnen, das Mehl auszusieben, mit der Folge, daß der Öl enthaltende Keimling und die wertvolle Kleie mit ihren Vitalstoffen als Ausschuß weggeworfen oder verfüttert wurden.
Das Getreide verlor seine wertvolle Urform. Trotzdem hatte das Mehl noch einen gewissen Nährwert.
Erst durch die zunehmende Technisierung und den Wunsch nach immer feineren Backwaren entstand ein Produkt, das wahrlich mit einem vollwertigen Lebensmittel nichts mehr zu tun hat.
Noch nie wurde man so intensiv über Gesundheit informiert wie heute. Es ist bekannt, wodurch Zivilisationskrankheiten entstehen und wie man diese durch eine gesunde Ernährungsweise bekämpfen kann. Wie wenig aber diese Informationen und die Erkenntnis über die Mißstände der Gesundheit im Bewußtsein der Menschen verankert sind, zeigt sehr deutlich der Umstand, daß das Interesse an Vollkorn in allen Variationen noch nicht in vollem Umfang in der Bevölkerung erwacht ist.

Gegen den Strom schwimmen

Eine Woge von Vorurteilen schlägt denen entgegen, die ihre Ernährung bewußt auf Vollwertprodukte umgestellt haben. Und es ist nicht immer der „einfache Mann von der Straße", der diese Vorurteile äußert. Es scheint, als sei man nicht mehr in der Lage, seine Ernährungsmisere zu ändern. Wir nehmen in Kauf, daß Körper – und auch Geist – mit richtiger Ernährung unterversorgt sind.

Auf Schatzsuche gehen

Heutzutage fehlt oft der Zugang zur Natur mit ihren Schätzen. Felder, die nicht chemisch gedüngt werden und daher noch andere Vegetationen entlang der Ackergrenze aufzuweisen haben, nehmen wir schon gar nicht mehr wahr.
Offensichtlich ist es vielen Menschen einerlei, ob das Brot nun aus richtigem Mehl gebacken wurde oder ob es nur ein künstliches Produkt ist, das vorwiegend aus chemischen Erzeugnissen hergestellt wird.

Kleine Getreidekunde

Buchweizen

- Allgemeines:
Der Name verwirrt, denn Buchweizen hat mit Weizen nichts zu tun. Buchweizen ist ein aus Asien stammendes Knöterichgewächs mit Früchten, die den Bucheckern ähneln. Buchweizen ist verwandt mit Rhabarber und Sauerampfer. Buchweizen zählt zu den Grundnahrungsmitteln der Chinesen und Japaner. Die Sarazenen brachten ihn nach Europa. Er gedeiht auf mageren, sandigen Böden, hat eine kurze Vegetationszeit und verträgt keine treibenden Kunstdünger. In der Küche findet er Anwendung bei Suppen, Aufläufen, Puffern und dient, geröstet oder gekocht, als Salatzugabe. Die Russen backen aus Buchweizen- und Weizenmehl dünne Pfannkuchen, „Blini" genannt, und kochen eine „Kascha", eine Buchweizengrütze. Bei uns findet Buchweizen auch in Feingebäck oder, gemischt mit Weizenmehl, in Teigwaren seine Verwendung.

- Gesundheit:
Auch Buchweizen ist wegen seiner wertvollen Vitamine und Mineralstoffe für unsere Gesundheit wichtig. Er ist eiweißreich; sein Eiweiß ist besonders wertvoll, weil es alle essentiellen Aminosäuren enthält. Buchweizenblätter und -blüten haben aufgrund ihres hohen Rutingehalts eine medizinische Bedeutung (gegen Arteriosklerose und Venenschwäche). Hinzu kommen ungesättigte Fettsäuren, Phosphor, in Spuren Nickel, Kobalt, Kupfer und außerdem die Vitamine B_1, B_2 und B_6. Buchweizengerichte sind leicht verdaulich und magenfreundlich. Sie eignen sich deshalb besonders als Kraft- und Aufbaunahrung. Buchweizen ist glutenfrei und somit günstig bei Zöliakie als Getreideersatz. Buchweizen eignet sich aufgrund seines günstigen Fettsäuremusters zur Senkung eines erhöhten Cholesterinspiegels.

Dinkel

- Allgemeines:
Es hat lange gebraucht, bis ich den Zugang zum Dinkel gefunden habe. Der Dinkel, den ich mit Weizenmehl mische, ist das Getreide, das ich am meisten verwende. Warum er den Weizen fast aus meiner Küche verdrängt hat, liegt in seiner besonderen Beschaffenheit. Er hat ein größeres Mehlvolumen als Weizen, d. h., er gibt optisch mehr her.
Sein Gehalt an Klebereiweiß ist ähnlich hoch wie bei Weizen, und das verschafft ihm hervorragende Backeigenschaften. Deshalb kann Dinkelmehl mit klebereiweißarmen Mehlen gemischt werden. Insgesamt ist das ganze Korn weicher und deshalb angenehmer in der Verarbeitung. Sein Aroma entfaltet sich sehr mild, so daß Dinkel überall einsetzbar ist.
Es wird vermutet, daß Dinkel die Stammform des Weizens ist. Sicher ist, daß im Dinkel eine sehr alte Getreideart ziemlich unverfälscht erhalten geblieben ist und sich im biologischen Anbau großer Beliebtheit erfreut. Wie unten weiter ausgeführt, hat Dinkel züchterisch keine Veränderung erfahren und liegt deshalb ertragsmäßig weit hinter Weizen. Mit der Mechanisierung im Getreideanbau ging der Anbau von Dinkel stark zurück. Er beschränkt sich heute nur noch auf einzelne Regionen, wo er meist für die Grünkerngewinnung kultiviert wird (z. B. in Schwaben). Der Grund liegt in seiner brüchigen Ährenspindel, was bei der Ernte mit dem Bindemäher zu hohen Verlusten durch Bruch führt. Heute ist es weniger die Technik, sondern mehr der späte Erntetermin (etwa eine Woche nach dem Weizen), der Probleme macht. Dinkel sollte auf den Punkt reifen, aber

Dinkel
(Fortsetzung)

sein langer Halm und die dadurch reduzierte Standfestigkeit machen ihn anfällig für Verwüstung durch Gewitter und starke Windböen.
Wie bereits oben angedeutet, reagiert Dinkel schlecht auf Züchtungsversuche, kann deswegen in seiner Form nicht verändert werden und ist somit für den Intensivanbau nicht geeignet. Dinkel läßt sich auch mit Hilfe von Düngung nicht sonderlich im Wachstumsverhalten beeinflussen. Noch etwas bremst den intensiven Anbau von Dinkel und macht ihn deshalb für den Verbraucher auch teurer als Weizen: Im Gegensatz zum Weizen bleibt das Dinkelkorn beim Dreschen im Spelz eingeschlossen. In einem speziellen Verfahren muß daher die Spreu vom Korn getrennt werden.

- Gesundheit:
  Dem Dinkel wird von alters her eine heilende Wirkung bei allerlei Gebrechen zugeschrieben. In den Schriften der heiligen Hildegard von Bingen (1098–1179) spielt Dinkel bei der Krankheitstherapie eine zentrale Rolle. Als Brei, Suppe oder Grütze ist er eine Wohltat für Magen- und Darmkranke.

Gerste

- Allgemeines:
  Gerste ist eine sehr alte Getreideart, die bereits bei den Ägyptern und Babyloniern kultiviert wurde. Sie soll angeblich 18 000 Jahre alt sein. Wie auch immer, sie zählt zu den widerstandsfähigsten Getreidesorten und wächst nahezu in jedem Klima. Ihre kurze Vegetationszeit und der geringe Feuchtigkeitsbedarf macht sie zu einer Getreideart, die auch in Regionen mit kurzer Sommerzeit angebaut werden kann. Wir unterscheiden zwischen Nackt- (also ohne Spelzen) und Sprießkorngerste (bespelzte Gerste). Die bespelzte Gerste muß geschält werden und eignet sich deshalb nicht zum Keimen. In erster Linie wird sie als Rohstoff zur Herstellung von Malz verwendet, als sogenannte Braugerste. Die Sprießkorngerste findet in der Vollwertküche ihre Verwendung. Wegen ihres geringen Klebereiweißes eignet sie sich nicht zum Brotbacken, kann aber zu kleinen Teilen (auf 1 kg Dinkel 100 g Gerste/900 g Dinkel) zusammen mit Weizenmehl dazu verwendet werden.

- Gesundheit:
  Die Gerste ist ein typisches Braugetreide und leicht verdaulich. Sie ist reich an B-Vitaminen und Mineralien. Durch ihre Schleimstoffe eignet sie sich vortrefflich zur Magen- und Darmpflege, sogar als Brei oder Grütze für die Kleinkinder- und Säuglingsernährung (nicht vor dem 7. Monat wegen Zöliakiegefahr!). Der hohe Kieselsäuregehalt dient zur Verbesserung von Bindegewebsschwäche. Gerste eignet sich für diätische Zwecke, fördert die Milchbildung bei stillenden Müttern, ist allerdings bei Zöliakie bzw. Sprue nicht geeignet.
  In meiner Küche verwende ich Gerste vorwiegend als Suppeneinlage, aber auch als Flocken oder Grütze zum Frühstück, als Einlage zu Gemüseeintopf oder, gekocht, als Zugabe zu Salaten.

Grünkern

Allgemeines:
Im Grunde entstand er aus der Not, die vor etwa 250 bis 300 Jahren über Bauern der Schwäbischen Alb hereinbrach. Nach wochenlangem Regen drohte, wie schon oft, das Getreide durch die hohe Feuchtigkeit zu verfaulen und durch Krankheiten und Schädlinge gänzlich zu verderben. Damals gab es noch keine „chemischen Keulen", mit denen das Getreide vor dem Schlimmsten bewahrt werden konnte. Also war der Menschenverstand gefordert. Um noch zu retten, was zu retten war, wurde das Korn unreif geschnitten und auf einem Holzfeuer getrocknet. Daraus entstand das Darren. Somit hatte man wenigstens die Grundversorgung mit Getreide gesichert. Besonderes Glück hatten die Bauern, die Dinkel angebaut hatten. Aus ihrem frühreif („grün") geernteten Dinkel entstand durch das Darren ein würzig-wohlschmeckendes Korn, das beim Verarbeiten in der Küche ein ganz neues Geschmackserlebnis brachte. Das war die Geburt des Grünkerns. Für die Gewinnung von Grünkern wird der Dinkel in der Milchreife geerntet. In diesem Stadium ist das Dinkelkorn noch grün. Beim Zusammenpressen des Korns tritt milchig-weißer Saft aus. Dieses Stadium dauert nur wenige Tage. Wird zu früh geschnitten, ist das Korn noch zu wenig ausgebildet und schrumpft beim nachfolgenden Trocknen übermäßig zusammen. Wird die Ernte bei Regenwetter um einige Tage verzögert, verliert das Korn seine grüne Farbe. Durch das Fortschreiten der Reife verliert es auch an allgemeiner Qualität. Es hat zwar noch das typische Grünkernaroma, ist aber optisch vom normal geernteten Dinkel kaum mehr zu unterscheiden. Durch das Trocknen und Darren verliert das Korn auch seine Keimfähigkeit. Sein würzig-pikanter, ja leicht rauchiger Geschmack macht ihn für die Naturküche unentbehrlich. Aufgrund des geringen Eiweißgehaltes (Klebergehalt) eignet sich Grünkern wenig zum Backen. Statt dessen eignet er sich hervorragend für Suppen, Eintöpfe, Pfannkuchen oder, gekocht, als Salatbeilage. Man kann ihn als Risotto servieren und zu raffiniert gebratenen Fladen verarbeiten.

Gesundheit:
Wie der Dinkel ist Grünkern reich an Vitamin B und E, Phosphor, Eisen und Magnesium. Grünkern ist gut verträglich und hat eine anregende Wirkung auf die Verdauung.

Hafer

Allgemeines:

Hafer ist im Vergleich zu den anderen Getreidearten eine relativ junge Kulturpflanze. Bei den Germanen war er ein Grundnahrungsmittel. Vermutlich ist er dem Weizen und der Gerste als Unkraut in Form von „Flughafer" gefolgt. Hafer ist ein Getreide von großer Widerstandsfähigkeit und stellt geringe Ansprüche an sein Umfeld. So konnte er sich in schlechten Jahren und an extremen Standorten als eigenständige Getreidart behaupten. Es fällt auf, daß er keine Ähre hat. Die Körner sind an einer lockeren Rispe gewissermaßen einzeln aufgehängt.
Hafer ist für die Krankheiten anderer Getreidearten nicht anfällig und wird deshalb in der Fruchtfolge als letzter angebaut. Für den Einsteiger in die Vollwertkost ist der Name Spelz- und Nackthafer irritierend und daher erklärungsbedürftig. Der Urhafer ist mit Spelzen gewachsen wie Dinkel und Gerste und muß deshalb nach dem Dreschen extra geschält werden. Das heißt, die Körner werden teilweise verletzt und können nicht mehr keimen. Durch die Verletzung der Körner kann der Hafer auch bitter schmecken. Eine neue Züchtung brachte den Nackthafer ohne Spelzen hervor. Er braucht also nicht geschält zu werden und bleibt deshalb keimfähig. Nackthafer hat also einen höheren Nährwert.
Hafer eignet sich als Mehl nicht zum Backen. Mit einem Anteil von bis zu 20 % kann man Hafermehl allerdings ohne weiteres mit Weizen- oder Dinkelmehl vermischen.

Gesundheit:

In bezug auf seine Inhaltsstoffe nimmt der Hafer unter allen Getreidearten eine Spitzenstellung ein. Er enthält mehr Fett, Eiweiß, Mineralstoffe und Vitamine als alle anderen Getreide und dazu noch wertvolle Schleimstoffe. Hafer ist das Getreide für Kinder; ob als Flocken, Brei, Grütze oder Suppe – er ist das ideale Lebensmittel für sie vom Säuglingsalter an. Hafer stärkt stillende Mütter, fördert allgemein die geistige Aufnahmefähigkeit, aktiviert die Antriebskräfte und durchwärmt den Organismus.
Bei Diabetes, Leberschäden, Magen- und Darmerkrankungen sollten Hafergerichte feste Bestandteile des Speisezettels sein.

Hirse

● Allgemeines:
Hirse ist anspruchslos und gedeiht auf kargen Böden, aber sie braucht Wärme. Bis ins Mittelalter war Hirse bei den Germanen sehr beliebt, bis sie dann vom Hafer verdrängt wurde. Ihr Anbau ist in Europa gänzlich verschwunden. Trotzdem liegt sie in der Welt an vierter Stelle im Getreideanbau. Das Hirsekorn ist klein und sehr hart, ebenso die Schale, von der sie umgeben ist und die entfernt werden muß. Wegen ihrer goldgelben Farbe nennt man die geschälte Hirse „Goldhirse".
In der Küche kann Hirse wie Reis eingesetzt, also auch als Risotto gekocht werden. Sie eignet sich zum Füllen von Tomaten sowie Wirsing- und anderen Kohlblättern. Ebenso schmeckt sie als Suppeneinlage oder als Zutat in Frühstücksgrütze (siehe S. 81). Unter Verwendung von Weizen und Dinkel kann ein kleiner Anteil von Hirsemehl zum Backen von knusprigem Kleingebäck beigemischt werden.

● Gesundheit:
Durch den hohen Kieselsäuregehalt (bis zu 59 % der Mineralstoffe) fördert die Hirse die Gesunderhaltung der Zähne, Fingernägel und Haare. Deshalb meine Empfehlung: Morgens 1 TL Hirse waschen, danach roh kauen und hinterher etwas Wasser oder Tee trinken. Außerdem ist Hirse reich an Eisen (dreimal mehr Anteil als Weizen). Da sie leicht bekömmlich und glutenfrei ist, eignet sie sich bei Zöliakie.
Hirse enthält viel Vitamin B und Mineralien wie Eisen, Magnesium, Kupfer und Mangan.
Bei Bindegewebsschwäche und Hautkrankheiten hat sich eine Hirsediät bewährt. So kann auch eine Anregung der Nieren durch eine Hirsediät erreicht werden. Hirse sollte vor ihrer Verwendung bzw. Zubereitung gewaschen oder leicht gewässert werden. So verhindert man den bisweilen auftretenden leicht bitteren Geschmack.

Mais

● Allgemeines:
Mais wurde nachweislich 3000 v. Chr. im südlichen Mexiko angebaut. Später wurde er im zivilisierten Amerika kultiviert und von dort aus nach Europa gebracht. Deshalb bezeichnet man den Mais auch als „das Getreide der Indianer", deren Rezepte teilweise auch in unseren Kulturkreisen allmählich populärer werden.
Sein Bedürfnis nach Wärme ist so groß, so daß er in unseren Breitengraden erst im Mai ausgesät wird. Dafür reift er bis in den Oktober hinein. Man unterscheidet zwischen Futter- und Zuckermais, auch Gemüsemais genannt. Futtermais hat einen geringen Zuckeranteil (er liegt bei 2 %) und wird ausschließlich als Kraftfutter bei der Tierhaltung verwendet. Der Gemüse- bzw. Zuckermais hat einen Zuckeranteil von bis zu 10% und ist deswegen zur Lagerhaltung völlig unbrauchbar. Nach einiger Zeit schrumpft der Zuckermais zusammen und wird hart. So wird der Gemüsemais in der Milchreife geerntet und sollte ganz frisch verwendet werden.
Aus Maisgrieß wird die berühmte Polenta gemacht, die wiederum als Grundrezept für viele weitere Maisgerichte dient. Unter Zugabe von Weizen- und Dinkelmehl lassen sich Pfannkuchen backen oder Fladenbrote herstellen.
Eine knusprige Delikatesse sind auch gewürzte Maischips. Maisflocken kennt man auch von Müslis.

Mais
(Fortsetzung)

- Gesundheit

Er ist frisch am gehaltvollsten und zählt so zu den vitalstoffreichsten Gemüsen. In voller Milchreife enthalten die Körner neben 72 % Wasser auch Kohlenhydrate, Eiweiß, Fett, Kalzium, Kalium, Phosphor, Eisen, Spuren von Natrium, Provitamin A sowie die Vitamine B_1, B_2, B_3, B_6 und etwa 12 mg Vitamin C. Der Gehalt an Zucker ist nach der Ernte am höchsten. Neben Glukose und Fruktose bildet Saccharose den Hauptanteil der Zuckerstoffe. Nach längerer Lagerung wandelt sich der Zucker in Stärke um, das Korn wird hart und verliert auch einen Großteil seiner Vitalstoffe.
Mais hat eine hohe Verträglichkeit und findet in der Diätetik häufige Verwendung, da sein Eiweiß frei von Kleber ist.
Aus dem ölreichen Keimling wird ein hochwertiges kaltgepreßtes Öl mit hohem Anteil an ungesättigten Fettsäuren und Vitamin E gewonnen.

Reis

- Allgemeines

Sein Wachstum zeichnet ihn als Besonderheit unter den Pflanzen aus, die uns als Grundnahrungsmittel dienen. Der Anbau von Reis ist an folgende Bedingungen geknüpft: an heißes Klima und sehr viel Wasser. In der Blütezeit fühlt er sich wohl bei 30 °C und mehr. Es gibt auch solche Sorten, die auf relativ trockenem Boden wachsen und bevorzugt an Berghängen gedeihen. Der Ertrag von Sumpfreis ist höher als der von Berg-, Land- oder Trockenreis. Dieser hat dafür im Vergleich zum Sumpfreis den besseren Geschmack. Über den Daumen gepeilt, sind etwa bis zu 8000 Reissorten bekannt. Die älteste Aufzeichnung über Reis stammt aus dem Jahr 3000 v. Chr. und kommt aus China. Seit dem 15. Jahrhundert wird Reis in der Poebene Italiens angebaut. Durch Spanier und Portugiesen gelangte er nach Mittel- und Südamerika, ehe er schließlich im 17. Jahrhundert nach Nordamerika exportiert wurde.
Wertvoll für unsere Gesundheit ist vor allem der braune Vollkornreis (Naturreis). Der im Handel übliche weiße Reis dient ausschließlich der Energieversorgung. Seine Vollwertigkeit hat er durch das sogenannte „Polieren" verloren. Es handelt sich dabei um ein Verfahren, bei dem die wertvollen Randschichten, das sogenannte „Silberhäutchen", zusammen mit dem Keim abgeschliffen werden. Mit dem Beseitigen des Keims und des Silberhäutchens werden vor allem die wertgebenden Vitamine, insbesondere das Vitamin B_1, sowie der größte Teil der Ballaststoffe entfernt.
Man unterscheidet zwischen Lang- und Rundkornreis. Rundkorn wird gerne zu Risottos, Aufläufen, Desserts und Suppen verwendet. Er klebt leicht und hat ein schwaches Aroma. Langkornreis dient mehr zum Körnigkochen als Beilage; er bleibt locker und hat je nach Qualität ein besonderes Aroma und teilweise auch einen sortentypischen Duft (z. B. Basmatireis). Wildreis oder auch „schwarzer" Reis zählt nicht zu den Reispflanzen. Es handelt sich bei ihm vielmehr um ein Sumpfgras, das an Fluß- und Teichrändern Nordamerikas wächst. Es wird dort mühevoll von Indianern geerntet, und diese Handarbeit macht ihn so teuer. Inzwischen wurde er kultiviert und gewinnt in den USA und Kanada zunehmend an wirtschaftlicher Bedeutung. Er ist in Feuchtgebieten anbaufähig, in denen kein herkömmlicher Reis und schon gar nicht Getreide gedeiht. Sein Aufkommen ist gering, so daß er

Reis
(Fortsetzung)

wirklich noch als Delikatesse gilt. Seine gesundheitliche Bedeutung ist größer als die des Vollkornreises. Sein Eiweiß- und B-Vitamin-Gehalt liegen höher.

- Gesundheit:

Aufgrund seiner besonderen Mineralstoffzusammensetzung wirkt Reis entwässernd und wird daher auch in der Diätetik bei verschiedenen Erkrankungen eingesetzt. Bei Magenschleimhautentzündungen sowie bei Magengeschwüren wirkt eine Reismehlsuppe schmerzlindernd und heilend. Reis wirkt entschlackend, Reistage senken unter Umständen hohen Blutdruck, vorausgesetzt, er wird salzfrei zubereitet. Naturreis stärkt die Willenskraft und wirkt ausgleichend auf das Gemüt. Leiden Säuglinge an Durchfall, ist Reisschleim zu empfehlen.

Roggen

- Allgemeines:

Roggen war lange Zeit das typische Getreide der heimischen Bergdörfer. Auf kargem Boden und unter rauhem Klima ab 2000 m Höhe gedieh nur der Roggen.
Er wurde auch „das Getreide der armen Leute" genannt.
Roggen bevorzugt leichte Sandböden, gedeiht aber auch bei den unterschiedlichsten Bodenverhältnissen, in tiefen Lagen oder auf 2000 m Höhe, überall dort, wo andere Getreide wie z. B. der Weizen keine Chance haben.
Der Roggen ist robust und resistent gegen die typischen Getreidekrankheiten. Im ökologischen Landbau leistet er im Zuge der Fruchtfolge des Weizenanbaus wertvolle Auflockerung der Bodenstruktur. Seine großen Wurzeln verhindern die Entwicklung von unerwünschtem Beikraut, so daß sich der Boden regenerieren kann.
In Großmutters Küche hatte er noch seinen festen Platz. Meist wurde er mit zum Brotbacken verwendet. Man denkt dabei an das sogenannte Bauernbrot aus selbstgemachtem Sauerteig aus Roggenmehl. Gerade durch diesen Sauerteig war das Brot, gut gelagert, sehr lange haltbar und trocknete auch nicht aus.
Roggen wird im Bäckerhandwerk immer weniger verwendet. Vielleicht auch deswegen, weil nur noch wenige in der Lage sind, ein wirklich gutes natürliches Sauerteigbrot zu backen.
Ich selbst bin kein großer Freund von Sauerteiggebäck und somit von Roggen. Das hat seine Ursache darin, daß ich Roggen wie auch Sauerteigprodukte allgemein trotz guten Kauens nie richtig vertragen habe. So habe ich den Roggen aus meiner Küche verbannt.

- Gesundheit:

Bedenkt man den Gehalt an Vitamin E und Folsäure sowie die hohen Anteile an Magnesium, Kalium, Eisen, Fluor und Kieselsäure im Roggen, ist es eigentlich schade, daß der Verbrauch von Roggen eher rückläufig ist. Neueste wissenschaftliche Untersuchungen haben jedoch ergeben, daß die im Roggen enthaltenen Eiweißsubstanzen nicht abgebaut bzw. verdaut werden können. Dadurch entstehen Blähungen und Gärstühle, die unserer Gesundheit nicht unbedingt zuträglich sind.
Aber sowohl bei Roggen wie auch bei vielen anderen Rohstoffen der Vollwertkost gilt: Was man nicht mag oder nicht problemlos verträgt, sollte man seiner Gesundheit wegen einfach weglassen.

Weizen

● Allgemeines:

Der Weizen ist sicherlich mit Abstand die wichtigste Getreideart Europas, obwohl sein Ursprung im Osten liegt.
Es gibt unzählige Weizensorten. Seit Jahrhunderten bemühen sich die Züchter um Verbesserungen. Weizen läßt sich relativ leicht „manipulieren". Das hat eine bessere Nutzung der Ernte durch Maschinen und somit enorme Ertragssteigerungen zur Folge. Mit sogenannten Wachstumsregulatoren erreichte man eine Halmverkürzung von 10 bis 20 cm. Diese verbesserte Standfestigkeit erlaubt eine intensivere Düngung, das wiederum erhöht die Erträge.
Dadurch ergaben sich aber auch neue Probleme; z. B. entstand ein ausgezeichnetes Mikroklima für Pilzkrankheiten wie Mehltau oder Gelbrost.
Die Antwort darauf waren Fungizide, Pestizide und Herbizide – ein Teufelskreis entstand, der für den Verbraucher nicht ohne Folgen blieb. Bedenklich ist, daß das Gift selbst dann noch zum Einsatz kommt, wenn die Ähre bereits ausgebildet ist. Für den Verbraucher des vollen Korns ist es von größter Wichtigkeit, nur biologisch (chemisch unbehandelt) angebautes Getreide zu verwenden. Biologischer Anbau unterliegt strengen Vorschriften.
Das Weizenkorn ist im Vergleich zu anderen Getreidekörnern eher kurz und hat einen leichten Rotstich. Man spricht beim Weizen von Weich- und Hartweizen. Der Weichweizen ist unsere heimische Sommerweizenart. Der Hartweizen, auch Durumweizen genannt, braucht ein warmes, trockenes Klima, er wird deshalb in Europa vorzugsweise in den südlichen Ländern angebaut. Die beiden Weizensorten unterscheiden sich in der Art des Klebereiweißes und ihrer gesamten Konsistenz. So ist der Weichweizen prädestiniert für Brot, Gebäck oder ähnliches. Hartweizen hingegen eignet sich hervorragend für Teigwaren, besonders wenn sie nach italienischer Art ohne Ei hergestellt werden. Hartweizen erzeugt bei Teigwaren auch das besondere Aroma und das Al-dente-Gefühl.

● Gesundheit:

Im allgemeinen ist Weizen gesundheitlich gut verträglich. Lediglich bei der Darmerkrankung Zöliakie bzw. Sprue bringt der Verzehr von Weizen Probleme. Der Grund ist die Unverträglichkeit des Glutens, das Bestandteil des Klebereiweißes verschiedener Getreidearten ist.
Zöliakie- bzw. Spruekranke müssen deshalb auf Getreidesorten und -produkte noch lange nicht verzichten. Für diese Menschen gibt es glutenfreie Spezialmehle, -brote und -teigwaren im Handel.

Pfannkuchen

Mit Pfannkuchen fing es an. Das erste, was ich aus frisch gemahlenem Vollkornmehl machte, war mein Lieblingsgericht – Pfannkuchen.

Pfannkuchenflädle, mit Käse gefüllt

Quellzeit: 20 Minuten
Zubereitungszeit: 15 Minuten

Zutaten:
150 g Dinkelvollmehl
50 g Buchweizenmehl
300 ml Wasser
100 ml Milch
2 bis 3 Eier
1 Prise Meersalz
1 Bd. Schnittlauch
Olivenöl zum Braten
50 bis 80 g geriebener Gouda (oder anderer Schnittkäse mit 45 oder 48 % Fett i. Tr.)

Zubereitung:
Das Dinkel- und Buchweizenmehl mit Wasser und Milch gut verrühren, etwa 20 Minuten quellen lassen (oder am Vortag ansetzen). Danach die Eier, das Salz und den feingeschnittenen Schnittlauch dazugeben. In einer geeigneten Pfanne das Öl erhitzen und den Teig zu dünnen Fladen ausbacken, anschließend mit etwas Käse bestreuen. Die Flädle rollen oder zusammenklappen und auf eine vorgewärmte Platte legen. Im vorgewärmten Backofen bei etwa 100 °C bis zum Servieren warm halten. Dabei verläuft auch der Käse zu einer angenehmen Konsistenz.

Hinweis:

Angebratener oder braun gekrusteter Käse kann die Galle reizen. Das muß nicht sein. Zum Käsflädle paßt fast jede Art von Gemüse. Die Flädle können auch mit Gemüse gefüllt werden.
Ohne Käse eignen sich die Flädle in feingeschnittenen Streifen auch als Einlage für eine Brühe (Flädlesuppe).

Pfannkuchenstrudel

Vorbereitungszeit: 30 Minuten
Quellzeit: 30 Minuten
Garzeit: 35 Minuten

Zutaten:
300 g frisch gemahlenes Dinkelvollmehl
$^1/_4$ l Wasser
$^1/_8$ l frische Milch
2 bis 3 Eier
etwas Meersalz
Olivenöl oder Butter zum Ausbacken
80 bis 100 g geriebener Gouda oder Parmesan

Zutaten für die Füllung:
1 bis 2 daumendicke Karotten
etwa 30 g gekochte Sellerieknolle
etwas Butter zum Dünsten
etwa 200 g Frischkäse (kann auch Ricotta sein)
Meersalz
Pfeffer

Zubereitung:
Das Dinkelmehl mit dem Wasser gut verrühren und etwa 30 Minuten ausquellen lassen.
Milch und Eier dazugeben, etwas salzen und alles zusammen zu einem glatten, dickflüssigen Teig rühren.
In der größten Pfanne, die Sie haben, Olivenöl oder Butter erhitzen und dünne Pfannkuchen ausbacken und warm stellen.
Karotten und Sellerie mit etwas Butter bißfest dünsten. Den Sellerie mit dem Frischkäse und leicht gewürzt mit Salz und Pfeffer im Mixer oder mit dem Pürierstab zu einer glatten Creme rühren. Zum Schluß den Käse unterrühren.
Die Frischkäse-Sellerie-Creme auf den Pfannkuchen verteilen und ausstreichen. Die Karotten werden in ganzer Länge von einem Pfannkuchenende zum andern gelegt (eventuell $1^1/_2$ bis 2 Karotten pro Pfannkuchen). Die Pfannkuchen dann in Strudelform zusammenrollen, in daumendicke Scheiben schneiden und in eine leicht gefettete Form legen. Mit Backpapier abdecken und etwa 10 bis 15 Minuten im Backofen bei 180 °C durchziehen lassen.
Auf einer Platte oder Tellern anrichten.

Mein Tip

Dazu paßt gut das Paprikasößle (S.191).

Zucchinipfannkuchen

Vorbereitungszeit: 20 Minuten
Quellzeit: 30 Minuten
Garzeit: 15 Minuten

Zutaten:
200 g feingemahlenes Gerstenmehl
50 g frisch gemahlenes Dinkelmehl
100 ml Milch
2 bis 3 EL Wasser
1 EL Olivenöl
2 bis 3 Eier
Meersalz
1 bis 2 mittelgroße Zucchini
Olivenöl zum Braten

Zubereitung:
Das Mehl mit Milch, Wasser und Olivenöl gut verrühren und etwa 30 Minuten quellen lassen. Die Eier dazugeben, salzen und gut verrühren. Die Zucchini waschen und in etwa 1 cm dicke Scheiben schneiden. Das Olivenöl in der Pfanne erhitzen und die Zucchinischeiben großzügig darin verteilen. Die Scheiben auf beiden Seiten leicht anbraten, dann den Teig darübergießen; gerade so viel, daß die Zucchinischeiben vom Teig umschlossen sind. Langsam und bei aufgelegtem Deckel den Pfannkuchen backen. Die obere Pfannkuchenseite mit Oberhitze im Backofen garen. Wem dieser Pfannkuchen zu umständlich zu backen ist, kann auch kleinere Pfannkuchen (etwa 8 cm Ø) backen, die leichter zu wenden sind. Einfach einzelne Zucchinischeiben in einer kleineren Pfanne verteilen, den Teig darübergießen, wie oben backen und mit einem Wender wenden. Ein noch einfacherer Weg ist, die Zucchini in feine Streifen zu raspeln, in einer Pfanne zu verteilen und den Teig darüberzugießen. Diese Pfannkuchen dann in der gewünschten Größe ausbacken.

Gefüllte kleine Pfannkuchen mit Honig-Sahne-Schaum-Soße

Vorbereitungszeit: 10 Minuten
Quellzeit: 20 Minuten
Backzeit: 15 Minuten

Zutaten:
140 g feingemahlenes Dinkelmehl
etwa 1/4 l frische Milch
2 kleine Eier
1 kleine Prise Meersalz
Butter oder Pflanzenöl zum Ausbacken

Für die Füllung:
frische Blaubeeren oder frisches Apfelmus

Für die Honig-Sahne-Schaum-Soße:
2 EL Blütenhonig
1 TL Butter
150 g geschlagene Sahne

Zubereitung:
Das Dinkelmehl mit der Milch gut verrühren und etwa 20 Minuten quellen lassen. Die Eier und etwas Salz dazugeben und kurz verquirlen, damit sich die Eier gut verteilen. In einer kleinen Pfanne (der kleinsten, die Sie haben) etwas Butter zerlaufen lassen und aus dem Teig kleine Pfannkuchen backen. Auf die eine Hälfte des Pfannkuchens dann die Beeren legen und die andere darüberschlagen. Die Pfannkuchen in einer feuerfesten Form oder auf einem Teller warm stellen.

Anschließend den Honig mit der Butter aufschäumen lassen, die Sahne dazugeben und unter Rühren leicht karamelisieren. Dann sofort über die Pfannkuchen verteilen.

Mein Tip

Diese Pfannkuchen können als Nachtisch z. B. einem Salathauptgang folgen.

Apfelpfannkuchen

Vorbereitungszeit: 20 Minuten
Quellzeit: 30 Minuten
Garzeit: 10 Minuten
(für 2 bis 3 Pfannkuchen)

Zutaten:
200 g Dinkelvollmehl
200 ml Wasser
200 ml frische Milch
2 bis 3 Eier
1 Prise Meersalz pro Pfannkuchen
2 geschälte säuerliche Äpfel
Butter oder Sonnenblumenöl zum Ausbacken

Zubereitung:
Das Mehl mit dem Wasser und der Milch in einer Schüssel gut verrühren und etwa 20 bis 30 Minuten zugedeckt an einem kühlen Ort quellen lassen. Danach die Eier und das Salz dazugeben und gut unterrühren. Die Äpfel waschen, mit einem Apfelbohrer das Kernhaus herausstechen und die Äpfel in fingerdicke Ringe oder Spalten schneiden. In einer geeigneten Pfanne Butter oder Sonnenblumenöl erhitzen. Die Apfelringe darin leicht anbraten und dann den Teig gleichmäßig darübergießen, so daß die Apfelscheiben bedeckt sind. Bei milder Hitze und abgedeckt den Pfannkuchen anbacken und immer wieder einen Wender unter den Pfannkuchenrand schieben und anheben. Den Pfannkuchen bei Oberhitze in den Backofen stellen, damit er von oben garen kann. Wer den Pfannkuchen wenden kann, ohne daß er kaputtgeht, braucht keinen Backofen. Den Pfannkuchen gut durchbacken, auf einen Teller legen und im Backofen bis zum Verzehr warm halten. Dazu paßt Preiselbeerkompott oder auch die Honigschaumsoße vom vorigen Rezept, wahlweise mit einer Prise Zimt verfeinert.

Mein Tip

Der Pfannkuchenteig kann ohne Eier schon am Vorabend angerührt und zugedeckt im Kühlschrank bis zum Verbrauch aufbewahrt werden, wobei es ratsam wäre, die groben Kleieanteile auszusieben. Dies hat den Vorteil, daß der Pfannkuchen eine bessere Bindung bekommt. Durch die lange Quellzeit wäre es möglich, den Teig auch ohne Eier zu Pfannkuchen zu backen.

Hirsepaella

Vorbereitungszeit: 35 Minuten
Garzeit: 35 Minuten

Zutaten:
1 Stange Lauch
2 Karotten
2 Zucchini
2 rote Paprikaschoten
2 Zwiebeln
1 bis 2 Knoblauchzehen
6 reife Tomaten
300 g Hirse
3/4 l Gemüsebrühe (siehe S. 123)
1 Lorbeerblatt
1 Thymianzweig
Olivenöl zum Dünsten
Meersalz
weißer Pfeffer
etwas Safran (ersatzweise 1 TL Curry)

Zubereitung:
Den Lauch, die Karotten, die Zucchini und die Paprikaschoten waschen und putzen. Die Zwiebeln, den Knoblauch und die Karotten schälen. Den Lauch, die Karotten und die Zwiebeln in feine und die Zucchini in grobe Würfel schneiden. Die Paprikaschoten in Streifen oder Würfel schneiden. Den Knoblauch durch die Presse drücken oder in feine Scheiben schneiden.
Die Tomaten waschen und häuten (siehe S. 170 Tomatengemüse), die Früchte anschließend vierteln.
Die Hirse mit warmem Wasser abbrausen und abtropfen lassen. Die gutgewürzte Gemüsebrühe erhitzen, die Hirse dazugeben und mit Lorbeerblatt und Thymianzweig zugedeckt 20 Minuten bei schwacher Hitze quellen lassen.
In einer Pfanne das Olivenöl erhitzen und bis auf die Tomaten und den Knoblauch das Gemüse dazugeben und dünsten. Das Ganze mit Salz, Pfeffer und Safran oder Curry würzen. Den Knoblauch und die Tomaten dazugeben und gut verrühren. Dann die Hirse in den Topf geben und umrühren. Bei schwacher Hitze zugedeckt nochmals 8 bis 10 Minuten durchziehen lassen und in der Pfanne servieren. Anstelle von Hirse kann auch Naturreis verwendet werden.

Getrocknetes Lagern

Getreide, Nüsse und Dörrobst verlangen eine trockene Vorratshaltung. Während Körner in irdenen Gefäßen gut aufgehoben sind, sollten Nüsse und Trockenobst in dichten Leinensäckchen aufbewahrt werden. Da Nüsse viel Fett enthalten und somit schnell ranzig werden, sollten Sie immer nur kleinere Mengen kaufen. Trocknen Sie Obst selbst, fallen hier meist größere Mengen an. Deshalb sollte das Trockengut nach dem Dörren, gut ausgekühlt, in Säckchen gelagert werden.

Dinkel-Quark-Nocken

Vorbereitungszeit: 15 Minuten
Garzeit: 20 Minuten

Zutaten:
500 g Schöpfkäse (Schichtkäse, 20 % Fettgehalt)
1 Zwiebel
Olivenöl zum Dünsten
1 Bd. Petersilie
2 bis 3 Eier
180 g frisch gemahlenes Dinkelmehl
Meersalz
weißer Pfeffer
2 bis 3 EL Butter
15 Basilikumblättchen
5 frische Salbeiblättchen
geriebener Parmesan

Zubereitung:
Den Schöpfkäse in ein geeignetes Küchentuch einschlagen und auspressen, damit die Molke ablaufen kann. Die Zwiebel schälen, sehr fein schneiden und in etwas Olivenöl glasig dünsten. Die Petersilie waschen, fein wiegen und dazugeben. Nur kurz mitanbraten und das Ganze abkühlen lassen.
Den Schöpfkäse in eine große Schüssel geben, die Zwiebel-Petersilien-Mischung, die Eier und das Dinkelmehl dazugeben und zu einem kompakten Teig kneten. Mit Salz und Pfeffer würzen.

Wer mag, kann die Eier trennen und das Eiklar vor dem Untermengen zu Schnee schlagen, das macht die Nocken etwas lockerer, aber auch empfindlicher beim Garen.
Vom Teig ein Probenockerl abstechen und in siedendem Wasser ziehen lassen. Bei Bedarf noch etwas Dinkelmehl in den Teig kneten. Wenn der Teig zu trocken erscheint, noch ein Ei darunterarbeiten. Die Nocken nicht kochen lassen! Mit einem Eßlöffel die Nocken portionieren und in siedendes, gesalzenes Wasser geben. Nach 12 Minuten die Nocken herausnehmen und warm stellen.
In einer großen Pfanne Butter aufschäumen lassen. Die Basilikum- und die Salbeiblätter waschen, mit einem Küchenkrepp etwas trockentupfen, in die Butter geben und durchschwenken. Anschließend die Nocken mit der Kräuterbutter begießen und mit geriebenem Parmesan bestreuen.

Mein Tip

Zu diesen leckeren Nocken paßt hervorragend mein Sößle von rotem Paprika (siehe S. 191).

Omas Weckknödel

Vorbereitungszeit: 20 Minuten
Quellzeit: 10 Minuten
Garzeit: 15 Minuten

Zutaten:
8 altbackene Vollkornbrötchen
etwa 3/8 l Milch
1 Zwiebel
Butter oder Olivenöl zum Anbraten
1 Bd. Petersilie
1 EL Sesam
2 bis 3 Eier
1 TL Mohnsamen
Meersalz
geriebene Muskatnuß
evtl. 2 bis 3 EL frisch gemahlenes Dinkelmehl oder 1 Ei

Zubereitung:
Die Brötchen in kleine Würfel schneiden und in eine Schüssel geben. Die Milch gut anwärmen und gleichmäßig über die Brötchenwürfel gießen. Zugedeckt etwa 10 Minuten quellen lassen. In der Zwischenzeit die Zwiebel schälen, so fein wie möglich schneiden und in Butter oder Olivenöl leicht anbraten. Die Petersilie waschen und fein wiegen. Den Sesam ohne Fett in einer Pfanne kurz anrösten und dann alle übrigen Zutaten zum Brötchenteig geben. Daraus einen Teig kneten und mit Salz und etwas frisch geriebenem Muskat abschmecken. In siedendem gesalzenem Wasser einen walnußgroßen Probeknödel kochen. Ist der Knödel zu locker und droht, nicht zu halten, dann noch 2 bis 3 EL frisch gemahlenes Dinkelmehl unter den Teig kneten. Ist der Teig zu fest, dann hilft ein weiteres Ei im Teig. Anschließend Knödel in gewünschter Größe formen und etwa 15 Minuten in siedendem Wasser ziehen lassen.

Mein Tip

Dazu paßt eine frische Pilzsoße, aber auch ein Gemüse mit feiner Soße. Übriggebliebene Knödel können Sie am nächsten Tag in Scheiben geschnitten in Butter oder Öl anbraten.

Hirse-Kräuter-Klöße

Vorbereitungszeit: 20 Minuten
Garzeit: 50 Minuten

Zutaten:
300 g Hirse
1 Zwiebel
1 Karotte
Olivenöl zum Dünsten
3/4 l Gemüsebrühe (siehe S. 123)
Meersalz
Instantgemüsebrühe
100 g frisch gemahlenes Dinkelmehl
2 bis 3 Eier
1 Bd. Petersilie
1 Bd. Schnittlauch
3 bis 4 Majoranzweige

Zubereitung:
Die Hirse mit warmem Wasser abbrausen und abtropfen lassen. Die Karotte waschen, schälen und in feine Würfel schneiden. Die Zwiebel schälen und ebenfalls fein würfeln. Beides in Butter oder Olivenöl glasig andünsten.
Die Hirse dazugeben, mit der Gemüsebrühe ablöschen. Mit Salz und Instantgemüsebrühe abschmecken. Danach nochmals aufkochen lassen und zugedeckt bei schwacher Hitze etwa 25 bis 30 Minuten quellen lassen. Unter die noch warme Hirse schnell das Dinkelmehl rühren und abkühlen lassen. Die Eier und die feingeschnittenen Kräuter dazugeben und gut durchkneten.
In kochendem Wasser einen Kloß probeweise garen. Danach die Klöße in die gewünschte Größe und Form bringen und in gesalzenem, leicht kochendem Wasser die Klöße etwa 15 Minuten ziehen lassen.

Mein Tip

Dazu paßt Gemüse aller Art, aber auch eine Käsesoße. Übriggebliebene Klöße können Sie in Scheiben schneiden und in der Pfanne anbraten.

Grünkernklößchen

Vorbereitungszeit: 20 Minuten
Quellzeit: 35 Minuten
Garzeit: 15 Minuten

Zubereitung:
Die Zwiebel schälen, fein schneiden und in etwas Olivenöl gut andünsten. Das Grünkernschrot dazugeben und mit der erhitzten Gemüsebrühe auffüllen. Anschließend salzen und pfeffern und mit etwas Instantgemüsebrühe (Hefewürze) abschmecken. Unter Rühren aufkochen lassen und bei schwacher Hitze zugedeckt etwa 35 Minuten quellen lassen. Die Kräuter waschen. Die Petersilie fein wiegen und die Majoranblätter vom den Stielen zupfen. Die Grünkernmasse etwas auskühlen lassen. Dann die Eier, das Dinkelmehl und die Kräuter dazugeben und gut vermischen. Zunächst einen kleinen Kloß formen und probeweise in siedendem Salzwasser kochen. Dann den restlichen Teig zu Klößen der gewünschten Größe formen und in siedendem Salzwasser 12 bis 15 Minuten ziehen lassen.

Zutaten:
1 Zwiebel
Olivenöl zum Dünsten
200 g grob geschroteter Grünkern
$^1/_2$ l Gemüsebrühe (siehe S. 123)
Meersalz
schwarzer Pfeffer
Instantgemüsebrühe (Hefeextrakt/ Hefewürze)
1 Bd. Petersilie
1 Bd. Majoran
2 Eier
2 bis 3 EL Dinkelvollmehl

Mein Tip

Die Klößchen können mit etwas geriebenem Käse verfeinert werden, der einfach unter den Teig gearbeitet wird.
Die Klößchen passen sehr gut zu Sauerkraut, aber auch zu Weiß- oder Rotkraut. Als Suppeneinlage sind sie ebenfalls eine Abwechslung.

Nudeln und Nudelteig

Da weiß man, was drin ist

Hausgemachte Nudeln sind beliebt bei jung und alt. „Hausgemacht" verleiht den Nudeln ein besonderes Prädikat. Schließlich sind sie mit Packungsnudeln überhaupt nicht zu vergleichen. Bei denen weiß man schließlich nie, woher die Zutaten kommen und wie frisch sie verarbeitet wurden. So mancher, der gerne und viel kocht, hat längst eine kleine Nudelmaschine (Beschreibung siehe S. 20) in der Küche stehen. Mit einer solchen Maschine erspart man sich das mühevolle Ausrollen und Schneiden. Im Nu sind mehrere Portionen fertig. Mit der geeigneten Küchenmaschine (Knethaken) läßt sich auch ohne Mühe ein geschmeidiger Teig herstellen.

Nudelexperimente

Anfänglich machte ich den Nudelteig aus dem vollen, frisch gemahlenen Weizen- oder Dinkelkorn. Der hohe Kleieanteil darin ließ kein allzu dünnes Ausrollen zu, so daß der Teig schon etwas dicker gehalten werden mußte. Das hatte den Nachteil, daß Nudeln und Nudeltaschen sehr grob ausfielen. Sie sättigten zwar ungeheuer, doch der Genuß war nicht optimal. Besonders bei Kindern hatte ich meine Schwierigkeiten, und als Beilage erdrückte die Vollkornnudel in ihrer Schwere den Rest der Speise. So erlaubte ich mir einfach bei solchen Rezepten wie der Nudel, die Kleieanteile auszusieben oder das Demetermehl Type 1700 zu nehmen. Was herauskam, war ein schöner Nudelteig, elastisch und locker in der Verarbeitung. Fortan war er bei Kindern und dem einen oder anderen skeptischen Zeitgenossen sehr begehrt.

Ich finde, das ist eine vernünftige, vertretbare Lösung und erleichtert für viele den Einstieg in die Naturküche, ohne sich dabei zu quälen. Besser mit dieser Methode dabeibleiben, als nach dem ersten Versuch gleich wieder auszusteigen, weil die positive Resonanz der Familie ausbleibt.

Abwechslung muß sein

Natürlich müssen Nudeln nicht nur aus einer Getreideart gemacht werden. Es bieten sich Grünkern-, Buchweizen-, Roggen-, Dinkel- oder Weizenmehl an. Grundsätzlich sollte aber immer Dinkel- oder Weizenmehl dazu verwendet werden. Durch Dinkel und Weizen bekommt der Teig eine bessere Stabilität. Frisch gemachte Nudeln haben eine kurze Garzeit. Eine gute Idee ist es allerdings auch, Nudeln auf Vorrat herzustellen. Nach dem Schneiden mit der Maschine oder von Hand werden sie auf einem Tuch verteilt. So läßt man die Nudeln in einem trockenen Raum bis zu 2 Tage trocknen, dann können sie in Papiertüten oder Zellophan eingepackt und einige Wochen gelagert werden.

Wichtig ist, daß die Nudeln richtig durchgetrocknet sind, damit sie nicht verderben.

Dinkelnudeln

Vorbereitungszeit: 20 Minuten
Ruhezeit: mindestens 1 Stunde
Garzeit: 6 Minuten

Zutaten:
500 g gesiebtes Dinkelmehl
1 TL Meersalz
2 bis 3 Eier
6 bis 10 EL Wasser
1 EL Olivenöl
Dinkelmehl zum Bestäuben

Zubereitung (gilt für jede Nudelart):
Bei der Zubereitung ist wichtig, daß die angegebene Flüssigkeit nach und nach eingearbeitet wird. Der Teig muß gut durchgeknetet werden und sollte mindestens 1 Stunde bei Zimmertemperatur in einem Tuch eingeschlagen ruhen.

Manuelle Herstellung

Das Mehl in eine Schüssel oder auf eine Arbeitsplatte sieben. In die Mitte eine Mulde drücken, die verquirlten Eier dazugeben, salzen und zu einem Vorteig kneten. Danach Wasser und Öl nach und nach dazugeben und gut durchkneten. Der Teig darf nicht zu trocken ausfallen, er soll geschmeidig sein.
Nach etwa 1 Stunde den Teig portionsweise sehr dünn ausrollen. Mit einem Teigrädchen in die gewünschte Streifenbreite schneiden; leicht bemehlen, bis die restlichen Nudeln geschnitten sind. Die Nudelstreifen dann in reichlich leicht gesalzenem Wasser 4 bis 6 Minuten bei mittlerer Hitze gar kochen. Die Nudeln herausnehmen, kalt abspülen und in einer Pfanne mit Butter schwenken.
So schmecken die Nudeln am besten.

Maschinelle Herstellung

Das Mehl in die Knetschüssel einer Küchenmaschine geben, salzen und mit den verquirlten Eiern auf langsamer Stufe durchrühren. Nach und nach das Wasser und das Öl dazugeben und etwa 1 Stunde ruhenlassen. Vollkornteig reagiert anders als Teig aus purem Weißmehl. Die Flüssigkeit wird wegen der Kleieanteile langsamer aufgenommen.
Nach der Ruhezeit den Teig in Portionen teilen und durch die Nudelmaschine mit dem gewünschten Einsatz durchlassen. Die fertiggeschnittenen Nudeln leicht bemehlen und in etwa 4 bis 6 Minuten in reichlich leicht gesalzenem Wasser bei mittlerer Hitze gar kochen.

Mein Tip

Eine besondere Note verleihen Sie den Nudeln, wenn Sie etwas Sesam ohne Fett anrösten und die Nudeln anschließend darin schwenken.
Sie schmecken aber auch mit einer Soße (siehe ab S. 188 Soßen)

Dinkelnudel-Variation

Zubereitungszeit: 6 Minuten
(für 1 Person)

(Rezept Dinkelnudeln siehe S. 151)

Zusätzliche Zutaten:
2 bis 3 ganze Salbeiblätter
einige ganze Basilikumblätter
etwas krause Petersilie
Olivenöl oder Butter zum Anschäumen

Weitere Zubereitung:
Petersilie waschen und grob zerkleinern und zusammen mit den Salbei- und Basilikumblättern im Fett anschäumen lassen. Die Nudeln dazugeben und gut durchschwenken. Fertig ist der Hochgenuß.

Spinatnudeln

Zubereitungszeit: 30 Minuten
Ruhezeit: 30 Minuten

Zutaten:
100 g junger Blattspinat
1 Ei
1 EL Olivenöl
300 g gesiebtes Dinkelmehl
2 Eigelb
Meersalz nach Geschmack
etwas Butter und Parmesan

Zubereitung:
Den Spinat waschen und gut abtropfen lassen. Die Stiele von den Blättern entfernen. Den Spinat mit dem Ei und Olivenöl zu ganz feinem Mus pürieren. Das Spinatmus und die Eigelbe mit dem Dinkelmehl nach und nach zu einem elastischen Teig verkneten. Sollte der Teig zu trocken werden, einfach noch etwas Wasser dazugeben. Den Teig 30 Minuten ruhenlassen. Danach zu der gewünschten Nudelgröße schneiden oder durch die Nudelmaschine walzen. Die Spinatnudeln sollten nicht zu lange kochen, sie könnten sonst auseinanderfallen.
Die Nudeln in Butter schwenken und mit geriebenem Parmesan bestreuen. Ein schöner Farbkontrast entsteht durch Blumenkohl, bißfest gekocht, mit einem Käsesößle.

Variante

Statt Blattspinat können Sie auch einmal Bärlauch einsetzen. Mit seinem würzigen Aroma gibt er dem Gericht einen neues Gesicht.

Mein Tip

Bei diesem Rezept wäre das Kneten mit der Küchenmaschine (siehe S. 20) ein kräftesparender Vorteil. Die Zutaten würden dann optimal durchgeknetet.

Meine Nudeltaschen

Zubereitungszeit: 35 Minuten

(Nudelteig Dinkelnudeln S. 151)

Zutaten für die Füllung:
300 g frischer Spinat
evtl. etwas Butter zum Dämpfen
4 altbackene Vollkornbrötchen
150 ml frische Milch
1 große Zwiebel
1 mittelgroße Stange Lauch
Butter oder Olivenöl zum Braten
1 Bd. Petersilie
1 Ei
1 Ei, getrennt
Meersalz
weißer Pfeffer

Zubereitung
(Einen Nudelteig herstellen, wie bei Dinkelnudeln beschrieben):
Den Spinat in einer großen Pfanne mit Deckel in Butter oder Wasser kurz dämpfen und kalt werden lassen. Flüssigkeit leicht mit der Hand abpressen. Nach dem Erkalten fein wiegen. Die Vollkornbrötchen in feine Würfel schneiden. Die Milch erhitzen und gleichmäßig über die Brötchen gießen.
Die Zwiebel schälen und würfeln. Den Lauch gründlich waschen und in dünne Streifen schneiden. Die Zwiebel und den Lauch in Butter oder Olivenöl dünsten. Anschließend die Petersilie waschen, fein wiegen und zusammen dem Lauch zu dem Brötchenteig geben. Mit 1 Ei, 1 Eigelb und den Gewürzen gut durchkneten. Das Eiweiß mit einer Gabel verquirlen, beiseite stellen.
Mit der Nudelmaschine oder von Hand den Teig dünn auswellen. In Rechtecke mit den Kantenlängen 5 x 10 cm schneiden und die Ränder leicht mit Eiweiß bestreichen. Die Füllung mit einem Eßlöffel portionieren und in die Teigmitte plazieren. Die Nudelrechtecke zu Quadraten zusammenlegen und fest andrücken.
Die Nudeltaschen in leicht kochendes, leicht gesalzenes Wasser legen und etwa 12 bis 15 Minuten garen lassen.

Schwabenschmaus

Dreikornspätzle

Vorbereitungszeit: 20 Minuten
Ruhezeit: 30 Minuten
Garzeit: 10 Minuten

Zutaten:
300 g gesiebtes Dinkelmehl
100 g gesiebtes Weizenmehl
100 g feingemahlener Grünkern
Meersalz
3 große oder 5 kleine Eier
1 Bd. frische Petersilie

Zubereitung:
Die drei Mehlsorten in eine große Schüssel geben und salzen. Die Eier mit der sehr fein geschnittenen Petersilie verquirlen und zum Mehl geben. Alles zusammen zu einem streichfähigen, geschmeidigen Teig verarbeiten. Je nach Eiergröße benötigt man gegebenenfalls noch einige Löffel kaltes Wasser. Den Teig nach der Verarbeitung etwa 30 Minuten ruhenlassen, dann nochmals gut durchkneten bzw. durchschlagen. In einem großen Topf gesalzenes Wasser zum Kochen bringen.
Portionsweise den Teig auf ein flaches, mit kaltem Wasser abgespültes Holzbrett aufstreichen und mit einem geraden Messerrücken oder Spätzleschaber den Teig so fein wie möglich vom Brett in das leicht kochende Wasser streichen. Kommen die Spätzle an die Oberfläche, müssen sie noch einige Minuten ziehen. Dann die Spätzle abseihen und in eine Schüssel mit kaltem Wasser geben. Anschließend abtropfen lassen und in Butter schwenken.

Gekochter Reis

Vorbereitungszeit: 15 Minuten
Garzeit: 40 Minuten

Zutaten für das Grundrezept:
1/2 Zwiebel
1 Knoblauchzehe
1 Karotte
etwa 250 g Naturreis
2 l gesalzenes Wasser
1 Lorbeerblatt
1 Msp. Curry
evtl. Butter oder Olivenöl zum Anbraten
Meersalz
Pfeffer

Zubereitung:
Die Zwiebel und die Knoblauchzehe schälen. Die Karotte waschen und putzen und gegebenfalls schälen. Den Reis kurz mit Wasser abbrausen. Das gesalzene Wasser zum Kochen bringen. Den Reis, die Zwiebel, die Karotte, die Knoblauchzehe und das Lorbeerblatt in den Topf geben. Alles aufkochen lassen und zugedeckt etwa 25 bis 30 Minuten bei geringer Hitze köcheln lassen. Wenn der Reis bißfest ist, ihn auf ein großes Haarsieb abgießen und mit kaltem Wasser abbrausen. Das Gemüse und das Lorbeerblatt entfernen. So wird der Reis als Beilage serviert.
Er kann aber auch weiterbearbeitet werden, indem man ihn in Butter oder Olivenöl anbrät.

Mein Tip

Um es interessanter zu machen, mische ich immer drei Sorten Reis zum Kochen: Basmati, Wildreis und einfachen Langkornreis. Eine Mischung aus Rundkornreis mit rotem Reis aus der Camargue und Wildreis gibt eine raffinierte Mischung.

Curryreis

Etwas Butter in einer Pfanne zergehen lassen. Den Curry in die Pfanne streuen, mit der Butter verrühren und dann erst den Reis dazugeben. Mit Pfeffer und Salz würzen. Wird das Fett zu heiß, verbrennt der Curry und wird bitter.

Verschiedene Reissorten:

1. Milchreis
2. Rundkornreis
3. Langkornreis
4. Natur-Langkornreis
5. Natur-Rundkornreis
6. Avorio Reis
7. Klebreis

Hirserisotto

Vorbereitungszeit: 12 Minuten
Garzeit: 35 Minuten

Zutaten:
250 g ganze Hirse
1 Zwiebel
1 mittelgroße Karotte
1 kleine Stange Lauch
Olivenöl zum Anbraten
etwa 1/2 l gewürzte Gemüsebrühe (siehe S. 123)
Meersalz
Pfeffer
50 g geriebener Parmesan
50 g Sauerrahm
1 Bd. gemischte Kräuter (Schnittlauch, Petersilie, Kerbel, Majoran)

Zubereitung:
Die Hirse mit warmem Wasser abbrausen und abtropfen lassen. Das Gemüse waschen, putzen und schälen. Die Zwiebel, die Karotte und den Lauch in feine Würfel schneiden und in Olivenöl leicht anbraten. Die Hirse dazugeben und mit der Gemüsebrühe auffüllen. Unter Rühren aufkochen lassen, etwas würzen und bei geringer Hitze zugedeckt etwa 25 bis 30 Minuten quellen lassen. Die Kräuter waschen und fein wiegen. Anschließend den Käse, den Sauerrahm und die Kräuter dazugeben, gut vermengen und noch einige Minuten durchziehen lassen. Portionsweise auf Teller geben und mit Gemüse servieren.

Mein Tip

Anstelle von Lauch eignen sich auch frische grüne Erbsen.

Variante

Wenn man den Risotto ohne Käse und Rahm zubereitet, kann man ihn nach dem Erkalten mit einem Ei und Kräutern zu Küchlein formen und anbraten.

Der Klassiker – Risotto

Vorbereitungszeit: 12 Minuten
Garzeit: 45 Minuten

Zutaten für das Grundrezept:
100 g Natur-Rundkornreis
100 g roter Naturreis aus der Camargue
1 Zwiebel
1 Knoblauchzehe
Olivenöl zum Dünsten
1/8 l trockener Weißwein
1/2 l Gemüsebrühe (siehe S. 123)
Meersalz
Pfeffer
1 Bd. Petersilie
1 EL Butter

Zubereitung:
Den Reis abbrausen und gut abtropfen lassen. Die Zwiebel und den Knoblauch schälen und fein schneiden. In einer großen Kasserolle (oder in einem Topf mit Deckel) die feingeschnittene Zwiebel in Öl andünsten, den Reis dazugeben und unter Rühren glasig dünsten. Die Hitze verstärken, den Weißwein dazugießen und verdampfen lassen. Dann die erhitzte Gemüsebrühe dazugießen, würzen und zugedeckt bei geringer Hitze etwa 35 bis 40 Minuten quellen lassen. Die Petersilie fein wiegen, zusammen mit der Butter unter den Reis geben und servieren.

Mein Tip

Ein Muß dazu ist frisch gehobelter Parmesan. Kurz vor dem Servieren unter den Risotto gezogen, dient er zur milden Würzung.

Waffeln

Ein Relikt aus alten Tagen?

Zu Großmutters Zeiten gehörte das Waffeleisen zu den meistgebrauchten Geräten in der Küche. Die ganz alten Waffeleisen, eines davon ist noch in meinem Besitz, setzte man in die Herdplatte über der offenen Flamme ein, indem die losen Ringe bis auf Waffeleisengröße entfernt wurden. Die Waffeln wurden erst dann gebacken, wenn nur noch Glut den Ofen wärmte. Es gehörte sehr viel Geschick dazu, den richtigen Moment zu erwischen, damit die Waffeln richtig knusprig gebacken waren. Einige Waffeleisen waren deshalb so konstruiert worden, daß man beiden Seiten durch einfaches Drehen zeitweilig die Hitze zuführen konnte. Süß oder pikant waren Waffeln an langen Winterabenden oder wenn lange nach dem Vesper noch der Mostkrug die Runde machte, heiß begehrt.

Auch heute noch begehrt

In der modernen Küche ist das Waffeleisen eher seltener anzutreffen, und wenn, dann meist in den ländlicheren Gebieten. Natürlich hat es sich inzwischen auch der modernen Technik angepaßt, und supermoderne Geräte garantieren ein problemloses Waffelbacken. Trotzdem höre ich oft: „Waffeln selbst machen ist mir zu viel Geschäft! Zum Waffelessen gehe ich lieber auf den Jahrmarkt, die Messe oder dergleichen!"
Nun, dort werden die Waffeln sicher auch sehr fein und nach überlieferten Rezepten gemacht, aber eben doch nicht von Großmutters Qualität!

Schmeckt nicht nur Kindern gut

Bei Kindern, aber auch bei Erwachsenen sind heiße Waffeln sehr beliebt. Im Sommer als Hauptmahlzeit oder im Winter als Dessert reicht man sie mit frischem Kompott oder saftigen Früchten und etwas geschlagener Sahne. Übriggebliebene Waffeln können Sie kleinschneiden und als Suppeneinlage für eine kräftige Gemüsebrühe mit Kräutern verwenden. Reste von süßen Waffeln werden entweder getrocknet und zu Krümeln gerieben, oder es wird ein süßer Auflauf daraus hergestellt.
Wichtig ist jedenfalls: Waffeln sollten immer frisch gegessen werden, so schmecken sie am besten.
Für welche Variante Sie sich auch entscheiden, Waffeln selbst zu machen, lohnt sich immer!

Pikante Waffeln

Zubereitungszeit: etwa 20 Minuten
Quellzeit: 8 bis 10 Minuten

Zubereitung:
Die drei Mehlsorten in eine Schüssel geben und mit der Milch zu einem glatten Teig verrühren. Etwa 8 bis 10 Minuten quellen lassen. Inzwischen das Eigelb vom Eiklar trennen.
Das Eigelb mit Sesamsamen, Butter, Salz, Majoran und Kümmel in den gequollenen Teig rühren. Das Eiweiß zu Schnee schlagen und unter den Teig ziehen. Im vorgeheizten Waffeleisen knusprig goldgelbe Waffeln ausbacken.

Zutaten:
300 g ausgesiebtes Dinkelmehl
50 g Buchweizenmehl
50 g feingemahlenes Grünkernmehl
etwa $^{1}/_{2}$ l Milch
3 Eier
1 EL Sesamsamen
75 g zerlassene, abgekühlte Butter
1 Prise Meersalz
1 EL feingeschnittene Majoranblätter
1 TL Kümmel

Mein Tip

Diese Waffeln passen sehr gut einfach nur so zu einem frischen Salat, bestreut mit frisch geriebenem Parmesan.

Großmutters Buttermilchwaffeln

Zubereitungszeit: etwa 15 Minuten

Zubereitung:
Das Mehl mit der Buttermilch zu einem glatten Teig rühren. Zitronenschale, Salz, Honig, Rum und flüssige Butter dazugeben. Das Eigelb vorsichtig vom Eiweiß trennen und das Eigelb unter den Teig rühren. Das Eiklar zu steifem Schnee schlagen und unter den Teig ziehen.
Das vorgewärmte Waffeleisen mit wenig Butter einpinseln (viele Waffeleisen benötigen fast gar keine Zugabe von Fett mehr zum Backen). Wenig Teig mit einem Löffel oder Schöpfer auf dem Waffeleisen verteilen und goldgelbe, knusprige Waffeln ausbacken.

Zutaten:
300 g ausgesiebtes Dinkelvollmehl
etwa $^{1}/_{4}$ l Buttermilch
etwas abgeriebene Zitronenschale
1 Prise Meersalz
2 EL Bienenhonig
100 g zerlassene, gut abgekühlte Butter
1 TL Rum
4 Eier
Butter zum Einpinseln

Mein Tip

Geben Sie nicht zuviel Teig auf das Waffeleisen, da sonst der Teig herausfließen und das Waffeleisen verschmutzen kann. Schalten Sie das Waffeleisen rechtzeitig vor Beendigung des Backens ab, und backen Sie die letzten Waffeln stromlos aus.

Gemüsevielfalt

Den Winter nicht zum Sommer machen

Noch nie war das Angebot an frischem Gemüse so reich, vielfältig wie heute. Das ganze Jahr über produzieren „Gärten der ganzen Welt" Gemüse, Obst und Früchte. Zu jeder Zeit bekommt man fast alles. Aus diesem Grund hat sich auch auf dem Speisezettel einiges verändert und verschoben. Gedankenlos werden typische Sommergemüse im Winter angeboten, damit der Gast auf seine Gaumenkitzel nicht verzichten muß. Ich bin schon dankbar, wenn Gemüse wie Brokkoli, Blumenkohl und Zucchini auch in den Wintermonaten zu haben sind. Das erleichert mir enorm die Bemühungen, Abwechslung auf den Tisch zu bringen. Es müssen aber nicht grüner Spargel und Bohnen zur Weihnachtszeit sein. Nicht nur weil diese Gemüse „saisonfremd" sind, sie schmecken bekanntlich außerhalb ihrer Saison nach nichts und verändern nur das optische Bild auf der Speisekarte und auf dem Teller. Zudem verdrängen saisonfremde Gemüse klassische Saisongemüse, die eben auch ein Stück Eßkultur darstellen.

Des Menschen Wille …

Aber wie in so vielen anderen Dingen hat der Mensch das von der Natur selbstauferlegte Maß auch hier überschritten, indem er die Gesetzmäßigkeiten aufzuheben versucht und biologische Abläufe ignoriert. Im Grunde ignoriert er seine eigenen naturgegebenen Bedürfnisse.

Nehmen Sie nur all diese „vornehmen Restaurants": Diese setzen sich über die Saison von Erdbeeren, Spargel u. a. einfach hinweg und lassen für teures Geld Spezialitäten einfliegen!

Die Aufwertung des Wertvollen

In der klassischen Küche wurde Gemüse als Beilage serviert, nie als Hauptmahlzeit. Das signalisiert recht deutlich, daß es keinen hohen Stellenwert einnahm.
Es wurde irgendwann selbstverständlich, Gemüse mit Speck aufzuwerten, man wollte ihm somit etwas Pfiff verleihen. Allerdings verstehe ich das nicht. Früher, als das Lebensmittelangebot knapp und nicht so reichhaltig war, konnte das seine Berechtigung gehabt haben – aber heute? Biologisch einwandfrei gewachsenes Gemüse braucht keine zusätzlichen Geschmacksverstärker. Im Gegenteil, Gemüse soll nach Gemüse schmecken und nicht nach Rauchfleisch oder Speck.

Vegetarisch ist nicht gleich vegetarisch

Stellen Sie sich vor, Sie sind Vegetarier, aus welchem Grund auch immer; Ihr Anspruch auf fleischlose Mahlzeiten ist da wohl selbstverständlich. Gottlob gibt es heute schon weitverbreitet gastronomische Betriebe, die zumindest Vegetarisches anbieten. Die Frage nach der Vollwertigkeit stellen wir einmal nicht.
Etwas Selbstverständliches ist die fleischlose Küche jedenfalls nicht, gibt es da und dort doch erhebliche Schwierigkeiten, wirklich Fleischloses zu bekommen. Das fängt an bei der Suppe, geht über die Vorspeise und den Salat bis hin zum Dessert. Suppen werden ausschließlich aus Fleischbrühen und Speck gekocht, selbst Kartoffel- und Tomatensuppen schmecken mehr nach ausgelassenem Bratspeck als nach Kartoffeln und Tomaten. Bei speziellen Salatsorten sind gebratene Speckwürfel nicht wegzudenken, was auch für Vorspeisen zutrifft.
Bestellt der Vegetarier Teigwaren, so muß er damit rechnen, daß er eine Fleisch- oder Knochensoße dazubekommt. Eine Reklamation wird dann mit großem Unverständnis quittiert, denn Speck und Fleischsoße zählen bei vielen nicht zu den Fleischprodukten. Auch Gemüse wird im allgemeinen nicht verschont: Ob in Speck verpackt, mit Specksoße oder in Schmalz gebraten, als Vollvegetarier hat man seine liebe Not, guten Gewissens außer Haus wirklich vegetarisch zu speisen.

Gemüse zur Vorbeugung

Neue Forschungsergebnisse beweisen immer wieder, daß mehr für unsere Gesundheit im Gemüse steckt, als bisher bekannt war. Über Vitamine, Mineralien und Spurenelemente wußte man ausreichend Bescheid. Auch andere Substanzen, z. B. Ballaststoffe, Quell- und Schleimstoffe und Antioxidantien (Vitamin C, E und Carotin), die für unsere Gesundheit von großer Be-

Was nicht selbst gezogen werden kann, wird im Naturkostladen oder beim Erzeuger sorgfältig ausgewählt.

deutung sind, wurden durch moderne Forschungsmethoden nachgewiesen. Ärzte und Wissenschaftler raten, mehr frisches Gemüse anstelle von Fleisch zu essen. Gemüse enthält Vitamine und Mineralien, und es ist frei von Cholesterin. Es macht satt, trotz der wenigen Kalorien, deshalb spricht man bei Gemüse auch vom idealen „Schlankmacher". Betrachtet man die Nährwerte unterschiedlicher Gemüsesorten, so sind diese, mit Ausnahme weniger Sorten, sehr kalorien- und fettarm. Sie enthalten viel Wasser und gut verwertbare Kohlenhydrate, der Verdauung dienliche Ballaststoffe und hochwertiges Eiweiß. Für Gemüse gilt wie für alles in der Ernährung der Grundsatz der Ausgewogenheit. Nur die Verbindung mit anderen Lebensmitteln liefert alle gewünschten Nährstoffe. Zum Beispiel die Verbindung von eiweißreichen Hülsenfrüchten mit weniger eiweißreichen Gemüsesorten wie Karotten oder weiße Rübchen, da diese dafür den Ausgleich an Mineralstoffen, Spurenelementen und Vitaminen schaffen. Wenigen Menschen dürfte auch bekannt sein, daß Blattgemüse und Blattsalate ebenfalls als Eiweißlieferanten dienen.

Wie besorge ich mir frisches Gemüse aus biologischem Anbau?

Die Bandbreite ist groß, und es bedarf schon einer größeren Zeitinvestition, bis die Quellen ausfindig gemacht sind. Ein aufmerksamer Marktbummel bringt Sie da schon weiter und wird Ihren Spürsinn wecken, das Richtige zu finden. Meist sind Marktstände, an denen Gemüse nach Richtlinien des biologischen Anbaus angeboten werden, ausgeschildert. Erzeuger von Biogemüse gehen meist als Anbieter auf den Markt und reden auch gerne über ihre Betriebsphilosophie. So können Sie sich weitere Informationen beschaffen. Sie können wertvolle Tips erhalten, denn was der eine nicht hat, finden Sie sicherlich beim Kollegen, dessen Adresse oder Stand Ihnen dann gerne verraten wird. Des weiteren finden sich in Ihrem nahen Umfeld auch Naturkostläden, die oft von Kleinerzeugern beliefert werden, die mit viel Sorgfalt und Liebe ihr Gemüse anbauen und täglich frisch liefern. Aber nicht jeden Tag ist Markt oder Zeit, um einzukaufen. Also muß für einige Tage Vorrat geschaffen werden. So sollten Sie empfindliches Gemüse wie zum Beispiel Blattgemüse als

erstes verbrauchen. Jeder weitere Tag Lagerung bedeutet Vitamin- und Nährstoffverluste. Lauch, Wurzelgemüse und Knollengemüse dagegen sind weniger empfindlich und dankbar für einen möglichst guten Platz im Gemüsefach des Kühlschranks. Kartoffeln, Zwiebeln und Knoblauch begnügen sich mit einer luftigen Kiste, die Sie an einem möglichst dunklen und kühlen Ort abstellen. Wer selbst Gemüse anbaut und somit mehr bekommt, als er täglich verzehren kann, sollte auch aus Gründen der Qualität eine langfristige Lagerung in Betracht ziehen. Die eigenen Erzeugnisse sind immer noch besser als die Ware aus dem Supermarkt. Es empfiehlt sich das Einfrieren, Einkochen, Einlegen oder Säuern.
Eine völlig andere Art der Gemüselagerung wäre das Anlegen einer Miete im Garten, in der sich bei fachgerechter Einlagerung Wurzelgemüse sehr lange frisch hält.
Ideal wäre ein Natursteinkeller mit erdigem Boden. Dieser hat im Sommer wie Winter die ideale Temperatur, um die Rohstoffe aus Feld und Garten aufzubewahren. Leider gibt es diesen Naturkeller nur noch selten.

Die sachgerechte Lagerung

Wenn nun der Marktbummel oder Besuch beim Biogärtner erledigt ist, steht in der Küche der Einkaufskorb, gefüllt mit buntem Gemüse und dazwischen wohlriechende frische Kräuter, die darauf warten, zusammen mit dem Gemüse zu lukullischen Genüssen verarbeitet zu werden. Gemüse, das nicht sofort verarbeitet wird, bleibt, wie zum Beispiel Blumenkohl, Brokkoli oder Karotten, im Blattmantel eingehüllt. Aus Platzgründen wird das Blattgrün der Karotten etwas gestutzt. Dann beginnt die Verarbeitung.

Auch Gemüseputzen will gelernt sein.

Vom Putzen und Säubern

Das Gemüse wird geputzt; darunter versteht man das Entfernen von Erd- und Sandresten. Das kann, je nach Verschmutzung und Größe der Gemüsesorten, unter fließendem handwarmem Wasser oder in der wasser-

gefüllten Schüssel passieren. Nach dem gründlichen Reinigen beginnt man, Wurzelenden, überstehende Strünke, Blattenden und Stiele abzuschneiden. Dazu folgender Grundsatz: Erst nach dem vollständigen Putzen bzw. Waschen soll das Gemüse geschabt, geschält oder gar zerkleinert werden. Denn selbst beim allerkürzesten Waschvorgang gehen bereits Vitamine, Mineralien und auch Stärke verloren.
Nicht gewaschen oder geschält werden Kulturpilze. Man wischt sie lediglich mit einem Tuch oder mit Küchenkrepp ab. Bei jungen Karotten und Kartoffeln, die oft in der Schale gedünstet und so gegessen werden, reicht ein gründliches Bürsten unter kaltem Wasser.

Zubereitungsarten

Ob man Gemüse vor oder nach dem Garen schälen sollte, wird von Ernährungswissenschaftlern unterschiedlich beurteilt. Einerseits stecken unmittelbar unter der Schale bedeutende Vitalstoffe, oft sind aber die Schalen ungenießbar, unansehnlich und mit Schadstoffen belastet. Das ist auch der Grund, weshalb ich Spargelgenießern abrate, aus der Schale eine Suppe zu kochen oder den Spargel auf der Schale zu dünsten, wenn nicht hundertprozentig gewährleistet ist, daß er aus biologisch-kontrolliertem Anbau stammt.
Wie das Gemüse kleingeschnitten werden muß, hängt von der Art der Zubereitung ab. Grundsätzlich gilt: Wenn Sie Gemüse kleinschneiden, sollten Sie nur wenig Garflüssigkeit nehmen, denn beim Garen treten Mineralstoffe aus, deshalb sollte die Garflüssigkeit mitverwendet werden. Anders verhält es sich bei Suppen, Eintöpfen oder Gemüsen in der Soße. Da werden der Saft, die Brühe und die Soße mitgegessen.
Für Beilagengemüse sind Blanchieren, Dämpfen und Dünsten die besten Garmethoden. Kochen sollten Sie nur Gemüse mit fester Zellstruktur, wie zum Beispiel Hülsenfrüchte und Bohnen, sowie solche, die erst nach dem Garen geschält werden wie rote Bete, Knollensellerie und Kartoffeln.
Hülsenfrüchte (Linsensprossen, Adzukibohnenkeimlinge können nur roh verzehrt werden, weil sie durch Keimen genießbar geworden sind) sind aufgrund ihres Gehaltes an Hämagglutinin und Trypsininhibitoren in rohem Zustand giftig, mit Ausnahme junger Zuckerschoten und ganz junger Palerbsen, aber auch diese werden meist kurz blanchiert.
Gemüsebohnen und Gartenerbsen enthalten das blausäurehaltige Phasin, das die Atmung hemmt. Durch Erhitzen kann man den größten Teil der giftigen oder nicht verwertbaren Inhaltsstoffe zerstören bzw. herauslösen.
Frische Erbsen sollten gleich aus der Schote gepult und verwendet werden. Werden Erbsen nicht sofort ausgelöst – sie versorgen sich auch nach dem Pflücken mit Nährstoffen aus der

Hülse! –, macht sie das mit der Zeit dick und mehlig. Hülsenfrüchte gehören zu den wichtigsten pflanzlichen Eiweißlieferanten für Menschen, die wenig Fleisch und Fisch essen. Außerdem liefern sie reichlich Vitamine, Mineralstoffe, Kohlenhydrate und auch Ballaststoffe.

Daß Hülsenfrüchte dick machen sollen, ist ein Ammenmärchen und rührt daher, daß früher mehr Fett zum Kochen von Hülsenfrüchten verwendet wurde.

Noch ein wichtiger Hinweis: Achten Sie darauf, daß Sie Hülsenfrüchte erst nach der Garzeit salzen und säuern! Sie verlängern sonst die Kochzeit und riskieren somit Vitalstoffverluste.

Grüne Stellen bei rohen Kartoffeln besitzen schleimhautreizendes Solanin, das gleichzeitig auch die roten Blutkörperchen zerstört. Die Stärke wird erst im erhitzten Zustand für den Körper verfügbar.

Es gibt Gemüse und Beeren, die Sie nicht roh verzehren sollten. Sie enthalten Stoffe, die auf den menschlichen Stoffwechsel ungünstig oder gar toxisch wirken. Nur durch Erhitzen werden die für den Menschen teils giftigen Substanzen vernichtet oder erst genießbar.

Die Garbegriffe

Wer sich schon gern die Mühe macht, gesunde und erstklassige Rohstoffe einzukaufen, will kulinarischen Hochgenuß erleben, ohne jedoch die gesunde Substanz der Rohstoffe beim Kochen einzubüßen. Richtige Zubereitung, das heißt auch die richtigen Garmethoden, ist hierbei wesentlich.

Kochen

Beim Kochen wird das Gargut in siedender Flüssigkeit (Wasser, Brühe etc.) bei gleichbleibender Temperatur gegart. Es sollte vollkommen von der Garflüssigkeit eingeschlossen sein. Da jedoch die wasserlöslichen Nährstoffe der Produkte dabei an die Flüssigkeit abgegeben werden, ist der Kochvorgang möglichst kurz zu halten. Es kann sprudelnd gekocht werden. Rohstoffe, die eine lange Garzeit haben, sollten jedoch nur schwach kochen, um nicht zuviel Vitamin- und Mineralstoffe an das Wasser zu verlieren.

Es ist empfehlenswert, Gemüsewasser weiterzuverwenden, um die im Wasser gefangenen Vitalstoffe noch nutzen zu können.

Beispiele: Im Gegensatz zu anderen Vitaminen ist das in den Karotten reichlich vorkommende Carotin (Provitamin A) sehr fest in der Zellstruktur eingeschlossen und deshalb schwer löslich. Durch das Garen wird das Carotin besser verfügbar, d. h. aus der festen Zellstruktur herausgelöst.

Kochen Sie Nudeln und Reis, sofern

Sie kein Risotto machen, in reichlich Wasser. Hülsenfrüchte benötigen einen längeren Gar- bzw. Kochprozeß aufgrund ihrer Eiweiß- und Faserstruktur.

Blanchieren

Blanchieren ist das Vorgaren von Lebensmitteln in Wasser oder Fett. Am häufigsten wird Gemüse blanchiert. Es wird so kurz wie möglich in kochendes und gesalzenes Wasser gegeben, um es auf den gewünschten Punkt zu garen. Anschließend wird das Gemüse in Eiswasser abgeschreckt, damit der Garprozeß gestoppt wird. Die Nährstoffe bleiben mit dieser Methode weitgehend erhalten.

Braten

Unter Braten versteht man ein Garen unter Bräunung.
Beim Braten in der offenen Pfanne (Kurzbraten) wird das Bratgut in das erhitzte Fett gelegt und ohne Deckel gebraten. Während des Bratens wird gewürzt. Ich brate damit Gemüse, meine Getreide- und Kartoffelküchle oder Gemüsepuffer.
Setzt man einen Deckel auf das Bratgut, wird die angebratene Kruste weich, und auch der Geschmack verändert sich zuungunsten des Produkts. Braten ist eine schnelle Methode, um Gemüse knackig und schmackhaft zu garen.
Weitere Bratarten sind:

- Braten in der Bratröhre (Backofen),
- Braten auf dem Rost,
- Braten am Spieß.

Dämpfen

Dämpfen heißt Garen mit Dampf. Das Gargut liegt dabei in einem Siebeinsatz über dem heißen Wasserdampf, von dem es gleichmäßig umgeben wird, und wird dabei schonend gegart. Die Speisen behalten die frische Farbe und ihren Eigengeschmack. Da durch das längere Garen ebenfalls Vitalstoffe in die Dampfflüssigkeit abgegeben werden können, eignet sich der Sud dann auch zur Zubereitung von Suppen oder Soßen.
Da bei dieser Methode auf die Zugabe von Fett verzichtet wird, ist Dämpfen eine bevorzugte Garmethode bei Diätkost.

Dünsten

Dünsten ist eine bewährte Zubereitungsart für schnell garende Nahrungsmittel mit wenig Verlust an Vitalstoffen. Gemüse z. B. wird in wenig Flüssigkeit und eventuell mit etwas Fett im geschlossenen Topf angesetzt. Durch das Abdichten des Topfes entsteht ein Kreislauf. Der Wasserdampf steigt auf, kondensiert am Deckel und schlägt sich wieder auf das Gargut nieder. Dieser Kreislauf vollzieht sich während der Garzeit immer wieder.
Bei wasserreichen Gemüsen, wie z. B. Spinat oder Zucchini, reicht es, wenn Sie das Gargut tropfnaß und ohne sonstige Flüssigkeit, aber mit ein wenig Fett in den angewärmten Topf geben. Die Herdwärme sollte dann jedoch nicht zu hoch sein.

Gebratene Zucchinischeiben

Vorbereitungszeit: 20 Minuten
Garzeit: 10 Minuten

Zutaten pro Person:
1 junge Zucchini (etwa 250 g)
1 Fleischtomate (oder italienische Flaschentomate mit wenig Kernhaus)
2 bis 3 frische Basilikumblätter
Olivenöl zum Braten
etwas getrockneter oder frischer Rosmarin
Meersalz
Pfeffer

Zubereitung:
Die Zucchini waschen, Blüte und Stielansatz abschneiden, der Länge nach in daumendicke Scheiben schneiden. Die Tomate häuten (siehe S. 170 Tomatengemüse) und in kleine Würfel schneiden. Die Basilikumblätter waschen, in Streifen schneiden. Das Olivenöl in einer geeigneten Bratpfanne erhitzen, die Zucchinischeiben hineinlegen und vor dem Wenden mit Rosmarin bestreuen. Mit Salz und Pfeffer würzen und von beiden Seiten anbraten. Aus der Pfanne nehmen und warm stellen. Die Tomatenwürfel und Basilikumstücke in die Pfanne geben und in dem Olivenöl schwenken und würzen. Die Zucchinischeiben auf Teller und die Tomatenstücke dekorativ auf den Zucchinischeiben verteilen.

Mein Tip

Wer Käse mag, kann das Ganze noch mit frisch geriebenem Parmesan bestreuen. Dazu paßt frisches Fladenbrot oder Kartoffelrösti.

Gebratenes Gemüse mit Kartoffelpüree

Vorbereitungszeit: 15 Minuten
Garzeit: 20 Minuten

Zutaten:
2 mittelgroße Zucchini
1 gelbe Paprikaschote
4 Flaschentomaten
1 Gemüsezwiebel
Olivenöl zum Braten
1 Zweig Rosmarin
Meersalz
Pfeffer

Für das Püree:
4 bis 6 mehligkochende Kartoffeln
$^1/_4$ l heiße Milch
40 g Butter
60 g geriebener Parmesan
Meersalz
1 Prise frisch geriebene Muskatnuß

Zubereitung:
Die Zucchini waschen, den Stiel- und den Blütenansatz abschneiden und das Gemüse dann in etwa 1 cm dicke Scheiben schneiden. Die Paprikaschote waschen, vierteln und den Stielansatz mit dem Kerngehäuse entfernen.
Die Tomaten häuten (siehe S. 170 Tomatengemüse) und das Fruchtfleisch in Würfel schneiden.
Die Zwiebel schälen und in grobe Streifen schneiden. In einer großen Pfanne das Öl erhitzen, dann nacheinander und getrennt das Gemüse rundherum anbraten. Zuerst die Zucchini, dann die Paprikaviertel, die Tomatenwürfel und die Zwiebelstreifen. Das Gemüse mit den gewaschenen und abgezupften Rosmarinnadeln bestreuen und warm halten.
Die Kartoffeln in der Schale kochen, schälen und warm durch die Presse drücken. Mit der heißen Milch und Butter gut durchrühren, den Käse, etwas Salz und Muskat hinzugeben, nochmals gut durchrühren und zusammen mit dem gebratenen Gemüse dekorativ anrichten.

Gemüsepuffer

Vorbereitungszeit: 20 Minuten
Garzeit: 10 Minuten

Zubereitung:
Die Zucchini, die Karotte und die Kartoffeln waschen und putzen. Die Kartoffeln und die Zwiebel schälen. Die Zwiebel in feine Streifen schneiden. Das andere Gemüse mit einem Hobel in streichholzgroße Stifte raspeln. In einer großen Pfanne Olivenöl erhitzen und darin die Puffer in der gewünschten Größe ausbacken und erst danach mit Salz und Pfeffer würzen.

Zubereitung der Garnitur:
Die Tomaten brühen, häuten (siehe S. 170 Tomatengemüse) und in Würfel schneiden. Den Knoblauch schälen und in feine Scheibchen schneiden. Die Basilikumblättchen abzupfen, waschen und mit dem Messer einmal trennen. Den Knoblauch und das Basilikum in etwas Olivenöl leicht anbraten, die Tomatenwürfel dazugeben, mit Salz und Pfeffer würzen und noch etwas ziehen lassen. Anschließend zu den Puffern geben.

Zutaten:
1 mittelgroße Gartenzucchini
1 kleine Karotte
4 festkochende mittelgroße Kartoffeln
1 Gemüsezwiebel
Olivenöl zum Braten
Pfeffer
Meersalz

Für die Garnitur:
8 reife Tomaten
2 Knoblauchzehen
1 Bd. Basilikum
Olivenöl zum Braten
Meersalz
Pfeffer

Gefüllte Schmortomaten

Vorbereitungszeit: 20 Minuten
Garzeit: 30 Minuten

Zubereitung:
Die Tomaten waschen, den Deckel abschneiden und die Früchte aushöhlen. Das Fruchtfleisch in eine Schüssel geben und beiseite stellen. Die Zwiebel und den Knoblauch schälen und fein würfeln. Die Champignons putzen und fein würfeln, in etwas Olivenöl zusammen mit den Zwiebeln und dem Knoblauch so lange dünsten, bis die Flüssigkeit verdampft ist. Die Petersilie waschen und fein wiegen. Den Liebstöckel waschen, fein schneiden und zusammen mit den Champignons zu der Hirse geben, mit Salz und Pfeffer gut würzen und umrühren.
Die Tomaten mit der zubereiteten Hirse füllen und in eine gefettete Auflaufform setzen. Das Tomateninnere und etwas Olivenöl (1 bis 2 EL) mit dem Passierstab pürieren, etwas salzen und pfeffern und an die Tomaten gießen. Die Tomaten mit dem Parmesan bestreuen, auf jede Tomate ein Butterflöckchen legen und im vorgeheizten Backofen bei 180 °C etwa 20 Minuten backen.

Zutaten:
8 große Fleischtomaten
1 mittelgroße Zwiebel
1 Knoblauchzehe
100 g Steinchampignons
3 EL Olivenöl
1 kleines Bd. Petersilie
1 Zweig Liebstöckel
1 1/2 Tassen (etwa 100 g) Hirserisotto
Meersalz
Pfeffer
Butter für die Form und in Flöckchen
50 g geriebener Parmesan

Gefüllte rote Paprika

Vorbereitungszeit: 25 Minuten
Garzeit: etwa 35 bis 40 Minuten

Zutaten:
4 faustgroße rote Paprikaschoten
2 altbackene Vollkornbrötchen
1/8 l frische Milch
1 Zwiebel
Olivenöl zum Dünsten
1 kleines Bd. Petersilie
1 kleiner Lauch
2 EL Linsenkeime
2 Eier
Meersalz
Pfeffer

Zubereitung:
Bei den Paprika einen Deckel mit Stiel abschneiden und die Kerne entfernen. Die Brötchen in kleine Würfel schneiden. Die Milch erhitzen und über die Brötchenwürfel gießen. Die Zwiebel schälen, in feine Würfel schneiden und in Olivenöl andünsten. Die Petersilie waschen, fein schneiden, dazugeben und leicht mit andünsten. Den Lauch waschen und in feine Streifen schneiden. Diese zusammen mit den Linsenkeimen, den Eiern und der Zwiebelmischung zu den Brötchenwürfeln geben, salzen, pfeffern und alles gut vermengen. Die Paprikaschoten damit füllen. Den Deckel darauf geben, sie in eine gefettete Backform stellen. Mit Olivenöl beträufeln, salzen und pfeffern und in den auf 180 °C vorgeheizten Ofen auf mittlerer Schiene backen. Die Garzeit beträgt etwa 35 bis 40 Minuten. Während der Garzeit das Bratgut beobachten und bei Bedarf die Hitze reduzieren.

Mein Tip

Suchen Sie nur solche Paprikaschoten aus, die gut geformt sind und sich stellen lassen.
Dazu passen gebratene Zucchini, aber auch anderes Gemüse. Probieren Sie doch einmal ein Kräuter- oder Paprikasößle.

Mein Tip

Von den Resten der Wirsingblätter läßt sich ein Rahmgemüse machen, mit dem Sie Flädle oder Pfannkuchen füllen können.

Gefüllte Wirsingblätter

Vorbereitungszeit: 40 Minuten
Garzeit: 60 Minuten

Zutaten:
1 Wirsing (etwa 1 kg)
2 Zwiebeln
1 kleine Karotte
1 Knoblauchzehe
1 kleines Bd. Petersilie
Olivenöl zum Braten
2 Tassen (etwa 250 g) Hirse- oder Naturreisrisotto (S. 155)
1 Ei
50 g geriebener junger Gouda
Meersalz
Pfeffer
Kümmel
1/4 l gut gewürzte Gemüsebrühe (S. 123)
Butter für die Form und in Flöckchen

Zubereitung:
Den Wirsingkopf im ganzen gut waschen und die nicht verwendbaren Blätter entfernen. Den Strunk etwas ausschneiden, gerade so viel, daß die Blätter noch halten. In einem Topf mit kochendem Wasser zugedeckt etwa 20 Minuten leicht kochen lassen. Das Wasser sollte den Wirsing gerade bedecken. Den Wirsing nach dem Kochen auf einem Sieb abkühlen lassen. Die großen äußeren Blätter vorsichtig vom Kopf abschneiden und auf ein Tuch legen, damit das restliche Wasser ablaufen kann. Anschließend den härteren Stielansatz herausschneiden.
Die Zwiebeln schälen und in feine Würfel schneiden. Die Karotte waschen, abbürsten und in Stifte schneiden. Den Knoblauch schälen und durch die Presse drücken. Die Petersilie waschen und fein schneiden. Die Zwiebeln und die Karotte in Olivenöl leicht anbraten, den Knoblauch und die Petersilie dazugeben und durchschwenken. Alles zusammen mit dem Risotto in eine Schüssel geben und mit dem Ei und dem Käse vermengen. Die Masse mit Salz, Pfeffer und Kümmel gut abschmecken. 1 bis 2 EL der Füllung auf ein Wirsingblatt geben und zusammenklappen, so daß die Füllung gut umschlossen ist.
Die gefüllten Blätter nebeneinander in eine gebutterte Form legen, mit der Gemüsebrühe übergießen, mit Salz und Pfeffer etwas würzen und mit Butterflöckchen belegen. Die Wirsingblätter im vorgeheizten Backofen auf 180 °C etwa 35 bis 40 Minuten backen. Sollte sich eine zu starke Kruste bilden, einfach einen Deckel oder Backpapier auf die Form legen.

Tomatengemüse

Vorbereitungszeit: 30 Minuten
Garzeit: 30 Minuten

Zutaten:
etwa 1 kg feste kleine Gartentomaten
100 g grüne frische Erbsen
Butter zum Dünsten und für die Form
1 Bd. Basilikum
100 g geriebener Parmesan
Meersalz
Pfeffer
1/2 l Grundsoße (siehe S. 190)
Butter zum Dünsten

Zubereitung:
Aus den Tomaten den Blütenansatz herausschneiden und oben kreuzweise etwas einritzen. Die Tomaten nach und nach etwa 15 Minuten in kochendes Wasser geben (nicht alle gleichzeitig, da das Wasser sonst zu sehr abkühlt und die Tomatenhaut sich evtl. schlechter abziehen läßt); dann die Haut mit einem spitzen Messer abziehen. Die Erbsen kurz in etwas Butter andämpfen und beiseite stellen. Die geschälten Tomaten in eine gefettete, ausreichend große Auflaufform setzen. Die Basilikumblätter von den Stielen abzupfen, waschen und fein schneiden. Anschließend über den Tomaten verteilen und die Erbsen dazugeben. Etwas salzen und pfeffern, den Parmesan über die Erbsen und die Tomaten streuen, mit der leicht angewärmten Soße auffüllen und in dem auf 200 °C vorgeheizten Backofen auf der mittleren Schiene backen.
Etwa 25 Minuten schmoren lassen. Es ist wichtig, daß das Gemüse eine goldgelbe Kruste bekommt.

Mein Tip

Dazu passen ausgezeichnet Naturreisrisotto, Grünkern, Hirse, aber auch Nudeln jeglicher Art.
Sollte ein Rest übrig sein, können Sie ihn mit dem Passierstab pürieren und eine feine Soße daraus machen, die sehr gut zu Nudeln, Reis oder Pfannkuchen paßt.

Gurkengemüse

Vorbereitungszeit: 20 Minuten
Garzeit: 20 Minuten

Zutaten:
2 bis 3 Gemüsegurken
Olivenöl zum Dünsten
2 Zwiebeln
1 Knoblauchzehe
Meersalz
Pfeffer
3 EL Dinkelvollmehl
1/4 l erwärmte Gemüsebrühe (siehe S. 123)
50 g Sahne
1 kleines Bd. Dill

Zubereitung:
Die Gurken schälen, den Stiel- und den Blütenansatz abschneiden und die Gurke der Länge nach halbieren. Mit einem Löffel die Kerne vorsichtig herausschaben. Bei ganz jungen Gurken sind die Samenkerne verwendbar, sollten aber trotzdem vorher probiert werden.
Die Gurken in rautenförmige Stücke schneiden. Das Öl gut anwärmen. Die Zwiebeln schälen, fein würfeln und darin gut andünsten. Den Knoblauch schälen, in feine Scheibchen schneiden und mit den Gurkenstücken dazugeben. Alles gut vermengen und einige Minuten anbraten, dann würzen. Mit dem Dinkelmehl binden und mit der erwärmten Gemüsebrühe auffüllen, gut umrühren und aufkochen lassen. Die Sahne dazugeben, das Ganze nochmals kurz aufkochen lassen und zugedeckt bei abgeschalteter Hitze noch einige Minuten durchziehen lassen. Das Dillkraut waschen, fein wiegen und unterheben.

Mein Tip

Pfannkuchen, hausgemachte Nudeln oder Naturreis ergänzen dieses Gemüse hervorragend. Eine gute Variante sind noch einige geschälte geviertelte Tomaten, sie machen das Gemüse raffinierter.

Karotten-Rahm-Gemüse

Vorbereitungszeit: 12 Minuten
Garzeit: 15 Minuten

Zubereitung:
Die ganz jungen Karotten waschen und vorsichtig abschaben. Größere Karotten schälen und in fingerdicke Scheiben schneiden. Die Zwiebeln schälen und fein würfeln. Die Basilikumblätter waschen und abzupfen. Die Hälfte der Butter mit etwas Salz und Pfeffer mit dem Schneebesen oder Handrührgerät zu Basilikumbutter aufschlagen und kühl stellen. Im Rest der Butter die Zwiebeln und die Karotten glasig dünsten. Mit dem Mehl zu einer Einbrenne rühren und mit der Gemüsebrühe ablöschen. Unter Rühren mit einem Holzlöffel zum Kochen bringen. Mit Salz und Pfeffer etwas würzen. Etwa 5 bis 6 Minuten köcheln lassen, die Sahne dazugeben und weitere 5 bis 8 Minuten köcheln lassen. Das Gemüse ist dann fertig, wenn es noch bißfest ist. Vor dem Servieren die Basilikumbutter unter das Gemüse rühren und gegebenenfalls noch einmal würzen.

Mein Tip

Das Karotten-Rahm-Gemüse ergänzt hervorragend ein Flädle- oder Pfannkuchengericht; es paßt aber auch gut zu Risottos, Semmelknödeln, Nudeln oder Kartoffelschnee.

Zutaten:
1 kg junge, etwa daumendicke Karotten
1 bis 2 Zwiebeln
1 kleines Bd. Basilikum
50 g Butter
Meersalz
Pfeffer
3 EL Dinkelvollmehl
1/2 l Gemüsebrühe (S. 123)
125 g Sahne

Gemüse von grünen Babylinsen

Vorbereitungszeit: 20 Minuten
Garzeit: 70 Minuten

Zubereitung:
Die Linsen in ein Haarsieb geben, mit handwarmem Wasser gut abbrausen und abtropfen lassen. Die Zwiebeln, die Karotten und die Kartoffeln schälen und in Würfel schneiden. Den Lauch waschen, der Länge nach aufschneiden und in Streifen schneiden. Den Knoblauch schälen und in feine Scheibchen schneiden. In einem größeren Topf etwas Olivenöl erhitzen. Die Zwiebeln, die Karotten, die Kartoffeln und etwas später den Knoblauch glasig dünsten. Danach die Linsen dazugeben und das Tomatenmark mit einem Holzlöffel unterrühren. Das Gemüse im Topf einige Minuten durchziehen lassen. Anschließend den Thymianzweig und das Lorbeerblatt hineinlegen, mit Gemüsebrühe auffüllen, umrühren, mit Pfeffer würzen und zugedeckt etwa 45 bis 50 Minuten köcheln lassen. In den letzten 10 Minuten den Lauch dazugeben und danach nochmals abschmecken. Dann erst salzen und mit etwas Essig oder Rotwein den Geschmack abrunden, wenn nötig auf Instantgemüsebrühe zurückgreifen. Das Lorbeerblatt und den Thymianzweig entfernen und gleich servieren.

Mein Tip

Der Schwabe reicht zu diesem Gericht handgeschabte Spätzle (S. 153).

Zutaten:
300 g grüne Babylinsen
2 Zwiebeln
2 Karotten
4 mittelgroße mehligkochende Kartoffeln
1 Stange Lauch
2 Knoblauchzehen
Olivenöl zum Dünsten
2 EL Tomatenmark
1 kleiner Zweig Thymian
1 Lorbeerblatt
1 l Gemüsebrühe (aus Gemüsebrühwürfeln)
Pfeffer
Meersalz
2 EL Obstessig oder Rotwein

Lauchgemüse

Vorbereitungszeit: 30 Minuten
Garzeit: etwa 40 Minuten

Zutaten:
1 kg Lauch
2 Zwiebeln
1 mittelgroße Karotte
1 Knoblauch
1 kleines Bd. Petersilie
Olivenöl zum Dünsten
1/2 l Gemüsebrühe (siehe S. 123)
3 EL Dinkelvollmehl
Meersalz
Pfeffer
250 g Sauerrahm

Zubereitung:
Die grünen Blatteile vom Lauch weitgehend entfernen, den Rest in 2 bis 3 cm dicke Stücke schneiden und, wenn nötig, kurz waschen.
Die Zwiebeln waschen, schälen und in grobe Würfel schneiden. Die Karotte waschen, putzen und in Streifen schneiden oder in Stifte raspeln. Den Knoblauch schälen und durch die Presse drücken. Die Petersilie waschen und fein schneiden, beiseite stellen.
In einem großen Topf etwas Olivenöl erhitzen, den Lauch dazugeben und kurz andünsten. Mit der Gemüsebrühe ablöschen und zugedeckt etwa 5 Minuten dämpfen. Die Lauchstücke vorsichtig auf ein Sieb schütten, den Sud in einem Topf auffangen, den Lauch gut abtropfen lassen. Die Zwiebelwürfel in Olivenöl andünsten, den Knoblauch dazugeben und mit dem Mehl binden. Mit dem Lauchsud angießen und gut umrühren. Aufkochen lassen, mit Salz und Pfeffer abschmecken, die Karottenstifte in die Soße geben und etwa 8 bis 10 Minuten köcheln lassen. Die Lauchstücke in den großen Topf zurückgeben, den restlichen abgelaufenen Sud zur Soße schütten, die Soße auf den Lauch gießen und bei milder Hitze etwa weitere 5 Minuten durchziehen lassen. Den Sauerrahm und die Petersilie dazugeben, vorsichtig mit dem Holzlöffel umrühren und zugedeckt bei abgeschalteter Hitze noch einige Minuten durchziehen lassen. Bei Bedarf vor dem Servieren nochmals würzen.

Mein Tipp

Dazu passen Pfannkuchen, Pellkartoffeln oder Reis-Hirse.

Zwiebelgemüse

Vorbereitungszeit: 20 Minuten
Garzeit: 20 Minuten

Zutaten:
1 kg kleine Gemüsezwiebeln
2 Knoblauchzehen
1 Bd. Majoran
1 Zweig Liebstöckel
1/2 l weiße Grundsoße (siehe S. 190)
Olivenöl zum Braten
Meersalz
Pfeffer
1/4 l Gemüsebrühe (siehe S. 123)
Saft von 1/2 Zitrone
etwas Chilipulver oder Cayennepfeffer
6 feste reife, geschälte Tomaten (siehe S. 170 Tomatengemüse)

Zubereitung:
Die Zwiebeln schälen. Den Knoblauch ebenfalls schälen und in feine Scheibchen schneiden. Die Kräuter waschen. Die Majoranblätter abzupfen und den Liebstöckel fein schneiden. Die weiße Grundsoße etwas erwärmen. In einem ausreichend großen Topf etwas Olivenöl erhitzen, die Zwiebeln unter Rühren goldgelb anbraten, Knoblauch dazugeben und mit Salz und Pfeffer abschmecken. Mit einer Tasse Gemüsebrühe oder Wasser die Zwiebeln ablöschen und zugedeckt etwa 10 Minuten dämpfen. (Die Gemüsebrühe an den Zwiebeln sollte etwas reduzieren.) Den Zitronensaft, den Majoran, 1 Prise Chilipulver, den Liebstöckel und die halbierten Tomaten dazugeben. Mit der erwärmten weißen Soße auffüllen und aufkochen lassen. Bei abgeschalteter Hitze zugedeckt etwa 5 Minuten durchziehen lassen, nachwürzen, und fertig ist das Gericht.

Blumenkohl mit Grünkern

Vorbereitungszeit: 40 Minuten
Quellzeit: mehrere Stunden
(über Nacht)
Backzeit: 70 Minuten

Zutaten:
100 g Grünkern
1 Stange Lauch
1 Zwiebel
1 Knoblauchzehe
Olivenöl zum Braten
Meersalz
Pfeffer
Butter zum Dünsten und für die Form
etwa 600 g Blumenkohl (1 großer geputzter Kopf)
100 g geriebener Gouda oder Parmesan
3 bis 4 Eier
etwa 1/2 l weiße Grundsoße (siehe S. 190)

Zubereitung:
Am Vorabend den Grünkern abbrausen und mit der dreifachen Menge lauwarmem Wasser zugedeckt über Nacht quellen lassen.
Den Lauch waschen und putzen. Die Zwiebel und den Knoblauch schälen, fein schneiden und zusammen mit dem Lauch in etwas Olivenöl glasig anbraten. Den Grünkern mit dem Einweichwasser dazugeben und aufkochen lassen. Danach mit Salz und Pfeffer etwas würzen und zugedeckt bei milder Hitze 25 bis 30 Minuten quellen lassen.
Den Blumenkohl in Röschen zerteilen, diese, wenn nötig, halbieren, vierteln oder in Scheiben schneiden. In etwas Butter und wenig Wasser kurz andünsten. Eine breite, aber nicht zu hohe Auflaufform einfetten, die Blumenkohlröschen und den Grünkern gleichmäßig darin verteilen, den Käse darüberstreuen und alles leicht mit Salz und Pfeffer würzen. Dann die Eier unter die Grundsoße rühren und über den Blumenkohl und den Grünkern gießen. Den Ofen auf 200 °C vorheizen. Die Auflaufform auf das Backblech stellen, ausreichend Wasser in das Blech gießen und in den Backofen schieben.
Nach 10 Minuten Backzeit die Hitze auf 180 °C reduzieren. Je nach Höhe der Auflaufform benötigt der Auflauf etwa 50 bis 60 Minuten zum Stocken und Garen. Mit einer Gabel oder Messerspitze kann eine Probe gemacht werden. Der Auflauf sollte heiß serviert werden.

Mein Tip

Sollte der Ofen zu heiß werden und sich eine zu braune Kruste bilden, den Auflauf einfach mit Backpapier abdecken.

Mein Tip

Versuchen Sie dazu doch einmal Kartoffelpüree, Nudeln, Naturreis oder Pfannkuchen. Eine besondere Geschmacksnote erhalten Sie, wenn Sie das Zwiebelgemüse nach dem Anbraten mit etwas trockenem Weiß- oder Rotwein ablöschen.

Brokkolistrudel

Vorbereitungszeit: 40 Minuten
Ruhezeit: 1 Stunde
Backzeit: etwa 30 Minuten

Zutaten für den Strudelteig:
250 g ausgesiebtes Dinkelvollmehl
1 TL Obstessig
4 EL Olivenöl
etwa 6 bis 7 EL handwarmes Wasser
Meersalz
etwas Dinkelmehl zum Bestäuben und Ausrollen
etwas Butter zum Bestreichen und für das Blech

Für die Füllung:
800 g junger Brokkoli
Butter oder Olivenöl zum Dünsten
2 Zwiebeln
1 Knoblauchzehe
Meersalz
Pfeffer
50 g Mandelblätter oder Pinienkerne
50 g gemahlene Haselnüsse

Zubereitung:
Das Mehl in eine Schüssel geben und die übrigen Zutaten dazugeben. Den Strudelteig etwa 5 bis 8 Minuten gut kneten, bis sich der Teig elastisch anfühlt.
Selbstverständlich kann der Teig auch mit den Händen geknetet werden, man braucht dann 12 Minuten, bis der Teig die richtige Elastizität hat.
Den Strudelteig anschließend in eine leicht angewärmte, mit Mehl bestäubte Schüssel legen und mit einem Tuch bedeckt etwa 1 Stunde ruhenlassen.
Möglichst kleine Röschen vom Brokkoli abtrennen und waschen. Die Stiele abschneiden, schälen und in kleine Würfel schneiden. Die Zwiebeln und den Knoblauch ebenfalls schälen und fein würfeln, in etwas Butter oder Olivenöl glasig dünsten. Die Brokkoliröschen mit wenig Wasser und etwas Butter zugedeckt kurz andünsten und zu den Zwiebeln und gewürfelten Brokkolistielen geben. Das Gemüse gut vermengen, abschmecken und abkühlen lassen. Die Mandelblätter oder Pinienkerne ohne Fett in der Pfanne oder im Backofen rösten. Ein Backblech leicht mit Butter einfetten. Den Teig auf einer bemehlten Tischplatte so dünn wie möglich auswellen. Dann über dem Handrücken auseinanderziehen und auf ein auseinandergebreitetes Küchentuch legen. Etwas Butter zerlaufen lassen und den Teig damit bepinseln. Den Backofen in der Zwischenzeit auf 200 °C vorheizen. Die Brokkolifüllung gleichmäßig auf dem Strudelteig verteilen, mit den gemahlenen Haselnüssen und den Mandelblättern oder Pinienkernen bestreuen. Die Seitenränder nach innen einschlagen.
Dann den Teig mit Hilfe des Tuches der Länge nach aufrollen. Die Strudelrolle aus dem Tuch auf das Backblech gleiten lassen und mit flüssiger Butter bestreichen. Auf der mittleren Schiene etwa 30 Minuten backen. Heiß aufschneiden und servieren.

Mein Tip

Dazu paßt vorzüglich ein Paprikasößle (siehe S. 191).

Mein Tip

Mit dem Rest des Kürbisfleisches läßt sich eine leckere Kürbissuppe herstellen.

Herbst-Winter-Gemüse

Kürbis mit Rosenkohl

Vorbereitungszeit: 35 Minuten
Garzeit: 30 Minuten
(für 4 bis 6 Personen)

Zutaten:
1 Kürbis (üblicher Speisekürbis, mindestens 600 g)
etwa 80 g geputzter Rosenkohl
1 Zwiebel
1 Knoblauchzehe
etwas Butter
1 Tasse (etwa 80 g) süße Sahne
1 EL Dinkelvollmehl
Meersalz
Pfeffer
Hartkäse (Parmesan)
kleines Bd. Petersilie

Zubereitung:
Den Kürbis halbieren, die Kerne entfernen. Mit einem Kugelausstecher (die größte Form nehmen) Kugeln aus dem Kürbisfleisch herausschälen (siehe unten).
Den Rosenkohl vierteln. Die Zwiebel und die Knoblauchzehe in sehr feine Würfel schneiden. Die Zwiebelwürfel mit dem Rosenkohl in Butter andünsten, Knoblauch hinzufügen und zusammen mit den Kürbiskugeln (zuletzt hinzugeben, da Kürbis nur eine kurze Garzeit hat) nochmals dünsten lassen. Dann mit dem Mehl binden, mit der Sahne auffüllen und unter Rühren langsam aufkochen lassen. Mit Salz und Pfeffer abschmecken und zugedeckt einige Minuten durchziehen lassen, ohne zu kochen.
Das Ganze in eine feuerfeste Form geben, den Käse darüberreiben und bei starker Hitze goldgelb gratinieren. Wer keinen Backofen mit Oberhitze hat, kann einfach den normalen Ofen zum Gratinieren benutzen.
Petersilie kleinschneiden und vor dem Servieren damit garnieren.

Gemüsekugeln

Ein Kugelausstecher sollte in der kreativen Küche nicht fehlen. Es gibt verschiedene Größen, die sich für Gemüse, Kartoffeln, Kohlrabi, rote Bete oder Kürbis hervorragend eignen. Dekorative Kugeln lassen sich damit leicht herausschälen.

Spargel

Ein königliches Gemüse

Macht das Wetter mit, beschert uns die Natur zwischen April und Juni eine kulinarische Besonderheit, ein wahrlich königliches Gemüse – den Spargel. Fast vor meiner Haustüre im Badener Land ist er zu Hause und wird von dort aus als einmalige Spezialität weltweit exportiert. Sicherlich kommt auch aus den südlichen Ländern der Spargel zu uns, aber, ehrlich gesagt, der badische ist mir im Geschmack am liebsten. Ein Wermutstropfen trübte in der Vergangenheit den Verzehr von frischem Spargel. Teilweise hörte man von starker Überdüngung, die sich auch im Aussehen des Spargels und im Geschmack bemerkbar machte. Inzwischen ist man dazu übergegangen, weniger Chemie einzusetzen, und viele badische Spargelanbauer arbeiten schon nach den Prinzipien des biologischen Anbaus. Damit sie schön lang werden, kultiviert man sie in angehäuften Hügelbeeten und sticht den Spargel mit einem speziellen Messer, sobald die Oberfläche dieser Beete Risse zeigt und der Sproß aus der Erde bricht.

Weiß oder grün?

Die Sprosse, die mit dem Kopf aus der Erde herauskommen, verfärben sich unter dem Einfluß des Lichtes violett, blau und schließlich, bei längerer Lichteinwirkung, grün. Früher wurden diese Spargel als minderwertig aussortiert. Heute weiß man, daß die Verfärbung der Köpfe und des ganzen Spargels keine Abstriche im Geschmack und in der Qualität bedeutet. Im Gegenteil, der chlorophyllhaltige grüne Spargel soll vitaminreicher sein als sein bleicher Kollege.

Er schmeckt und ist gesund

Für unsere Gesundheit hat er einiges zu bieten; in 100 Gramm frischem Spargel finden sich nur ganze 17 Kilokalorien. Durch seine wassertreibende Wirkung eignet sich der Spargel also hervorragend in der Diätetik oder bei Schlankheitskuren. Neben Eiweiß und Kohlenhydraten zählen auch Mineralstoffe wie Phosphor, Kalium, Kalzium, Natrium und Eisen zu den wichtigen Inhaltsstoffen. Außerdem enthält Spargel Provitamin A und die Vitamine B_1, B_2, B_6 sowie reichlich Vitamin C. Seit Jahrhunderten weiß man, daß Spargel eine körperreinigende Wirkung zeigt. Die botanische Artbezeichnung Asparagus officinalis bezieht sich hauptsächlich auf den Wirkstoff Asparaginsäure und Kalium. Beide beeinflussen den Wasserhaushalt im Körper. Andererseits warnen Mediziner und Wissenschaftler vor übermäßigem Genuß, insbesondere bei Menschen mit Neigung zu Nierensteinen und hohen Blut-Harnsäure-Werten.

Ein Genuß für die Sinne

Das typische Spargelrezept ist vielleicht jedem bekannt als Stangenspargel mit Beilage und obligatorischer „Sauce hollandaise". Grundsätzlich kann ich nichts dagegen einwenden; wenn jedoch als Verfeinerung stark gesalzener geräucherter oder gekochter Schinken gereicht wird, wird meiner Ansicht nach der zarte Spargelgeschmack überdeckt. Schade, aber bei vielen Menschen ist das Geschmacksempfinden durch die künstlich hergestellten Fertignahrungsmittel derart unsensibel geworden, daß sie nur noch den Kontrast scharf/mild für ihre gestreßte Seele aufnehmen können. Spargel ist aber ein Genuß für die Sinne, und deswegen soll ihm auch bei der Zubereitung eine gewisse Sorgfalt zuteil werden. Er sollte daher immer frisch zubereitet werden. Langes Kochen und Ziehenlassen oder gar Aufwärmen schadet dem Geschmack und laugt den Spargel unnötig aus. Schnell wird aus einer kulinarischen Besonderheit alltäglich Belangloses.

Im Winter nie!

Ich werde diejenigen nie begreifen, die in den Wintermonaten unbedingt Spargel essen müssen, nur weil ihnen gerade der Sinn danach ist. Dieser Laune kommt der weltweite Handel mit Spargel das ganze Jahr über natürlich entgegen.
Jedes Gemüse, jede Frucht gedeiht zur bestimmten Jahreszeit, damit sich das Aroma entwickeln kann. Deshalb freue ich mich dann auch auf den ersten Spargel und koche meine Lieblingsrezepte dann mit Hingabe. Ein junger Rosé oder Weißwein aus biologischem Anbau rundet den Genuß vollends ab. Und wenn schon Spargel, dann auch erstklassige Qualität! Ich verarbeite nur die besten Spargel in meinen Rezepten, wie z. B. Spargelcremesuppe, Spargelsalat oder Spargelgemüse mit Biß in sämiger Soße. Mitunter kommt es mir sogar in den Sinn, und dann verarbeite ich den gesamten Spargel einschließlich der Schale zu einem kompletten Spargelmenü.

Spargelsuppe

Zubereitungszeit: etwa 25 Minuten
Garzeit: 20 Minuten
(für 4 bis 6 Personen)

Zutaten:
8 Stangen Spargel aus biologischem Anbau
3/4 l Wasser
1 Zwiebel
2 EL Butter
3 EL Dinkelvollmehl
1/8 l Sahne
1/8 l frische Milch
Meersalz
Pfeffer

Zubereitung:
Den Spargel gut waschen und schälen. Die Spargelschalen in Wasser etwa 8 bis 10 Minuten köcheln lassen. In der Zwischenzeit den Spargel in feine Scheiben schneiden, die Köpfe ganz lassen. Die Zwiebel schälen und fein schneiden, in der Butter zusammen mit den Spargelscheiben andünsten. Mit dem Dinkelvollmehl zu einer Mehlschwitze binden. Den Spargelsud durch ein Handsieb dazugießen und unter ständigem Rühren aufkochen lassen. Sahne und Milch dazugeben, mit Salz und Pfeffer mild abschmecken. Nochmals 10 Minuten köcheln lassen, nach Bedarf abschmecken. Die Suppe mit feingeschnittenem Kerbel oder Petersilie und mit einem Spargelköpfchen pro Portion garnieren.

Mein Tip

Nehmen Sie für die Mehlschwitze unbedingt einen Holzlöffel zum Rühren.

Mein Tip

Den Spargelsud können Sie anderweitig für Suppen oder Soßen verwenden.

Salat von grünem Spargel

Zubereitungszeit: etwa 15 Minuten
Garzeit: 5 Minuten

Zutaten:
pro Person 4 bis 6 Stangen grüner Spargel
1 Bd. frischer Schnittlauch
2 hartgekochte Eier
200 g Naturjoghurt (Vollmilch)
Meersalz
Pfeffer
Balsamessig
Sonnenblumenöl
frische Kresse oder Petersilie zum Garnieren

Zubereitung:
Den Spargel schälen und in wenig Wasser 5 Minuten dünsten. Den Spargel gut abtropfen lassen, der Länge nach aufschneiden und in Portionen auf Teller oder Platte verteilen. Den Schnittlauch waschen und in feine Röllchen schneiden. Die Eier schälen, abbrausen und fein würfeln. Joghurt mit Salz und Pfeffer und einigen Tropfen Balsamessig verrühren, die gewürfelten Eier und den feingeschnittenen Schnittlauch dazugeben, nochmals abschmecken. Den Spargel mit etwas Sonnenblumenöl beträufeln und die Joghurt-Eier-Soße zum Spargel geben, mit etwas frischer Kresse oder Petersilie garnieren.

Mein Spargelgemüse

Zubereitungszeit: 30 Minuten
Garzeit: 25 Minuten
(für 6 Personen)

Zutaten:
etwa 2 kg Spargel

Für die Soße:
1/2 l Wasser
1 Zwiebel
1 sehr kleine Knoblauchzehe
100 g Butter
4 EL Dinkelvollmehl
1/8 l Sahne
Meersalz
Pfeffer
1 Bd. Petersilie

Zubereitung:
Den Spargel schälen und in 4 bis 5 cm lange Stücke schneiden. Das Wasser zum Kochen bringen, wenig salzen, den geschnittenen Spargel dazugeben, im geschlossenen Topf aufkochen lassen und die Kochplatte abschalten. Die Zwiebel und den Knoblauch schälen und sehr fein schneiden, in der Butter andünsten lassen. Mit dem Dinkelvollmehl binden. Den Spargel mit dem Sud dazugießen und mit dem Holzlöffel langsam bis zum Köcheln rühren. Die Sahne hinzufügen, mit Salz und Pfeffer abschmecken, vorsichtig rühren und 10 Minuten ziehen lassen. Der Spargel soll noch bißfest sein. Die Petersilie waschen und fein wiegen, vor dem Servieren über den Spargel streuen.

Mein Tip

Die Spargelköpfe nicht gleich im Wasser mitkochen, sondern erst später zur Soße dazugeben.
Als Beilage empfehle ich dünne Pfannkuchen, Naturreis, Kartoffeln oder Nudeln.

Variante

Den Spargel schälen und roh der Länge nach sehr fein aufschneiden. Mit Salz, Pfeffer, Balsamessig und Sonnenblumenöl marinieren, zugedeckt etwa 15 Minuten durchziehen lassen. Danach die Joghurtsoße dazugeben.

Kartoffel

Der Kartoffel-liebhaber.

Vom Spätzlesesser zum Kartoffelliebhaber

An ihr kommt man, kulinarisch und ernährungsphysiologisch, einfach nicht vorbei. Für mich würde die Geschichte heißen: vom Spätzlesesser zum Kartoffelliebhaber.

Meine Lehrjahre waren geprägt vom ständigen Spätzleschaben, was genauso mühselig war, wie aus rohen Kartoffeln „Pommes frites" aufzubereiten. Nun, meine schwäbische Mentalität favorisierte Spätzle und Teigwaren. Kartoffeln waren in meinen Augen eine mehr oder weniger wichtige Beilage (hauptsächlich in Form von Kroketten) zu gewissen Gerichten. Als Salz-, Pellkartoffel oder Kartoffelpüree findet diese Knolle zwar anderswo immer Verwendung, aber bei uns im Schwabenländle wurde sie lange Zeit nur für den sonntäglichen Kartoffelsalat verwendet. Kurz gesagt, mein persönlicher Bezug zur Kartoffel war doch sehr bescheiden und änderte sich erst in der Zeit, als die fleischlose Vollwertkost für mich an Bedeutung gewann. Plötzlich fiel mir auch der Unterschied auf zwischen einer herkömmlich, konventionell und der biologisch angebauten Kartoffel. Die eine aufgeblasen, blaß, wässerig und meist aufdringlich im Geschmack, die andere von guter Konsistenz und Farbe, mild und schmackhaft, eben, wie ich sie in meiner Jugend kennenlernen durfte. Der Spätzlesesser wurde zum Kartoffelesser!

Seit wir ein wenig mehr über gesunde Ernährung informiert werden, wissen wir, daß Kartoffeln keine „Dickmacher" sind. Fälschlicherweise wurde das dieser Knolle immer unterstellt. Nun, das ist nicht weiter verwunderlich, wenn man an die herkömmlichen Kartoffelgerichte denkt. Pommes frites, die in der Regel nicht fachgerecht zubereitet werden, saugen sich voll mit kalorienreichem Fett, ebenso könnte es mit den Kroketten passieren. Im Püree lauern versteckt Butter und Sahne, Salzkartoffeln wurden mit dicken Soßen gereicht, und die gesunde Pellkartoffel war verpönt, denn nur mit Quark oder Dickmilch serviert, erschien das zu dürftig.

Heute weiß jeder, wie wichtig die Kartoffel mit ihren Inhaltsstoffen für die ausgewogene Ernährung ist. Sie zählt zu unseren Grundnahrungsmitteln, und eine Ernährung ohne Kartoffeln wäre undenkbar.
Was macht sie nun so wertvoll für unsere Gesundheit? Zunächst besteht sie zu 75 % aus Wasser. Ihr wesentlicher Bestandteil an Nährwert ist die Stärke, sie schwankt je nach Sorte zwischen 16 und 20 %. Ihr Eiweißgehalt ist im Vergleich gering und liegt bei 1,8 bis 2 %, hat aber eine hohe biologische Verfügbarkeit und wäre, zusammen mit einem Hühnerei, ein vollwertiges Eiweiß. Fett kann uns die Kartoffel nicht bieten, dafür aber einen hohen Gehalt an Mineralstoffen, vor allem Kalzium, Kalium, Magnesium, Phosphor und Eisen. Dank dieser Mineralstoffe trägt sie wesentlich zur Erhaltung des Gleichgewichts im „Säure-Basen-Verhältnis" unseres Körpers bei. Aber noch ist kein Ende in Sicht: Vitamine wie B_1, B_2, B_6, Niacin, Pantothensäure, das Vitamin K und etwa 17 mg % Vitamin C. Also allemal eine ernährungsphysiologisch ausgewogene Zusammensetzung von Nährstoffen. Die Kartoffel ist gut verträglich, kann als Schonkost angeboten werden, und als Schlankheitskost ist sie der ideale Partner zu Gemüse und Rohkost!

Sorten

Der Experimentierfreudigkeit unserer Landwirtschaft haben wir im Laufe der Zeit jede Menge an zahlreichen Kartoffelsorten und die dazugehörenden Namen zu verdanken. Sorten werden bestimmt von Form, Schale, Geschmack und besonders der Kocheigenschaft. Auch weisen sie unterschiedliche Reifezeiten aus. Man unterscheidet sehr frühe, frühe, mittelfrühe und mittelspäte bis sehr späte Kartoffeln, welche dann auch zur Lagerung verwendet werden. Beste Qualität und hohen Nährwert weisen die Lagersorten auf.

Wichtige Information zu Kocheigenschaften der Kartoffeln

Bestimmend ist der Stärkegehalt einer Kartoffel, danach richtet sich auch ihre Kochzeit. Die Kochzeit ist je nach Sorte verschieden. Man unterscheidet diese zahlreichen Kartoffelsorten nach drei Kochtypen:
Prozentual werden meist festkochende Sorten (Cilena, Hansa, Linda, Nicola, Selma, Sieglinde) auf dem Markt angeboten bzw. angebaut.
Durch ihr festes Fleisch sind diese Sorten ideal für Salat und Pellkartoffeln. Sie zerfallen nicht. Ihre Eigenschaft: festkochend, speckig in der Konsistenz, ihr Stärkegehalt ist niedrig.
Die vorwiegend festkochenden Sorten (Berolina, Christa, Clivia, Gloria, Grandifolia, Granola, Hela, Jaerla, Saskia, Ukama) sind für alle Zubereitungsarten geeignet.
Diese Sorten sind ebenfalls fest im Fleisch und werden um so schnittfester, je länger man sie nach dem Garen abkühlen läßt. Sie bleiben beim Kochen geschlossen in der Schale, nur

wenige Sorten springen leicht auf. Sie haben einen mittleren Stärkegehalt.
Die idealen Sorten für Klöße, Knödel, Pürees, Suppen und alle Kartoffelteige sind die mehligkochenden Sorten (Aula, Bintje, Datura, Irmgard, Maritta), weil sie beim Garen etwas aufplatzen.
Ihre Konstistenz ist eher mehlig-krümeliger Art. Ihr Stärkegehalt ist am höchsten.

Lagerung

Wichtig: Nur Spätkartoffeln sind zur Winterhaltung bzw. zum Einkellern geeignet. Achten Sie auf saubere, gesunde und trockene Ware. Der Lagerraum (Naturkeller wäre ideal) sollte dunkel, luftig und kühl sein. Günstige Lagertemperatur 4 bis 8 °C. Am besten in Lattenkisten oder Kartoffelhorden. Nach einiger Lagerzeit nehmen Wasser- und Stärkegehalt in der Kartoffel ab.

Kartoffeln richtig gekocht

Ihr Nährwert bzw. der Erhalt ihrer Vitalstoffe hängt weitgehend von der Zubereitung ab. Kartoffeln können gekocht, gedämpft, gebraten, gedünstet, fritiert, geröstet und gratiniert werden. Die beste und damit gesündeste Zubereitungsart ist jedoch das Kochen der Kartoffel in der Schale. Deshalb koche ich sie immer in der Schale, egal, was ich aus der gekochten Kartoffel später zubereite.
Wie hoch der Verlust an Vitalstoffen ist, hängt davon ab, wie sie zum Kochen aufbereitet wird: Kleingeschnittene, in viel Wasser gekochte Kartoffeln haben den größten Verlust. Je kompakter die Kartoffel beim Garen gehalten wird, desto weniger verliert sie an Vitalstoffen.

Tips für die schonende Zubereitung

Wenn überhaupt dann Kartoffeln ganz dünn schälen, möglichst nicht wässern, sondern Schmutzstellen unter fließendem Wasser kurz säubern.
Kartoffeln möglichst unzerkleinert garen. Wenn garen, dann in wenig Wasser, besser wäre dämpfen. Das Kochwasser auf jeden Fall weiterverwenden. Bei gekochten, aufbereiteten Kartoffeln ist langes Warmhalten zu vermeiden. Wegen der unterschiedlichen Garzeiten sollten einzelne Kartoffelsorten nicht miteinander gemischt und gekocht werden!

Mein Tip

Dieser Auflauf schmeckt bestens mit gebratenem Gemüse, wie zum Beispiel Zucchini, grüne Bohnen, Blumenkohl oder Brokkoli.

Kartoffelnudeln in Salbeibutter

Vorbereitungszeit: 25 Minuten
Garzeit: 10 Minuten

Mein Tip

Dazu passen entweder Sauerkraut, Weiß- oder Rotkrautgemüse.

Zubereitung:
Die Kartoffeln am Vortag kochen, abpellen und auskühlen lassen. Am nächsten Tag fein reiben oder durch die Presse drücken. Mit Salz, Pfeffer und Muskat würzen. Zusammen mit dem Ei und Mehl einen Teig kneten, der dann ideal ist, wenn er nicht an der Hand kleben bleibt. Dann mit dem Teelöffel Portionen aus dem Teig stechen und mit den Handflächen rollen, bis sie an den Enden spitz zulaufen. Nach dem Ausformen sofort in kochendes gesalzenes Wasser legen und sie so lange ziehen lassen, bis sie an der Wasseroberfläche schwimmen. Die Kartoffelnudeln abseihen und gut abtropfen lassen. In einer großen Pfanne Butter aufschäumen lassen und einige Salbeiblätter darin schwenken.
Die benötigte Menge an Kartoffelnudeln dazugeben und beides leicht anbraten. Anschließend sofort servieren.

Zutaten:
800 g mehligkochende Kartoffeln
Meersalz
Pfeffer
etwas frisch geriebene Muskatnuß
1 Ei
4 bis 5 EL gesiebtes Dinkelmehl
Butter
Salbeiblätter

Auflauf von rohen Kartoffelscheiben

Zubereitungszeit: 20 Minuten
Garzeit: etwa 1 Stunde

Zubereitung:
Die Kartoffeln gut waschen, schälen und mit dem Hobel in dünne Scheiben schneiden. Die Scheiben in einer feuerfesten Form ziegelartig schichten. Die Zwiebeln und den Knoblauch schälen und sehr fein würfeln, in der Butter andünsten, mit Mehl binden und mit Milch glattrühren. Unter Rühren aufkochen lassen und mit Salz und Pfeffer würzen.
Den Majoran über die Kartoffeln verteilen, die Sahne zu der Soße geben, umrühren, das Ganze nochmals abschmecken oder über die Kartoffelscheiben Salz und Pfeffer streuen.
Die Soße über den Kartoffelscheiben gleichmäßig verteilen und im vorgeheizten Backofen bei 180 °C backen.
Den Backvorgang von Zeit zu Zeit beobachten, damit die Kruste nicht zu dunkel wird. Die Garzeit beträgt etwa 1 Stunde.

Zutaten:
1 kg festkochende Kartoffeln
2 Zwiebeln
1 Knoblauchzehe
50 g Butter
2 EL Dinkelvollmehl
1/4 l Milch
Meersalz
Pfeffer
2 EL Majoranblätter
125 g Sahne

Kartoffel-Sesam-Küchle mit jungem Spinat

Vorbereitungszeit: 30 Minuten
Garzeit: 15 Minuten

Zutaten:
600 g mehligkochende Kartoffeln
1 Zwiebel
1 Bund Petersilie oder Majoran
Olivenöl zum Dünsten und Braten
2 Eier
1 bis 2 EL Dinkelvollmehl
Meersalz
Pfeffer
etwa 100 g Sesam

Für den Spinat:
800 g frischer Spinat
1 Knoblauchzehe
Olivenöl zum Dünsten
Meersalz
je nach Geschmack Sahne

Zubereitung:
Die gekochten, heißen Kartoffeln schälen und durch die Presse drücken. Die Zwiebel schälen und fein würfeln. Die Petersilie waschen und fein schneiden. Die Zwiebel zusammen mit der Petersilie in Olivenöl andünsten und zugedeckt auskühlen lassen.
Die Eier, das Dinkelmehl und die Zwiebel-Petersilien-Mischung zu den Kartoffeln geben, mit Salz und Pfeffer abschmecken und zu einem Teig kneten. Aus dem Kartoffelteig dann kleine Küchlein formen, in Sesam wenden und in heißem Olivenöl auf beiden Seiten goldgelb backen.
Den Spinat waschen und die groben Stiele entfernen. Gut abtropfen lassen, wenn nötig, den Spinat zum Abtupfen auf ein Küchentuch legen. Die Knoblauchzehe schälen und sehr fein schneiden. Das Olivenöl erwärmen, den Knoblauch kurz darin schwenken und den Spinat darüber verteilen. Etwas salzen, mit dem Holzlöffel den Spinat umdrehen, nach Bedarf Sahne dazugeben und zugedeckt einige Minuten durchziehen lassen, und fertig.

Mein Tip

> Wer eine Creme davon machen will, der püriere einfach den noch warmen Spinat mit dem Passierstab.

Kartoffelknödel

Vorbereitungszeit: 20 Minuten
Garzeit: 15 Minuten

Zutaten:
800 g mehligkochende Kartoffeln
1 Zwiebel
Butter zum Dünsten
1 kleines Bd. Petersilie
3 EL Dinkelvollmehl oder Kartoffelstärke
2 bis 3 Eier
1 Msp. Kümmelsamen
Meersalz
Pfeffer
1 Prise frisch gemahlene Muskatnuß

Zubereitung:
Am Vortag Kartoffeln waschen und kochen. Am nächsten Tag schälen und durch die Presse drücken. Die Zwiebel schälen, in sehr feine Würfel schneiden und in Butter andünsten. Die Petersilie waschen, fein wiegen, dazugeben und mitdünsten. Alles etwas abkühlen lassen und mit dem Mehl, den Eiern und den Gewürzen zu den Kartoffeln geben und alles gut verkneten.
In siedendem Wasser einen walnußgroßen Probeknödel kochen. Ist der Teig zu trocken oder bröselt der Knödel außen ab, noch ein Ei oder evtl. etwas Dinkelvollmehl dazugeben.

Blechkartoffeln

Zubereitungszeit: 15 Minuten
Backzeit: 20 Minuten

Zutaten:
8 Kartoffeln
Sonnenblumenöl zum Bestreichen
Kümmel
Majoran
Pfeffer
Meersalz

Für den Dip:
3 EL Magerquark
2 EL Sauerrahm (20 %)
1 EL Schnittlauchröllchen
1 EL Olivenöl
2 TL Balsam- oder milder Obstessig
1 Prise Salz

Zubereitung:
Die Kartoffeln waschen und abtrocknen, dann halbieren. Die Schnittflächen mit Öl bepinseln und leicht mit Salz, Pfeffer, Kümmel und Majoran bestreuen. Die halbierten Kartoffeln mit der Schnittfläche nach oben auf ein Backblech setzen und eventuell nochmals mit etwas Öl beträufeln. Im vorgeheizten Backofen bei 180 bis 200 °C 20 Minuten durchbacken.

Sauerrahm-Quark-Dip:
Magerquark, Sauerrahm mit Schnittlauchröllchen, Olivenöl, Salz und Essig verrühren und gleich auftragen.

Mein Tip

Einige Minuten vor dem Herausnehmen die Kartoffeln mit frisch gehobeltem Parmesan bestreuen – eine Delikatesse zu jedem Rohkostsalat.

Hinweis

Mit mehligen Kartoffeln können die Knödel auch von frisch gekochten Pellkartoffeln zubereitet werden. Von Kartoffeln, die einen Tag vorher gekocht werden, unterscheiden sie sich jedoch etwas im Geschmack und in der Beschaffenheit.

Mein Tip

Zu diesem Knödel gibt es interessante Füllungen:
frische oder getrocknete Aprikosen und Zwetschgen, leicht blanchierter junger Blattspinat oder eine pikante Füllung mit Käsewürfeln. Und nicht vergessen: Knödel lieben reichlich Soße.

Deftiges Kartoffelgemüse

Vorbereitungszeit: 30 Minuten
Garzeit: 30 Minuten
(für 4 bis 6 Personen)

Zutaten:
800 g halbfest kochende Kartoffeln pro Person
2 daumendicke junge Karotten
2 bis 3 Zwiebeln
20 g Sellerieknolle
2 Knoblauchzehen
4 geschälte Tomaten (siehe S. 170 Tomatengemüse)
1 Stange Lauch
1 bis 2 Zucchini (etwa 300 g)
Olivenöl zum Braten
1 kleiner Zweig Thymian
Meersalz
Pfeffer
1 kleines Bd. frischer Majoran
1 bis 2 Zweige Kerbel
1 Zweig Liebstöckel

Zubereitung:
Die Kartoffeln waschen und schälen, die Augen ausstechen und kurz unter kaltem Wasser abbrausen. Von den Karotten die Haut abschaben, kurz abwaschen.
Zwiebeln und Sellerie in Würfel, die Knoblauchzehen in feine Blätter schneiden. Die Tomaten vierteln.
Den Lauch waschen, das helle Stück bis zum grünen Ansatz in 1 cm dicke Ringe schneiden, den Rest für die Brühe verwenden. Die Zucchini waschen und in 1 cm dicke Scheiben schneiden.
In einem größeren Brattopf 3 bis 4 EL Olivenöl erhitzen, Zwiebeln, Karotten und Kartoffeln dazugeben und anschwitzen lassen, bis sie Farbe bekommen. Knoblauchblätter, Selleriestücke und Thymian dazugeben und nochmals etwas ziehen lassen. Salzen und pfeffern. Zugedeckt etwa 12 bis 15 Minuten durchschmoren lassen. Zwischendurch mit dem Kochlöffel umrühren, damit sich am Boden keine Kruste bildet.
Lauchringe, Zucchinischeiben und Tomatenviertel dazugeben und weitere 5 Minuten durchziehen lassen.
Abgezupfte Majoran-, OLiebstöckel- und Kerbelblätter dazugeben, umrühren, eventuell nochmals würzen und auf eine vorgewärmte Platte geben. Sofort servieren.

Als deftiges Frühstück, als Zwischenmahlzeit oder passend zum frischen Salatteller

Kartoffelnest mit Spiegelei

Vorbereitungszeit: etwa 10 Minuten
Garzeit: 15 Minuten
(für 1 Person)

Zutaten:
1 bis 2 mittelgroße, festkochende Kartoffeln
Olivenöl zum Braten
1 TL Sesamsamen
1 Prise Kümmelsamen
Meersalz
Pfeffer
1 frisches Ei

Zubereitung:
Die Kartoffeln waschen, schälen und in feine Streifen hobeln. In einer kleinen Pfanne (Ø etwa 12 bis 15 cm) das Olivenöl erhitzen. Die Kartoffelstifte in der Pfanne gleichmäßig verteilen und auf beiden Seiten knusprig anbraten. Mit Sesam- und Kümmelsamen bestreuen, salzen und pfeffern.
Das Ei in die Mitte des Kartoffelnestes setzen, bei milder Hitze stocken lassen. Wenn's schnell gehen soll, einfach mit einem passenden Deckel kurz zudecken.

Mein Tip

Mit feingeschnittenen Kräutern, wie z. B. Schnittlauch, Petersilie, Majoran, bestreut, bekommt dieses Gericht die frische Note.

Kartoffelnocken in Tomaten-Kräuter-Butter

Vorbereitungszeit: 25 Minuten
Garzeit: 15 Minuten

Zubereitung:
Die Kartoffeln kochen, in noch warmem Zustand schälen, dann gut ausdampfen lassen. Durch die Kartoffelpresse drücken und mit dem Mehl, den Eigelben, Salz und Pfeffer und dem Muskat zu einem Teig verarbeiten. Den Tisch oder die Arbeitsplatte mit Dinkelmehl bestäuben, die Kartoffelmasse in 2 oder 3 Rollen (Ø = 2 cm) teilen, von denen dann 1 bis 2 cm dicke Scheiben heruntergeschnitten werden. Mit den Händen Nocken formen. Reichlich leicht gesalzenes Wasser zum Kochen bringen und die Nocken darin etwa 5 bis 8 Minuten nach dem Aufsteigen sieden lassen. Die Nocken dann abseihen und kurz in handwarmes Wasser legen.

Die Kräuter waschen und abzupfen, die Basilikumblätter fein schneiden. Die Tomaten in Würfel schneiden. In einer großen Pfanne die Butter zerlassen, kurz vor dem Aufschäumen die Kräuter und gleich danach die Tomaten dazugeben. Salzen und pfeffern, die Kartoffelnocken in der Tomaten-Kräuter-Butter schwenken und servieren.

Mein Tip

Zu den Kräutern kann auch Knoblauch gegeben werden. Sie können das Gericht aber auch mit geriebenem Käse bestreuen oder in eine eingefettete feuerfeste Form geben, mit etwas weißer Grundsoße begießen, mit Käse bestreuen und im Backofen gratinieren.

Zutaten:
600 g mehligkochende Kartoffeln
100 g Dinkelvollmehl
2 Eigelb
Meersalz
Pfeffer
1 Prise frisch geriebene Muskatnuß
etwas gesiebtes Dinkelvollmehl

Für die warme Kräuterbutter:
etwa 100 g Butter
8 reife, geschälte Tomaten (siehe S. 170 Tomatengemüse)
1 EL Thymianblätter
1 EL frische oder getrocknete Oreganoblätter
8 bis 10 Basilikumblätter
Meersalz
schwarzer Pfeffer

Variante

Anstelle des Spiegeleis kann auch Sauerrahm oder Kräuterquark verwendet werden.

Soßenvariationen – Herzstück vieler Speisen

Soße statt Fleisch
In einer Zeit, als es den Menschen nicht so gut ging, sie wenig zu essen hatten und das Fleisch im allgemeinen knapp war, wurde die oft karge Mahlzeit durch eine gute Soße zu etwas Besonderem. Ihr kräftiger Geschmack sollte das Fleisch ersetzen, und so erlangte die Soße einen hohen Stellenwert bei der Bewertung der jeweiligen Speisen.
Zwiebeln und andere geeignete Gemüse wurden angebraten, geschmort, abgeseiht und kräftig zum Teil auch mit Kräutern gewürzt. War die Soße gut, wurde sie bis auf den letzten Tropfen aufgetunkt – bis der Teller blank war. Die Soße wurde zum Herzstück unzähliger Speisen. Besonders dem Schwaben sagt man nach, daß er ein Essen ohne Soße nicht für vollständig erachtet, denn etwas Bedeutendes, Elementares würde da fehlen.
Soßen sind Bindeglieder zwischen Speise und Gaumen, sie sind schlechthin „Kitzel", der von einer Speise erwartet wird. Daß schlechte Soßen gute Speisen verunglimpfen können, darüber muß ich wohl nicht viel sagen. Diese Erfahrung macht der Feinschmecker da und dort – gerade dann, wenn lieblos und gleichgültig gekocht wird.

Keine Seifenherstellung
Die Basis von herkömmlichen traditionellen Soßen bilden seit jeher tierische Rohstoffe. Was mich daran stört, ist die Verfahrensweise, mit der aus diesen Rohstoffen eine Soße hergestellt wird. Die Knochen werden scharf angebraten, mit den nötigen Zutaten versorgt, um dann stundenlang zu schmoren. Dieser Vorgang erinnert mich an die Herstellung von „Seife", denn der Rohstoff ist fast der gleiche. Ob diese Verfahrensweise der Gesundheit zuträglich ist, mag ich aufgrund der chemischen Formel einer Knochen- und Bratensoße bezweifeln, und deswegen muß so eine Soße keines meiner Rezepte krönen. Kein Problem habe ich mit einer Soße aus leicht gekochten Brühen von Geflügel, Fisch oder Fleisch. Sie werden vergleichsweise kürzer gegart und stellen deshalb für den Stoffwechsel kein Problem dar.

Mein Angebot – die weiße Soße ...
Eine Alternative dazu bilden meine Soßen, die schnell zuzubereiten sind. Soßen aus gesunden Rohstoffen, leicht verdaulich, ballaststoffhaltig und, wenn nötig, kalorienarm. Wer ohnehin mit frischen Zutaten kocht, wird keine Umstellung mitmachen. Wichtig ist eine gute, würzige Gemüsebrühe als Grundlage. Zwiebeln, Lauch, Karotten, Sellerie und Knoblauch gibt es das ganze Jahr über. Dazu noch das eine oder andere Trockengewürz, um daraus eine Gemüsebrühe zu kochen (S.123).
Etwas Fett sollte schon an die Soße. Zum Anschmoren der Gemüse haben Sie die Wahl zwischen Butter und Olivenöl. Neben der Gemüsebrühe ver-

feinern Milch und etwas Sahne den Geschmack, und die Bindung mit etwas Dinkelvollmehl bringt zusätzliche Ballaststoffe und einen nussigen Geschmack. Zum Würzen reicht dann meist etwas Meersalz und frischer Pfeffer. Etwas Pflanzenwürze gibt der Soße dann noch den letzten Pfiff. Hat man erst mal die Grundsoße, sind den Variationsmöglichkeiten keine Grenzen gesetzt. Ein kräuterreicher Frühling und Sommer verführt hier zu vielen geschmacklichen Experimenten. Da die weiße Grundsoße eine gewisse geschmackliche Neutralität hat, nimmt sie den individuellen Geschmack des verwendeten Kräutleins oder Gewürzes an, wie zum Beispiel Senf, Merrettich und Tomatenmus.

... oder die dunkle Soße

Meine dunkle Gemüsesoße bildet das Gegenstück zum hellen „Sößle". Mit wenig Fett und ohne Mehl kann sie kalorienarm gehalten werden und eignet sich dann für eine kalorienarme Kost. Gut gewürzt, läßt sie Fleisch nicht vermissen und verleiht Gemüsespeisen, Nudeln, Naturreis- und Kartoffelgerichten eine herzhafte Note.

Mein Sößle (weiße Grundsoße)

Zubereitungszeit: 15 Minuten

Zutaten:
2 Zwiebeln
1 kleine frische Karotte
1 Knoblauchzehe
Olivenöl oder 2 EL Butter zum Anbraten
2 bis 3 EL frisch gemahlenes Dinkelvollmehl
1/4 l Gemüsebrühe (siehe S.123)
1/4 l Frischmilch
125 g Sahne
Saft von 1/2 Zitrone
Meersalz
weißer Pfeffer
Pflanzenwürze

Zubereitung:
Die Zwiebeln schälen. Die Karotte waschen und putzen und zusammen mit der Zwiebel in grobe Würfel schneiden. Den Knoblauch schälen und vierteln. Etwas Olivenöl oder Butter in einer großen Kasserolle oder einem Topf erhitzen.
Die Zwiebeln beim Erwärmen mit Butter sogleich dazugeben, beim Zubereiten mit Olivenöl so lange warten, bis diese richtig heiß ist.
Die Zwiebeln glasig dünsten. Die Karottenwürfel zu den Zwiebeln geben und beides anbraten, bis die Zwiebeln goldgelb sind.
Der Knoblauch wird kurz dazugegeben, denn er soll keine Farbe annehmen. Mit dem Dinkelmehl abbinden und das Gemüse mit der Brühe ablöschen. Unter Rühren kurz aufkochen lassen. Anschließend wird die erhitzte Milch eingerührt. Die Soße muß nun etwa 10 Minuten köcheln und wird anschließend mit einem Passierstab püriert. Die glatte Flüssigkeit wieder in einen Topf zurückgießen und mit Sahne, Zitronensaft und Gewürzen abschmecken. Noch einmal kurz aufkochen lassen. Lassen Sie die Soße dann 5 bis 10 Minuten ziehen. Sie können sie nach Belieben verwenden.

Mein Tip

Diese Soße können Sie auch auf Vorrat kochen. Nach dem Abkühlen füllen Sie sie in eine verschließbare Dose und stellen sie in den Kühlschrank. Dort hält sie sich etwa 3 Tage.

Variationen der weißen Grundsoße

Mein Tip

Die Senfsoße paßt hervorragend zu Reis, Nudeln und Eierspeisen.

Senfsoße

Eine kleine Zwiebel schälen, in sehr feine Würfel schneiden und in Butter glasig anbraten. Dann den gewünschten Senf einrühren (pro 1/4 l Soße genügt 1 EL Senf). Die Soße etwas reduzieren, mit 2 EL Weißwein verflüssigen und anschließend gut umrühren. Dann den Rest der weißen Soße dazugeben und aufkochen.

Meerrettichsoße

In die fertige, noch warme Soße etwas frisch geriebenen Meerrettich rühren, dabei aber die Soße nicht mehr aufkochen lassen. Mit Petersilie bestreuen.

Grünes Sößle

Man kann hierfür Schnittlauch, Petersilie, etwas jungen Sauerampfer, ein wenig Kerbel, Kresse oder Kräuter je nach Geschmack nehmen. Die Kräuter werden fein gewiegt und in die warme Soße gerührt.

Gemüsesoße

Vorbereitungszeit:
15 Minuten
Garzeit: 10 Minuten

Zubereitung:
Den Lauch waschen. Die Karotte waschen und schälen. Beides in streichholzfeine Streifen schneiden. Die Tomaten waschen und würfeln. Die Kräuter waschen und fein wiegen. In einem geeigneten Topf etwas Butter oder Olivenöl erhitzen, das geschnittene Gemüse mit den Brokkoliröschen andünsten, den Basilikum und die Tomatenstücke dazugeben und mit der erwärmten Soße auffüllen. Unter Rühren kurz aufkochen lassen, mit Salz und Pfeffer (falls nötig auch mit Pflanzenwürze) abschmecken, die restlichen Kräuter dazugeben und nochmals umrühren.

Zutaten:
(für 1/2 l helle Grundsoße siehe S.190)

1 mittelgroße Karotte
1 kleine Stange Lauch
2 bis 3 geschälte Tomaten (siehe S.170 Tomatengemüse)
100 g frische Gartenkresse
1 kleines Bd. Petersilie
1 kleines Bd. Schnittlauch
8 Basilikumblätter
Olivenöl oder Butter zum Dünsten
8 bis 10 Brokkoliröschen
Meersalz
Pfeffer
evtl. Pflanzenwürze

Mein Tip

Die Gemüsesoße paßt zu allen Knödelarten, zu Nudel- und Reisgerichten.

Sößle von rotem Paprika

Zubereitungszeit: 15 Minuten

Zubereitung:
Die Paprikaschoten waschen, vierteln (oder je nach Größe achteln) und die Kerne sowie die weißen Innenwände entfernen. Das Olivenöl in einer Pfanne gut erhitzen und die Paprikastücke auf der Hautseite dunkel anbraten. Wichtig: Die Paprikastücke sollten nicht gewendet werden. Anschließend abkühlen lassen und häuten. Das Fruchtfleisch mit der erwärmten Soße im Mixer pürieren, bis sie schaumig ist. Die Soße wieder in den Topf zurückgießen, erhitzen, aber nicht aufkochen lassen. Eventuell nachwürzen. Zum Servieren mit feingeschnittener Petersilie bestreuen.

Zutaten:
2 bis 3 rote Paprikaschoten
Olivenöl zum Braten
etwa 1/4 l weiße Grundsoße (siehe S.190)
1 kleines Bd. frische Petersilie

Mein Tip

Genauso einfach geht das Abziehen der Haut bei der Paprika im Backofen. Die Paprikaschoten nur kurz waschen und so, wie sie sind, auf ein Backblech setzen, mit Stielansatz nach unten. In den 220 °C heißen Backofen schieben und nach etwa 5 bis 8 Minuten die Hitze abschalten. Die Schoten im Backofen abkühlen lassen. Die Haut läßt sich nun einfach abziehen, die Samen unter fließendem Wasser abstreifen.

Pikante braune Gemüsesoße

Vorbereitungszeit: 15 Minuten
Garzeit: 40 Minuten

Zutaten:
2 bis 3 Zwiebeln
1 Karotte
1 Petersilienwurzel
1 kleine Stange Lauch
4 bis 6 reife geschälte Tomaten (siehe S. 170 Tomatengemüse)
1/2 rote Paprikaschote
Olivenöl zum Braten
2 Knoblauchzehen
1 Zweig Thymian
1 kleines Bd. Majoran
1/2 l Gemüsebrühe (siehe S. 123)
Meersalz
schwarzer Pfeffer

Mein Tip

Aus dieser Soße läßt sich auch gut eine Pfeffersoße machen: Einfach die Pfefferkörner mitanbraten, mitkochen und mitpürieren. Dann entfalten sie ihr angenehmes Aroma.

Zubereitung:
Die Zwiebeln schälen. Das Gemüse waschen und putzen, anschließend in grobe Stücke oder Würfel schneiden. Die geschälten Tomaten vierteln. Die Paprikaschote auf der Hautseite in Olivenöl gut anbraten, dann häuten. In einem geeigneten Topf Olivenöl erhitzen, die Zwiebeln dazugeben, leicht anbraten, anschließend die Petersilienwurzel und die Karotte mit anbraten, bis sie ein kräftige Farbe zeigen. Den geschälten und geschnittenen Knoblauch, den Lauch, die Tomatenviertel und den Thymianzweig in den Topf geben. Unter Rühren das Ganze etwas schmoren lassen und dann mit der erwärmten Brühe ablöschen. Etwas würzen und etwa 20 Minuten köcheln lassen.

Den Thymianzweig aus der Soße nehmen, dann diese mit den Majoranblättern und der Paprikaschote in einem Mixer pürieren (bei einem guten Mixer haben Sie eine homogene, glatte Soße ohne feste Bestandteile). Die Soße wieder in den Topf gießen und, wenn sie zu dick und kompakt erscheint, einfach noch mit etwas Gemüsebrühe oder Wasser verdünnen. Noch einmal würzen, aufkochen lassen, und fertig ist die Soße. Sie können sie mit feingeschnittener Petersilie oder anderen Kräutern noch verfeinern. Zum Abrunden des Geschmacks kann ein Klecks Sahne oder Sauerrahm dazugegeben werden.

Brokkolisoße

Vorbereitungszeit: 10 Minuten
Garzeit: 15 Minuten

Zutaten:
etwa 600 g frischer Brokkoli
Butter zum Dünsten
etwa $^{1}/_{4}$ l weiße Grundsoße (siehe S. 190)
Pfeffer
Meersalz

Zubereitung:
Die Brokkoliröschen vom Stiel trennen, die dicken Stiele schälen (am besten gelingt das von der Blüte zum Stielanfang), die jungen und zarten Stiele müssen nicht geschält werden. Die Stiele in Stücke schneiden und in etwas Wasser mit einem Stück Butter zugedeckt dünsten. Dann die Brokkoliröschen dazugeben und alles miteinander bißfest dünsten. Anschließend etwas abkühlen lassen und sehr fein schneiden. Sie können den Brokkoli auch im Mixer pürieren. Die Soße gut erwärmen und den Brokkoli unterrühren. Das Kochwasser wird dazugenommen. Noch etwas abschmecken und 5 bis 8 Minuten ohne Kochen bei kleiner Hitze durchziehen lassen.

Mein Tip

Die Brokkolisoße paßt zu Nudeln und Reis. Darüber kann man geriebenen Parmesan streuen.

Feine zarte Tomatensoße

Vorbereitungszeit: 15 Minuten
Garzeit: 15 Minuten

Zubereitung:
Die Basilikumblätter waschen und abzupfen. In Olivenöl andünsten.
Die geschälten Tomaten würfeln, den geschälten Knoblauch und den gewaschenen Thymianzweig dazugeben, unter Rühren anschmoren lassen. Achten Sie darauf, daß nichts anbrennt und schwarz wird. Bei Bedarf mit Wasser oder Gemüsebrühe ablöschen, den Thymianzweig entfernen und die Soße im Mixer pürieren. Die Grundsoße dazugeben, nochmals mixen und wieder in den Topf zurückgießen.
Die Soße stark erhitzen und mit Salz und Pfeffer abschmecken.

Zutaten:
Olivenöl zum Dünsten
1 Bd. frisches Basilikum
8 reife geschälte Tomaten (siehe S. 170 Tomatengemüse)
1 Knoblauchzehe
ein Thymianzweig
Wasser oder Gemüsebrühe zum Ablöschen
$^{1}/_{2}$ l Grundsoße (braun oder weiß, siehe S. 192/190)
Pfeffer
Meersalz

Mein Tip

Die Tomatensoße paßt zu Nudel- und Reisgerichten, zu gebratenem und zu gefülltem Gemüse.

Mein Nachtisch

Süßspeise und Nachtisch

Unsere Großmütter machten einen kleinen Unterschied zwischen einer Süßspeise und einem Nachtisch. Süßspeisen gab es an Wochentagen als Hauptspeisen, und davor gab es natürlich eine dicke Suppe oder auch eine Schüssel Salat. Der Nachtisch aber war für die Sonn- und Feiertage gedacht. Zu besonderen Anlässen war Großmutters Vanillepudding mit selbstgemachtem Likör aus schwarzen Johannisbeeren einsame Spitze. Da fiel sogar der Sonntagsbraten auf Platz 2 der Hitliste. Außer der allmorgendlichen Marmelade gab es nicht viel Süßes zu naschen. Süß war begehrt und selten. Das war noch eine Belohnung, die Freude machte. Bei manch einem von uns wird eine Kindheitserinnerung mit der einen oder anderen Süßspeise wach. Es waren schöne, angenehme Momente, an die wir uns sehr gern erinnern.

Großmutters Fastfood

Die etwas weniger begehrten Süßspeisen waren Mahlzeiten für Tage, an denen es schnell gehen mußte. Oft war die Zeit nicht da für die Vorbereitung einer warmen Mittagsmahlzeit. Die Arbeit auf dem Feld, im Garten oder im Haushalt mußte vorgehen. Neben dem berühmten Milchreis und Grießbrei gab es natürlich noch die Waffeln, Dampfnudeln, Aufläufe aller Art und, nicht zu vergessen, die feinen Pfannkuchen. Im Sommer machte man regelmäßig frisches Kompott aus

Kirschen, Frühäpfeln, Pflaumen und Birnen. Jedes hatte seinen eigenen ausgezeichneten Geschmack. Ich bin noch immer davon überzeugt, daß das Obst damals ein viel besseres Aroma hatte als heute.
Das Apfelkompott an kalten Wintertagen brachte früher ein klein wenig die Wärme des vergangenen Sommers zurück. Der sparsame Umgang mit Zucker hatte nicht unbedingt gesundheitliche Gründe. Sparsamkeit als solche hatte eine andere Bedeutung.

Vom Nachtisch zum Dessert

Schade, Großmutters Zeiten sind offensichtlich vorbei. Von Sparsamkeit will heute auch niemand mehr etwas wissen, und deshalb gibt es nicht nur Zucker im Überfluß. Das Rezept von Großmutters Rahmkaramelle ist nur noch in ihrem handgeschriebenen Kochbüchlein zu finden. Die Süßspeisen aber sind noch da. Den Nachtisch dagegen, den gibt es auch nicht mehr. Der heißt jetzt Dessert.

Ein langer Weg

Der älteste süße Geschmack ist im Fruchtzucker enthalten. Den kannten bereits unsere Vorfahren. Die Süße sehr reifer Früchte ist ganz besonders intensiv. Als unsere Vorfahren sich Gedanken über die Bevorratung machten, kamen sie auf das Trocknen der reifen Früchte, der Samen und Nüsse. Dabei machten sie auch die Entdeckung, daß getrocknete Früchte süßer schmecken als frisches Obst. Diese süßen Lebensmittel wurden fortan überallhin mitgenommen: auf Wanderschaften, Kreuzzüge oder Forschungsreisen. Als die Menschen jedoch begannen, regelmäßig nach dem Essen süße getrocknete oder frische Früchte anzubieten, war der Nachtisch geboren.

Zucker

Zucker war zur Kolonialzeit ein wertvolles Handelsgut, und dementsprechend wurde er behandelt. Seit er industriell produziert wird, geht man mit ihm um, als hätte er keinen Wert mehr. Zucker überall – in großen Mengen verzehrt, wird er für unsere Gesundheit zum Risiko. Die Nahrungsmittelindustrie verarbeitet täglich zig Tonnen, um der „Zuckersucht" der Verbraucher nachzukommen. Es hat lange gedauert, bis sich die Wissenschaft dieses Gesundheitsproblems angenommen hat. Die Ergebnisse unterschiedlichster Untersuchungen kommen alle auf den gleichen Nenner: Zucker im übermäßigen Verzehr schadet der Gesundheit. Jeder weiß es, aber nur wenige berücksichtigen das. Karies, Übergewicht und Stoffwechselerkrankungen können die Folgen sein. Ebenso sind Darmprobleme und eine Übersäuerung des Körpers auf übermäßigen und anhaltenden Zuckerkonsum zurückzuführen.

Das Maß der Dinge

Darüber verantwortungsvoll zu entscheiden, wie viel oder wie wenig man zu sich nimmt, liegt bei jedem einzelnen. Eine lapidare Antwort für ein großes Problem, so scheint es. Wenn man sich die Ursachen für den übermäßigen Zuckerverbrauch näher anschaut, kommt man vielleicht zur Vernunft. Wird beispielsweise schon ein Kleinkind zu hohem Zuckerkonsum erzogen, wird es als Erwachsener erhebliche Schwierigkeiten bekommen, den Zuckerbedarf freiwillig niedrig zu halten. Ein grundlegendes Fehlverhalten ist meiner Ansicht nach, Süßes als Belohnung zu geben. Süßigkeiten sind leider noch immer oder sogar mehr denn je Belohnung, Seelentröster und Befriedigung. Mit ihnen verpaßt man sich Streicheleinheiten, die man unmittelbar danach wieder schrecklich bereut. Die Strafe folgt also auf dem Fuß. Zucker ist Himmel und Hölle zugleich, und starker Zuckergenuß ist immer mit Reue verbunden.

Anstelle von Zucker

Als ich mich der Naturküche zuwendete, war für mich anfänglich der Zuckerersatz das größte Problem. Schließlich wollten meine Gäste und ich nicht gänzlich auf Süßes verzichten. Ein Kompott aus reifen Früchten braucht freilich keinen Zucker; einige Quark- und Joghurtspeisen gewinnen ihre Süße durch die Zugabe von frischem oder getrocknetem Obst. Datteln, Feigen, Rosinen oder Weinbeeren geben eine angenehme leichte Süße ab, die meiner Meinung nach vollkommen ausreicht. Es gibt aber noch einiges mehr, das gesüßt auf den Tisch kommen soll und die Zugabe eines Süßmittels erfordert, zum Beispiel Kuchen, Gebäck, gekochte Milch- und Süßspeisen. Künstliche Süßstoffe sind für mich absolut kein Thema. Sie waren es auch nie. Deshalb fing ich an, mit Honig zu experimentieren; auch Ahornsirup, Apfel- und Birnendicksaft oder Vollrohrzucker (Rapadura) eigneten sich für die unterschiedlichsten Speisen. Sie stehen heute in meiner Küche. Wichtig ist jedoch, daß alles, was Zucker enthält, sehr sparsam eingesetzt wird. Auch des Guten zuviel kann schädlich sein. Von all den ge-

Getrocknete Früchte aller Art werden bei Familie Kieferle zum Süßen verwendet.

nannten Süßmitteln ist Honig mein Favorit, aber gleich danach kommt der feine, aromatische Vollrohrzucker Rapadura, der aus Brasilien kommt; dort wird Zuckerrohr in einem Familienbetrieb chemiefrei angebaut. Entscheidend für die Verwendung von Honig oder Rapadura ist ihre gute Verträglichkeit, die ich an mir selbst festgestellt habe. Probieren Sie diese Möglichkeiten doch auch einmal. Achten Sie dabei auf Ihren Körper, vielleicht stellen Sie etwas Besonderes bei sich fest. Der Verzehr von kleinsten Mengen isolierten Zuckers hingegen hat mir Unbehagen bereitet.

Die Alternativen im Einsatz

Einen neutralen Geschmack und eine fast flüssige Konsistenz hat Akazienhonig, den ich deswegen gerne in Milch, bestimmt zur Herstellung von diversen Nachtischen, mitkoche. Ganz klar, daß ich Honig auch zum Backen von feinem Biskuit oder Hefegebäck verwende. Zu Quark- und Joghurtspeisen, je nachdem welche Früchte ich dazu verwende, nehme ich Dicksaft, Ahornsirup oder Rapadura. Beim Einsatz von Vollrohrzucker muß man wissen, daß sich die dunkelbraune Farbe beim Kochen und Anmachen auf die Speisen überträgt. Sein Aroma hat eine besondere Nuance, so daß der zarte Eigengeschmack einer Frucht oder eines Gewürzes verfälscht werden könnte. Aus diesem Grunde gibt es bei mir Rapadura zum Kaffee und Espresso, oder ich streue ihn mitunter auch über Pfannkuchen. Dem isolierten (raffinierten) Zucker sagt man auch nach, daß er dem Körper Vitamine entziehe. Dicksäfte enthalten einen hohen Mineralstoff- und Fruchtsäuregehalt, und Honig ist nicht mehr oder weniger umstritten als andere alternative Süßungsmittel. Bleiben wir also bei der wichtigen Regel, alles sparsam einzusetzen, was süßt. Ihre Gesundheit profitiert davon.

Wenn Sie bestimmte Speisen gelieren wollen, empfehle ich Ihnen Agar-Agar, das keine tierischen Inhaltsstoffe enthält wie beispielsweise Gelatine. Zweifellos ist Gelatine in der Handhabung einfacher. Sie müssen entscheiden, was für Sie besser ist.

Apfelkuchen auf einfache Art

Vorbereitungszeit: 20 Minuten
Ruhezeit: 20 Minuten
Backzeit: 25 bis 30 Minuten

Zubereitung:
Aus den Zutaten einen Teig kneten (siehe S. 202 Aprikosen-Dessertkuchen) und etwa 20 Minuten gehen lassen. Den Teig ausrollen und auf das eingefettete Backblech legen. Das Marzipan in Scheiben schneiden und den Boden damit belegen. Die Äpfel schälen, vierteln und Kerngehäuse ausschneiden. Die Apfelstücke auf die Marzipanscheibchen verteilen.
Zimt mit Vollrohrzucker mischen und über die Äpfel streuen, ebenso die Mandelsplitter und Rosinen.
In den auf 180 °C vorgeheizten Backofen schieben und etwa 25 bis 30 Minuten backen.

Zutaten für den Teig:
250 g feingemahlenes Dinkelvollmehl
20 g frische Hefe
1 Prise Salz
30 g Butter
4 EL Akazienhonig
1 Msp. gemahlene Vanille
etwa $^{1}/_{8}$ l handwarme Milch
etwas Fett für das Blech

Zutaten für den Belag:
4 bis 5 säuerliche Backäpfel
60 g Marzipan (aus Honig hergestellt – erhältlich im Reformhaus oder Naturkostladen)
1 Msp. Zimt
2 EL Vollrohrzucker (Rapadura)
2 EL Mandelsplitter
2 bis 3 EL Rosinen

Apfelschaum

Zubereitungszeit: 15 Minuten
Ruhezeit: 1 Stunde

Zubereitung:
Die Äpfel schälen, das Kerngehäuse herauslösen und die Äpfel vierteln. Den Apfelsaft in einen Topf gießen und die Apfelstücke dazugeben. Zugedeckt langsam dünsten und darauf achten, daß die Äpfel nicht zu Mus werden. Danach kalt werden lassen und im Kühlschrank etwa 1 Stunde richtig durchkühlen lassen. Die Sahne steif schlagen und anschließend mit dem Joghurt langsam vermischen. Das Apfelkompott im Mixer schaumig pürieren und nach und nach etwas Honig einfließen lassen. Wenn das Apfelpüree richtig schaumig ist, wird es unter die Sahne-Joghurt-Masse gezogen und bis zur Verwendung kalt gestellt.

Zutaten:
1 kg säuerliche Äpfel (Frühäpfel)
150 ml Apfelsaft
250 g Sahne
etwa 100 g Naturjoghurt
2 bis 3 EL Blütenhonig

Mein Tip

Sie können den Apfelschaum folgendermaßen garnieren: mit feinen Bitterschokoladenraspeln, mit gerösteten gemahlenen Haselnüssen, mit in etwas Rum getränkten Rosinen oder mit leicht gerösteten Mandelstiften.

Mein Tip

Achten Sie darauf, daß die Äpfel nicht zu viel Hitze bekommen, da sie sonst platzen oder schrumpelig werden! Servieren Sie dazu eine Preiselbeer-Vanille-Soße.

Gefüllter Bratapfel nach Bauersleutart

Vorbereitungszeit: 15 Minuten
Backzeit: 20 bis 30 Minuten
(für 4 bis 6 Personen)

Zutaten:
4 bis 6 große Kompottäpfel (Boskop)
Butter für die Form und in Flöckchen
etwa 2 EL Hagebuttenmark
2 EL Magerquark
1 Eigelb
1 EL Semmelbrösel
1 EL Rosinen
1 Prise Zimt
etwas Blütenhonig

Zubereitung:
Die Äpfel waschen und gut abtrocknen. Von der Blüte zum Stiel das Kerngehäuse mit einem Ausstecher entfernen. Mit der Butter eine feuerfeste Form oder ein tiefes Bratblech einfetten. Das Hagebuttenmark, den Quark, das Eigelb, die Semmelbrösel, die Rosinen und den Zimt gut verrühren und die Äpfel damit füllen. Die Bratäpfel in die Form setzen und auf jeden Apfel ein Butterflöckchen setzen. Zum Schluß etwas Honig darüberträufeln und auf der mittleren Einschubhöhe im vorgeheizten Backofen bei 220 °C etwa 20 bis 30 Minuten backen.

Birnen-Dessertkuchen

Zubereitungszeit: 25 Minuten
Backzeit: etwa 15 Minuten

Zutaten für den Teig:
225 g feingemahlenes Dinkelmehl
100 g Butter
1 Ei
3 bis 4 EL Akazienhonig (neutral im Geschmack)
1 Msp. gemahlene Vanille
abgeriebene Schale einer 1/2 Zitrone

Zutaten für den Belag:
4 saftige Birnen (Williams Christ)
etwas Akazienhonig und Butter zum Dünsten
etwas Butter für das Blech
80 g Preiselbeerkompott
einige Brombeeren

Zubereitung:
Aus den Zutaten einen Teig kneten (siehe S. 202 Aprikosen-Dessertkuchen). Die Birnen schälen, das Kerngehäuse entfernen, mit etwas Honig und Butter kurz andünsten. Die Birnen herausnehmen und kalt stellen. Den Rest der Flüssigkeit etwas reduzieren lassen. Den Teig ausrollen, auf das eingefettete Backblech legen und den Teigboden mit etwas Preiselbeerkompott ausstreichen. Die Birnenhälften mit der Innenseite nach oben dekorativ einsetzen.
Im vorgeheizten Backofen bei 180 °C für 8 bis 10 Minuten backen, dann herausnehmen.
Die Birnenhälften mit Preiselbeerkompott füllen. Zwischen die Birnenhälften die Brombeeren legen. Dann nochmals 5 bis 8 Minuten weiterbacken, herausnehmen und noch warm servieren.

Mein Tip

Dazu paßt eine halbgeschlagene Vanille-Zimt-Sahne.

Quark

Zubereitungszeit: 8 bis 10 Minuten

Zubereitung:
Den Schichtquark mit der Schlagsahne verrühren. Frische Früchte oder das Kompott unterziehen. Gesüßt wird bei Bedarf mit Blütenhonig.

Zutaten:
500 g Schichtquark (20 % Fettgehalt)
100 g süße Sahne (flüssig oder geschlagen)
frische Früchte nach eigener Wahl oder Kompott
Blütenhonig nach Bedarf

Variante

Für den Winter empfehle ich folgende Varianten: 1 bis 2 Bananen pürieren und unter den Quark heben.
Oder: Saftig süße Orangen filetieren, in kleine Stücke schneiden und unter den Quark heben.

Zum Herbst

Birnen in Gelee

Zubereitungszeit: 30 Minuten
Garzeit: 5 Minuten
Ruhezeit: 4 bis 5 Stunden

Mein Tip

Dazu paßt ausgezeichnet eine Vanillecreme mit eingerührten Schokoladenraspeln.

Zubereitung:
Die Birnen schälen, halbieren und das Kerngehäuse entfernen. In einem geeigneten Topf (die Birnen sollten nicht zu sehr übereinanderliegen) den Honig aufschäumen lassen, die Birnen hineingeben und sofort mit dem Birnensaft auffüllen. Die Birnen zugedeckt bißfest dämpfen. Anschließend die Birnen in ein großes Sieb schütten und den Saft in einer Schüssel auffangen. Die etwas abgekühlten und gut abgetropften Birnenhälften in eine Glasschüssel oder in eine andere geeignete Form nebeneinanderlegen und in den Zwischenräumen die Himbeeren verteilen.

Vom Birnensaft eine halbe Tasse abschöpfen und das Gelierpulver damit gut anrühren. Den übrigen Saft zum Kochen bringen, das Gelierpulver darunterrühren, gut durchschlagen und 1 bis 2 Minuten kochen lassen. Den heißen Saft über die Birnen gießen, abkühlen lassen und dann noch etwa 4 bis 5 Stunden in den Kühlschrank stellen.

Zutaten:
1 kg feste reife Kompottbirnen
1 bis
2 EL Akazienhonig
0,7 l Birnensaft
100 g frische oder gefrorene Himbeeren
2 bis 3 TL Agar-Agar

Aprikosen-Dessertkuchen

Zubereitungszeit: 25 Minuten
Backzeit: 18 Minuten

Zutaten für den Teig:
3 bis 4 EL Akazienhonig (neutral im Geschmack)
1 Ei
225 g feingemahlenes Dinkelmehl
100 g Butter
1 Msp. gemahlene Vanille
abgeriebene Schale von 1/2 Zitrone
evtl. etwas Milch oder Butter

Zutaten für den Belag:
7 bis 8 reife, feste Aprikosen
8 bis 10 süße, geschälte Mandeln
etwa 60 g Marzipan (aus Honig hergestellt – aus dem Reformhaus oder Naturkostladen)
etwas Fett für das Blech
etwas Aprikosenkonfitüre

Zubereitung:
Den Honig mit dem Ei schaumig rühren. Das Mehl in eine Schüssel geben, die kalte Butter in kleinen Stücken darüber verteilen. Die Ei-Honig-Creme dazugeben und zusammen mit der Vanille und der abgeriebenen Zitronenschale in kürzester Zeit zu einem geschmeidigen Teig kneten. Der Teig kann dann sofort verarbeitet werden. Sollte sich der Teig schlecht auswellen lassen, noch einige Tropfen Milch oder Fett dazugeben. Wollen Sie den Teig nicht gleich weiterverarbeiten, sollte er kalt gestellt werden. Aprikosen waschen, halbieren und entsteinen. Die Mandeln mit einem Messer halbieren, das Marzipan in feine Blätter schneiden. Das Blech (Ø = 26 cm) einfetten. Den Teig ausrollen und auf das Blech legen. Den Teigboden mit den Marzipanblättern abdecken.

Die Aprikosen mit der Innenseite nach oben nebeneinander auf den Teig setzen. Im vorgeheizten Backofen bei 180 °C für 8 Minuten backen, dann herausnehmen. In die Aprikosenhälften etwas Aprikosenkonfitüre setzen, darauf die Mandelhälften legen. Dann wieder in den Backofen schieben und weitere 10 Minuten bei 150 °C fertigbacken. Noch warm servieren.

Kürbis-Obst-Salat

Zubereitungszeit: 20 Minuten
Ruhezeit: 20 Minuten
(für 6 Personen)

Zutaten:
1 kleiner reifer Kürbis
200 g blaue Trauben
2 Äpfel
4 Kiwis
Honig oder Ahornsirup
Zitronenmelisse
2 EL Walnußkerne
1 kleines Bd. Minze

Zubereitung:
Den Kürbis dekorativ aufschneiden. Kerne und Fruchtfleisch mit einem Löffel so herausschaben, daß die Schale nicht verletzt wird. Die Schale kühl stellen. Trauben waschen. Äpfel und Kiwis schälen. Etwa 400 g Kürbisfleisch, Äpfel, Kiwis und Trauben in kleine Stücke schneiden. Alles gut miteinander vermischen und mit Honig oder Ahornsirup beträufeln. Zugedeckt 20 Minuten ziehen lassen. Dann die frisch gezupften Melisseblättchen daruntergeben.
Das Ganze in den vorgekühlten Kürbis füllen. Mit den Walnußkernen und einem Minzesträußchen garnieren. 1 Stunde kalt stellen.

Meine Schneckennudeln

Zubereitungszeit: 30 Minuten
Ruhezeit: 1 Stunde
Backzeit: 8 bis 12 Minuten
(für etwa 15 Schneckennudeln)

Zubereitung:
Die Hefe mit 2 bis 3 EL Milch und etwas Mehl zu einem Brei verrühren. Das restliche Mehl in die Knetschüssel Ihrer Maschine oder auf eine geeignete Tischplatte geben. Die übrigen Zutaten und die angerührte Hefe dazugeben. Daraus einen nicht zu trockenen, geschmeidigen Teig kneten. Den Teig in eine Schüssel geben, mit einem Tuch bedecken und bei Zimmertemperatur mindestens 1 Stunde gehen lassen.
In der Zwischenzeit Haselnüsse und Mandeln kurz in der Pfanne oder im Backofen anrösten. Danach die sich lösenden Schalen abpellen und die Nüsse grob mahlen. Den Sauerrahm, den Rohrzucker, das Ei und den Rum dazugeben und gut vermengen.
Den Teig nochmals leicht kneten und in 2 oder 4 Teile trennen, je nachdem wie groß Ihre Schnecken werden sollen (bei 4 Teilen werden es kleine Dessert-Schnecken).
Den Teig etwa quadratisch fingerdick ausrollen und mit der Füllung gut gedeckt bestreichen.
Zu einem Strudel aufrollen und mit einem scharfen Messer daumendicke Scheiben schneiden. Diese auf ein eingefettetes Blech setzen, das Eigelb mit 2 TL Sahne verquirlen und damit die Schnecken bestreichen. Den Vorgang wiederholen, bis die Teigstücke aufgebraucht sind.
Im vorgeheizten Backofen bei etwa 180 °C je nach Größe der Schnecken 8 bis 12 Minuten goldgelb backen.
Da freut sich groß und klein!

Zutaten für den Teig:
40 g frische Hefe
etwa 1/4 l frische Milch
500 g fein ausgesiebtes Dinkelvollmehl
80 g Butter
4 EL Honig (etwa 50 g)
1 Prise Salz
125 g Rosinen
1 Ei
1/2 TL Zimt
1 Msp. gemahlenes Vanillepulver
1 Eigelb und 2 TL süße Sahne zum Bestreichen

Zutaten Füllung:
100 g Haselnüsse
50 g süße Mandeln
50 g Sauerrahm (10 % Fettgehalt)
4 EL Rohrzucker (Rapadura)
1 Ei
2 EL Rum (ersatzweise Zitronensaft oder etwas Marzipan)
etwas Butter für das Blech

Hefe-Gugelhupf mit Haselnuß

Zubereitungszeit: 20 Minuten
Ruhezeit: 50 Minuten
Backzeit: 40 Minuten

Zutaten für den Teig:
500 g Feinschrotdinkel
30 g frische Hefe
350 ml Milch
60 g Butter
2 Eier
1/2 TL Meersalz
4 EL Honig

Zutaten für die Füllung:
80 g feingemahlene Haselnüsse
1 Ei
60 g Sahne
2 EL Rohrzucker
1 Prise Zimt
Butter für Flöckchen

Zubereitung:
300 g Dinkelschrot in eine Schüssel oder auf eine Arbeitsfläche geben, in die Mitte eine kleine Mulde drücken. Die Hefe in die Mulde bröckeln und mit etwa 200 g des Mehls und etwas handwarmer Milch zu einem Brei rühren. Diesen Vorteig 20 Minuten gehen lassen.
Danach mit dem restlichen Mehl, den Eiern, Salz, Honig und der Hälfte der Milch vermengen. Unter ständigem Kneten den Rest der Milch zugeben. Den Teig weitere 8 Minuten gut durchkneten. Mit einem Tuch abgedeckt bei Zimmertemperatur 30 Minuten ruhen lassen. Er wird sich um das Doppelte vergrößern. Danach nochmals kurz durchkneten.
Für die Füllung die Haselnüsse sehr fein mahlen und mit Ei, Sahne und Rohrzucker in einer Schüssel vermengen. Den Teig etwa 1 cm dick ausrollen und mit der Haselnußmasse bestreichen. Butterflöckchen darüberstreuen und von allen Seiten etwas einschlagen.
Den Teig der Länge nach aufrollen und in die gefettete Gugelhupfform geben. Mit zerlassener Butter bestreichen. Den Kuchen bei 190 °C etwa 40 Minuten backen.
Heiß aus der Form stürzen und auf einem Kuchendraht abkühlen lassen. Erst wenn er kalt ist, aufschneiden.

Mein Tip

Der Gugelhupf schmeckt auch ohne Füllung (nur mit Rosinen) ganz toll.

Mein Tip

Nach dem Abkühlen der Vanillesoße können Sie auch geriebene Bitterschokolade hineinrühren. Dazu paßt Birnenkompott. Sie können aber auch Obstsorten zu Kompotten verarbeiten.

Rote Grütze „Sommerfreude"

Zubereitungszeit: 35 bis 40 Minuten
Ruhezeit: mehrere Stunden
Garzeit: 6 bis 8 Minuten

Zutaten:
1 kg frische Beeren (rote und schwarze Johannisbeeren, feste reife Himbeeren, einige kleine Walderdbeeren und einige Sauerkirschen)
1 l Saft von roten Johannisbeeren (wahlweise Saft von Sauerkirschen oder Himbeeren)
2 TL Agar-Agar
Blütenhonig nach Geschmack

Zubereitung:
Die roten und schwarzen Johannisbeeren waschen, gut abtropfen lassen und sorgfältig Stiele und Blütenansätze entfernen. Die Himbeeren verlesen, die Sauerkirschen und Walderdbeeren waschen, die Kirschen entsteinen. Vom Saft 1 Tasse abschöpfen und das Agar-Agar darin anrühren. Den Honig im Topf aufschäumen lassen, den Saft dazugießen und aufkochen lassen. Dann das Agar-Agar unterrühren und 1 Minute kochen lassen, die ganzen Beeren dazugeben und vorsichtig umrühren. Die Grütze gleich in eine Schüssel oder in ein ähnliches Gefäß gießen und auskühlen lassen. Danach noch einige Stunden kühl stellen. Soll die Beerengrütze eine weichere Konsistenz haben, dann einfach weniger Gelierpulver anrühren. Wenn sie aber schnittfester werden soll, dann etwas mehr als die angegebene Menge Gelierpulver verwenden.

Mein Tip

Am besten paßt zur roten Grütze eine Vanillesoße.

Meine Vanillesoße ohne Ei

Zubereitungszeit: 15 Minuten

Zutaten:
3 EL Akazienhonig
100 g süße Sahne
3/4 l frische Milch
30 g Puddingpulver „natur" (ungefärbtes Vanillepuddingpulver aus dem Reformhaus oder Naturkostladen)
1 Vanillestange

Zubereitung:
Den Honig in einem Topf aufschäumen lassen. 50 g Sahne zum Honig geben und so lange einkochen lassen, bis die Masse cremig und goldgelb ist. Von der Milch eine Tasse abschöpfen und das Puddingpulver darin anrühren. Die übrige Milch zusammen mit der Vanillestange zur Honigsahne geben und langsam erhitzen. Aus der Honig-Rahm-Masse die Vanillestange herausnehmen und der Länge nach aufschlitzen. Dann das Mark mit einem Löffelstiel herauskratzen und in den Topf mit Milch geben. Die Milch aufkochen lassen, das angerührte Puddingpulver hineingießen, einige Male aufwallen lassen und vom Herd nehmen. Dann die Vanillesoße etwas abkühlen lassen und dabei öfter mit einem Schneebesen umrühren. Den Rest Sahne steif schlagen und unter die abgekühlte Vanillesoße heben. Soll die Vanillesoße noch warm angerichtet werden, kann die geschlagene Sahne gleich untergezogen werden.

Sahnige Beerentorte

Zubereitungszeit: etwa 40 Minuten
Backzeit: 30 Minuten
Ruhezeit: 2 Stunden

Zutaten für den Teig:
8 Eier
6 EL warmes Wasser
150 g Blütenhonig
1 unbehandelte Zitrone
300 g Weizenfeinschrot (Kleieanteile aussieben)
1 Msp. Backpulver
1 Prise Zimt

Für die Füllung:
200 g gemischte Beeren
1 l süße Sahne
5 Blatt Gelatine
3 EL Blütenhonig
gehackte Haselnüsse

Zubereitung:
Die Eier trennen und die Eigelbe mit dem Wasser schaumig rühren. Honig und Zitronenschale hinzufügen und alles cremig rühren. Das Eiweiß steif schlagen und unter die Eicreme ziehen. Nach und nach den Weizenfeinschrot mit Backpulver und Zimt vorsichtig unter die Masse heben. Den Teig in eine mit Backpapier ausgelegte Springform (Ø = 28 cm) füllen und bei 175 bis 195 °C etwa 30 Minuten backen. Den ausgekühlten Biskuit in 3 gleich dicke Böden teilen.
150 g Beeren im Mixer fein pürieren, den Rest kühl stellen. Die Sahne steif schlagen, einen Teil zum Bestreichen beiseite stellen und die aufgelöste Gelatine mit Honig darunterrühren. Das Beerenpüree und die restlichen Beeren (einige zum Garnieren zurückbehalten) unterheben. Nun alle 3 Böden daumendick damit bestreichen und aufeinandersetzen. Tortenrand und -oberfläche mit der restlichen Sahne bestreichen. Die fertige Torte mit Früchten garnieren und mit angerösteten, abgekühlten Haselnüssen bestreuen. Die Beerentorte 2 Stunden kühl stellen.

Meine Schokoladenspeise

Zubereitungszeit: 30 Minuten
Ruhezeit: mehrere Stunden
(über Nacht)
(für 6 bis 8 Personen)

Zutaten:
1 l Milch
1 Päckchen Schokoladenpuddingpulver
2 TL Agar-Agar
1 Msp. Vanillemark
300 g Bitterschokolade (Kuvertüre)
250 g Sahne

Zubereitung:
Von der Milch eine Tasse abschöpfen und das Puddingpulver mit dem Agar-Agar anrühren. Die Vanillestange in der restlichen Milch langsam erhitzen und kurz vor dem Aufkochen die Vanillestange herausnehmen, aufschneiden, das Mark mit einem Löffelstiel herauskratzen. Die Milch im Topf zum Aufkochen bringen und das angerührte Puddingpulver hineingießen. Unter ständigem Umrühren den Pudding nach Packungsangabe kochen. Den Topf vom Herd nehmen und das Vanillemark in den Pudding rühren. Die etwas zerkleinerte Schokolade langsam unter den Pudding ziehen, bis sie sich völlig aufgelöst und die Masse sich abgekühlt hat. Anschließend die Sahne steif schlagen und ebenfalls unterziehen. Alles in eine große Schüssel gießen und einige Stunden kühl stellen.
Einen großen Löffel oder eine kleine geeignete Schöpfkelle in heißes Wasser tauchen und damit Portionen aus der Schokoladenspeise stechen.

Geliertes Schwarzkirschkompott mit Dinkelgrießspeise

Zubereitungszeit: 20 Minuten
Garzeit: 20 Minuten
Ruhezeit: mehrere Stunden

Zutaten für das Kompott:
1 kg reife Schwarzkirschen
1/2 l Kirschsaft
1 TL Agar-Agar
Blütenhonig oder süße Kirschen nach Geschmack
1 Stange Zimt (wahlweise auch 1 Msp. gemahlenen Zimt)

Zutaten für die Dinkelgrießspeise:
3 EL Blütenhonig
1 kleine Vanillestange (wahlweise auch 1 Msp. echtes Vanillepulver)
50 g süße Sahne
1/2 l frische Milch
3 EL feiner Dinkelgrieß

Zubereitung:
Die Kirschen waschen, entstielen und entsteinen. Sie können aber auch die Kirschen mit dem Stein verwenden. Vom Kirschsaft einige Löffel entnehmen und damit das Agar-Agar gut verrühren.
Den Honig im Topf aufschäumen lassen, die Zimtstange dazugeben bzw. das Zimtpulver einstreuen und die Kirschen mit dem Kirschsaft hineinrühren. Die Kirschen im geschlossenen Topf zum Kochen bringen und etwa 10 Minuten köcheln (je nach Größe der Kirschen). Dann die Kirschen in einem Sieb abgießen und den Saft auffangen. Den Saft zusammen mit der Zimtstange in den Topf zurückgießen, noch einmal aufwallen lassen und mit dem aufgelösten Agar-Agar binden. Die Flüssigkeit kochen lassen und unter leichtem Rühren die Kirschen in dem Saft noch 1 bis 2 Minuten wallen lassen. Danach den Topf vom Herd nehmen und etwas abkühlen lassen.

Den Honig mit der Vanillestange im Topf aufschäumen lassen, die Sahne dazugeben und etwas einkochen lassen. Zusammen mit der Milch langsam erhitzen und kurz vor dem Aufkochen die Vanillestange herausnehmen. Das Mark der Stange wird herausgeschabt und unter die Milch gerührt. Den Dinkelgrieß mit einem Schneebesen schnell darunterrühren, den Brei einige Male aufkochen lassen, vom Herd nehmen und bis zum Portionieren noch ein paar Minuten quellen lassen.
Der Dinkelgrieß wird zusammen mit dem Schwarzkirschkompott dekorativ in Dessertschalen oder -gläser gefüllt und einige Stunden kalt gestellt.

Nachwort

Vorwärts zur Natur mit Öko-Produkten und Vollwert-Ernährung

Immer mehr Konsumenten machen sich Gedanken über ihre Ernährung und die Qualität der landwirtschaftlichen Produkte. Skandale im Lebensmittelbereich – Rinderwahnsinn, Salmonellen in Eiern, Pflanzenschutzmittel in Babykost – sind dabei nur die Spitze eines Eisberges. Viele Nahrungsmittel werden auf Kosten der Natur, Tierwelt und der Gesundheit der Konsumenten produziert und weiterverarbeitet. Billige Nahrungsmittel für die heutige Generation bedeuten auch, daß wir Ressourcen wie gesunde Luft und reines Wasser für unsere Kinder und Enkel dafür verschwenden. Doch nicht „nur" die mangelnde Gesundheits- und Umweltverträglichkeit vieler Nahrungsmittel trifft verstärkt auf Kritik. Viele landwirtschaftliche Produkte – zum Beispiel Tomaten oder Gurken – schmecken einfach nicht mehr.

Ein grundsätzliches Umdenken bei der Produktion und Verarbeitung von Lebensmitteln ist erforderlich, wie es der ökologische Landbau und die Vollwert-Ernährung propagieren:

- Ökologischer Landbau garantiert die Qualität der Produkte.
- Vollwert-Ernährung ist das Konzept einer werterhaltenden Verarbeitung.

Doch was ist „Ökologischer Landbau" und „Vollwert-Ernährung"?

Ökologischer Landbau...

... verzichtet vollständig auf chemisch-synthetische Pflanzenschutzmittel und leichtlösliche Stickstoffdünger,
... erzeugt gesundheitlich wertvolle Lebensmittel,
... trägt zum Erhalt der Artenvielfalt bei,
... erhält die Bodenfruchtbarkeit,
... schützt das Grundwasser vor Nitratbelastung,
... hält Nutztiere möglichst artgerecht,
... schont die Energie- und Rohstoffreserven.

Die bekannten Warenzeichen der Verbände der Arbeitsgemeinschaft Ökologischer Landbau wie Demeter, Bioland und Naturland garantieren die Einhaltung strenger Richtlinien.

Doch was nützt der ökologische Anbau, wenn das hochwertige Erzeugnis durch falsche Zubereitung oder problematische Zusatzstoffe „entwertet" wird. An diesem Punkt setzt die Vollwert-Ernährung als Konzept einer werterhaltenden Verarbeitung an. Vollwert-Ernährung hat als wesentliche Grundsätze:

- Möglichst geringer Verarbeitungsgrad und Verzicht auf Zusatzstoffe sowie problematische Verarbeitungsverfahren.
- Bevorzugung pflanzlicher Lebens-

Tomaten – ein wichtiger Bestandteil in Roy Kieferles Rezepten.

mittel, insbesondere als unerhitzte Frischkost.

- Speiseplanung möglichst jahreszeitgemäß und mit Produkten aus der Region.
- Beachtung von ökologischen Kriterien bei der Verarbeitung, beim Transport sowie der Verpackung und Entsorgung.
- Fairer Handel mit Entwicklungsländern.

Insbesondere die letzten Punkte machen deutlich, daß Vollwert-Ernährung viel mehr als nur ein Konzept für gesunde Ernährung ist. Vielmehr wird in diesem Konzept beachtet, daß die Produktion und Verarbeitung von Lebensmitteln vielfältige Auswirkungen auf die Umwelt ausübt; und dies in der heutigen industriellen Lebensmittelverarbeitung eher zum Nachteil. Und es wird deutlich, daß Vollwert-Ernährung aktuelle ökologische und naturwissenschaftliche Erkenntnisse berücksichtigt, so daß der Weg nicht zurück, sondern vorwärts zur Natur geht, für unsere Gesundheit und eine lebenswerte Umwelt für zukünftige Generationen.

Dr. Robert Hermanowski
Arbeitsgemeinschaft Ökologischer Landbau

Glossar

Agar-Agar
Agar-Agar ist ein gelblich-weißes Pulver oder fadenähnliches Produkt, das aus Rotalgen hergestellt wird. Es hat die Eigenschaft, daß es in kaltem Wasser quillt, sich aber nicht löst, in siedendem Wasser jedoch leicht löslich ist. Agar-Agar wird in der fleischlosen Küche als Geliermittel anstelle von Gelatine für Süßspeisen, Konditoreiwaren oder Milchprodukte eingesetzt. Ein Teelöffel Agar-Agar entspricht der gleichen Menge gemahlener oder etwa 6 Blatt Gelatine. Agar-Agar eignet sich sogar zur Marmeladenherstellung.

Ahornsirup
Er wird in Kanada und in den USA aus dem Saft des Ahornbaums gewonnen. Der aus dem angezapften Baum herausfließende Saft wird durch Einkochen eingedickt und verliert dabei einige wertvolle Inhaltsstoffe. Ahornsirup wird wie Honig verwendet.

Alfalfa (Luzerne)
Eigentlich handelt es sich bei Alfalfa um eine eiweißreiche Grün- und Trockenfutterpflanze, wobei ihre Keimlinge in der Frischkost ein wichtige Rollen spielen. Siehe S. 58.

Apfeldicksaft
Siehe Obstdicksaft.

Antioxidantien
Natürlich vorkommende oder synthetisch hergestellte Substanzen, die die Veränderungen in Lebensmitteln (z. B. rasches Dunkelwerden von angeschnittenem Obst oder Gemüse oder Ranzigwerden bei Fetten) in geringen Mengen hemmen oder verzögern.

Basmatireis
Er wird auch als Duftreis bezeichnet und kommt ursprünglich aus Indien. Dieser Langkornreis entfaltet beim Kochen sein besonders feines und intensives Aroma, das nach dem Garen voll erhalten bleibt. Man sagt, die beste Sorte kommt aus dem Himalaya-Gebiet, die Hauptimporteure sind die USA und Asien. Dieser außergewöhnliche Reis hat natürlich seinen Preis, dieser liegt merklich über dem der üblichen Reissorten.

Birnendicksaft
Siehe Obstdicksaft.

Buttermilch
Man unterscheidet hierbei Buttermilch von reiner Buttermilch. Bedingung für Buttermilch ist, daß der zugesetzte Wasseranteil nicht mehr als 10 % oder der zugesetzte Magermilchanteil nicht mehr als 15 % des anfallenden Gesamterzeugnisses ausmacht.
Die reine Buttermilch dagegen muß ohne Wasser- oder Magermilchzusatz hergestellt werden. Buttermilch ist von ihrer Konsistenz feinflockig und flüssig. Sie ist durststillend, wirkt verdauungsregulierend und enthält viel Eiweiß und Lecithin.

Camarguereis
Dieser rote Naturreis aus der Camargue (Südfrankreich) ist durch Veränderungen von wildwachsenden Reispflanzen entstanden und wird heute meistens biologisch angebaut.

Dickmilchkäse (oder Sauermilchkäse)
Dickmilch ist ein volkstümlicher Ausdruck für Sauermilch oder „saure Dickmilch". Bei Sauermilchkäse unterscheidet man die mit Gelbschmiere (Handkäse) von denen mit leichtem Weichschimmelüberzug, wobei letzterer nicht ganz so streng riecht. Der Vorteil von Sauermilchkäse ist der, daß er kaum Fett, dafür aber viel Eiweiß enthält.

Erbswurst
In Wurstform gepreßtes und abgepacktes kochfertiges Suppenerzeugnis aus Erbsmehl, Fett, Speck, Gewürzen und Salz.

Erdmandel
Eiförmige oder rundliche, mandelgroße Riedgrasknollen. Das bis zu1 m hoch werdende Riedgras bildet an unterirdischen Ausläufern stark eisenhaltige Knollen. Die Knollen werden roh, gekocht oder gebraten gegessen.

Essigmutter
Bodensatz oder Überzug (Kahmhaut), der sich bei alkoholhaltigen Flüssigkeiten oder Essig durch Essigbakterien bildet. Essigmutter dient zum Ansetzen von Essig.

Extraktion
Heute hauptsächlich angewandtes Verfahren zur Gewinnung von Speiseölen. Aus Ölsaaten und Schnitzeln der Vorpresserei werden mit Lösungsmitteln Fette und Öle fast vollständig herausgelöst. Die Lösungsmittel werden abdestilliert, ihre Rückstände bei der Raffination vollständig beseitigt. Die Extraktionsrückstände sind wegen des hohen Proteingehalts begehrte Futtermittel.

Flocken
Lebensmittel in Form einer kompakten, flachen oder lockeren kleinen Masse, hergestellt aus Hefe (Hefeflocken), Malz (Malzflocken) oder Kartoffeln (Kartoffelflocken) oder wie für Müslis aus Getreide. Flocken sind einige Monate lang unbedenklich haltbar.

Frischkäse
Unter Frischkäse sind verschiedene Milchprodukte zusammengefaßt. In erster Linie versteht man darunter nichtgereifte, mild schmeckende Käse mit leicht säuerlichem Geschmack, deren Struktur durch feinflockig geronnenen Quark gekennzeichnet ist. Der Fettgehalt der milchig-weißen bis gelblichen Frischkäse kann unterschiedlich sein. Folgende Sorten werden als Frischkäse bezeichnet: Speisequark, Buttermilchquark, Schichtkäse, Cottage-Frischkäse, Sahnequark, Rahmfrischkäse, Doppelrahmfrischkäse, Frischkäse-Zubereitungen oder Weißkäse.

Gelatine
Aus Knochen und Häuten hergestellter Gelierstoff, der in heißem Wasser quillt und beim Abkühlen ein geschmacksneutrales und glasklares Gel ergibt. Gelatine wird im Haushalt zur Herstellung von Sülzen, Aspiken, Gelatine- und Geleezuckerware, zum Steifen von Kremspeisen und anderen Speisenzubereitungen eingesetzt. Gelatine wird in Blattform und gemahlen angeboten, und zwar jeweils in Rot und Weiß.

Glutamat (genauer: Natriumglutamat)
Wirkt als Geschmacksverstärker. Nicht geeignet ist Natriumglutamat für Früchte, Fruchtsäfte, Milchprodukte und viele gegarte Getreideerzeugnisse. Es ist vorrangig in Würzmitteln, Brühpasten und Soßenwürzen zu finden.

Grütze
Haltbares koch-, tisch- oder verzehrfertiges Trockenerzeugnis aus grobzerkleinerten (geschroteten bzw. geschnittenen) Getreidekörnern, deren Bruchstücke mittels Sieben sortiert werden und in der Größe zwischen Graupen und Grieß liegen. Grütze kann aus jeder Getreideart hergestellt werden.

Klebereiweiß (oder Kleber)
Das für die Backfähigkeit von Weizenmehl bedeutsame, in Wasser und verdünnten Salzlösungen unlösliche Eiweiß im Inneren des Weizensamens. Weizenkleber quillt beim Anteigen mit Wasser und unter der mechanischen Einwirkung des Knetens stark auf und bildet im Teig eine zusammenhängende Masse (daher der Name „Kleber"), in die die Stärke eingebettet wird. Qualität und Menge des Klebers hängen von der Weizensorte, Düngung und Herkunft ab.

Kräutersalz (oder Gewürzsalz)
Eine Mischung von pulverisierten Kräutern, Gewürzen, Gemüsen oder Gewürzpulvermischungen und Speisesalz. Ein Gewürzsalz enthält mindestens 25 % Speisesalz.

Kreuzkümmel (Cumin)
Im Aussehen dem Kümmel ähnlicher Samen. Der Kreuzkümmel wird verschiedentlich als Ersatz für Kümmel, in den Niederlanden zum Würzen von Käse, Suppen und vereinzelt als Zusatz zu Currypowder verwendet. Gemahlener Kreuzkümmel ist Bestandteil von Reistafelgerichten und fernöstlichen Gerichten.

Magerjoghurt
Aus Magermilch (entrahmter Milch) hergestellter Joghurt mit einem Höchstgehalt von 0,3 % Milchfett.

Meersalz
Es handelt sich hierbei um ein Salzgemisch, das überwiegend aus Natriumchlorid besteht und reich an Spurenelementen ist. Meersalz entspricht aber in seiner Zusammensetzung nicht dem Bedarf des Menschen an essentiellen Spurenelementen. Meersalz wird durch Verdunsten von Meerwasser gewonnen. In Handel wird Meersalz in folgender Qualität angeboten: jodiert, jodiert und fluorisiert, naturbelassen, streng natriumarm.

Miete
Die Miete ist eine gegen Frost gesicherte Grube, u. a. zur Aufbewahrung von Feldfrüchten.

Mungobohne (Mung-Bohne)
Samen einer einjährigen krautigen Pflanze, die von Indien aus über Ost- und Mittelasien verbreitet wurde und dort eine der wichtigsten Hülsenfürchte ist. In Gegensatz zu anderen Bohnen verursacht die M. keine Blähungen. Unreife M. werden wie andere Bohnen als Kochgemüse verzehrt. Importierte Samen werden mit warmem Wasser zum Keimen gebracht und in Beuteln abgepackt. Sehr eiweißreich.

nativ
Natürlich, unverändert, im natürlichen Zustand befindlich.

Naturjoghurt
Enthält keine künstlich erzeugten Stoffe.

Nocken
Mundartliche Bezeichnung für Klöße oder Klößchen.

Obstdicksaft (oder Fruchtsaftkonzentrat)
Erzeugnis aus Fruchtsaft oder Fruchtmuttersaft, gewonnen durch schonenden Entzug von mindestens 50 % des natürlichen Wassergehalts durch physikalisches Verfahren, in der Regel ohne chemische Konservierung. Durch das Erhitzen läßt sich jedoch nicht vermeiden, daß wertvolle Vitamine verlorengehen.

Paella
In der klassischen spanischen Küche handelt es sich um ein Reisgericht mit verschiedenen Fleisch- und Fischsorten, Muscheln, Krebsen. Die Paella wird in einer großen flachen Pfanne angerichtet. In Kieferles Naturkostküche werden Fisch und Fleisch durch Gemüse ersetzt.

Pflanzenwürze
Siehe S. 41.

Pinienkern (oder Piniennuß)
Samenkern der im Mittelmeergebiet wachsenden und kultivierten Pinien. Der von der Schale befreite weiße Kern schmeckt mandelartig.

Raffination
Reinigung und Veredlung von Naturstoffen und technischen Produkten.

Rapadura
Vollrohrzucker, siehe S. 197.

Risotto
Reisgericht, Brühreis, in Fett und Zwiebeln angedünstet und in Brühe gegart.

Sauermilch
Hergestellt aus Milch oder Sahne unter Verwendung von Milchsäurebakterienkulturen. Der Fettgehalt von Sauermilch muß mindestens 3,5 % betragen.

Schichtkäse
Früher ließ man Milch mit verschiedenem Fettgehalt gerinnen und schöpfte dann die jeweilige Käsestoffgallerte schichtweise in Formen. Schichtkäse gehört zur Gruppe der Frischkäse und darf nur aus Milch, Sahne oder entrahmter Milch hergestellt werden. Der Mindestfettgehalt der Trockenmasse muß 10 % betragen. Bei der Herstellung dürfen Gewürze oder Gewürzzubereitungen verwendet werden. Das Wort Schichtkäse ist nach der Käseverordnung eine Standardkäsesorten-Bezeichnung und darf daher für andere Frischkäse nicht verwendet werden. Schichtkäse hat eine zartflockige zusammengewachsenen Gallertstruktur.

Schrot
Durch Schroten, Quetschen oder Mahlen grob zerkleinertes Mahlgut, vorwiegend aus Getreide. Man unterscheidet zwischen Grob- und Feinschrot. Die Haltbarkeit von frisch gemahlenem Schrot beträgt nur einige Tage.

Schwedenmilch
Norddeutsche Bezeichnung für nach schwedischer Art hergestellte Sauermilch. Es handelt sich lediglich um eine Warenbezeichnung.

Sproß (oder Trieb, Sprößling)
Oberirdisch wachsender Teil höherer Pflanzen. Gegensatz: Wurzel.

Sprosse (Keim oder Keimsprosse)
Die mittels Keimapparat bereitete Biomasse. Im Vergleich zum ungekeimten Ausgangsmaterial weisen die Keimpflanzen, auch angekeimte oder gekeimte Samen genannt, je nach Keimdauer in Tagen bemerkenswerte Nährwertveränderungen auf. Es werden Vitamine, Enzyme, Mineralstoffe und mehrfach ungesättigte Fettsäuren gebildet. Der Ballaststoffgehalt der Samenkeimlinge steigt, und der Kohlenhydratgehalt sinkt.

Sprue (einheimische)
Fieberhafte Erkrankung mit Gewebsveränderungen im Bereich von Zunge und Dünndarmschleimhaut; das der Zöliakie bei Kindern entsprechende Krankheitsbild bei Erwachsenen.

Tarteletten (oder Törtchen)
In der Regel aus Mürbeteig, Blätterteig, Biskuitteig und Wiener Massen hergestellte Böden, die mit Süßem oder Pikantem gefüllt werden.

Topfen
Österreichische Bezeichnung für Quark.

toxisch
Giftig.

Vitalstoffe
Vitamine und Mineralstoffe.

Vollmilchjoghurt
Aus Vollmilch hergestellter Joghurt mit einem Mindestfettgehalt von 3,5 %.

Weinsteinbackpulver
Es handelt sich um Backpulver, dem Weinstein (Kaliumbitartrat) als Säureträger beigegeben wurde. Weinsteinbackpulver hat einen säuerlichen Geschmack, der sich in der jeweiligen Speise niederschlägt. Das ist nicht jedermanns Geschmack. Weinstein hat aber den Vorteil, daß er nicht sehr feuchtigkeitsempfindlich ist und deshalb nicht hart und klumpig wird. Seit 1920 wurde die Zugabe von Weinstein jedoch durch verschiedene Phosphate nahezu verdrängt.

Zentrifugieren
Mit einem Schleudergerät trennen oder zerlegen.

Zöliakie
Chronische Verdauungsstörungen im späten Säuglingsalter. Das entsprechende Krankheitsbild bei Erwachsenen heißt einheimische Sprue.

Literatur:

Lebensmittel-Lexikon: Täufel, Ternes, Tunger, Zobel, Bd. 1+2, Hamburg, 1993.

Lexikon Lebensmittel und Ernährung A–Z: Dr. Oetker, Bielefeld, 1993.

Milchkundliches Speisenlexikon: Prof. Dr. Max Schulz, München, 1981.

Leckeres aus der Vollwertbackstube: Burda, Offenburg, 1989.

Deutsches Universalwörterbuch A–Z: Duden, 2. Aufl., Mannheim, 1989.

Larousse gastronomique, Paris, 1984.

Lehrbuch der Küche: Philip Pauli, 11. Aufl., Zürich, 1992.

Pschyrembel, Klinisches Wörterbuch, de Gruyter Berlin – New York, 257. Auflage, 1994.

Literaturnachweis

Bücher

Maurice Mességué
Die Natur hat immer recht
Verlag Ullstein GmbH,
Frankfurt/Main – Berlin, 1996

Glaesel/Nolfi
Geheilt durch lebendige Nahrung
Labor Glaesel Verlag, Konstanz

Ennio Lazzarini/Anna Rita Lonardoni
Gesundheit aus Halm und Korn
Verlag Hermann Bauer KG, Freiburg/Breisgau
(vergriffen)

Karl O. Glaesel
Heilung ohne Wunder und Nebenwirkungen
Labor Glaesel Verlag, Konstanz

Gert E. Schuitemaker
Orthomolekulare Ernährungsstoffe
Verlag für Orthomolekulare Medizin,
Freiburg/Breisgau, 1986
(vergriffen)

Maurice Mességué
Von Menschen und Pflanzen
Verlag Ullstein GmbH,
Frankfurt/Main – Berlin, 1995

Prof. Dr. Günther Liebster
Warenkunde Obst und Gemüse – Band 1: Obst
Morion Verlagsproduktion GmbH,
Düsseldorf, 1994

Zeitschriften und andere Publikationen

A. Vogel's Gesundheits-Nachrichten
Zeitschrift für Naturheilkunde
Verlag A. Vogel AG, CH-Teufen AR

UGB-Forum
Zeitschrift für Gesundheitsförderung
Verband für Unabhängige Gesundheitsberatung e.V. Verlags GmbH UGB, Gießen

Dr. Udo Rensenbrink
Unser täglich Brot
Merkblatt 133: Getreide,
Verein für erweitertes Heilwesen,
Bad Liebenzell

Weiterführende Literatur

Bücher

Das Alternative Branchenbuch
ALTOP Verlags- und Vertriebsgesellschaft für umweltfreundliche Produkte mbH, München

Buchreihe
Alternative Konzepte
Stiftung Ökologie & Landbau, Bad Dürkheim
(siehe Anschriftenteil)
Vertrieb C. F. Müller Verlag, Heidelberg
(Themen: mittlere Technologie, ökologischer Landbau, Ökologie und Gesundheit)

Einkaufen direkt beim Bio-Bauern
Broschüre der Biobauern-Verbände (Demeter, ANOG, Bioland, Biokreis, Naturland, Ökosiegel-Gäa und Eco-Vin)
Stiftung Ökologie & Landbau, Bad Dürkheim
(siehe Anschriftenteil)
Vertrieb Deukalion-Verlag, Holm

Fit Food – Biologische Lebensmittel in Deutschland – Läden, Höfe, Märkte
Fit Food Verlag, Marburg

Fit Food – Bio-Restaurants in Deutschland
Vollwertig essen
Fit Food Verlag, Marburg

Fit Food – Vollwertig übernachten in Deutschland
Bio-Hotels, Pensionen, Ferienunterkünfte
Fit Food Verlag, Marburg

Fit Food – Bio-Fleisch in Deutschland
Metzgereien, Läden, Versand
Fit Food Verlag, Marburg

Fit Food – Bio-Brot in Deutschland
Vollkorn-Bäckereien, Cafés
Fit Food Verlag, Marburg

Devorest C. Jary
Fünf mal zwanzig Jahre leben
Jung gesund bleiben und gesund alt werden.
36. Auflage, Hallwag Verlag, Ostfildern, 1996

Rolf Goetz
Naturkost-Warenführer Band 1 und 2
pala-verlag gmbh, Darmstadt

Axel B. Bott
ÖKO Gourmet Führer
INFO Verlagsgesellschaft mbH, Karlsruhe

Axel B. Bott
ÖKO-VITAL – BIOKOST FÜR JEDERMANN
Baden-Württemberg
bioFach + Umwelt Verlagsgesellschaft, Eschelbronn

Koerber/Männle/Leitzmann
Vollwert-Ernährung
8., überarbeitete Auflage, Karl F. Haug Verlag GmbH u. Co., Heidelberg, 1994

Zeitschriften und andere Publikationen

aid-Informationsmaterial zu Sonderthemen
aid-Verbraucherdienst, Bonn *(siehe Anschriftenteil)*

Alles über Vollwertkost
Sonderheft Mein schöner Garten, Januar 1989,
Burda GmbH, Offenburg

ANOG-Informationen
ANOG e.V., Bonn *(siehe Anschriftenteil)*

bioFach – Magazin für Naturwaren und Naturkost
bioFach + Umwelt Verlagsgesellschaft,
Eschelbronn

bio-land – Fachzeitschrift Öko-Landbau
Bioland e.V., Göppingen *(siehe Anschriftenteil)*

Bio-Nachrichten
Biokreis Ostbayern e.V., Passau

Demeter-Blätter
Forschungsring für Biologisch-Dynamische Wirtschaftsweise e.V., Darmstadt *(siehe Anschriftenteil)*

Der Naturarzt
Access Verlag, Königstein-Falkenstein

Ecology and Farming
IFOAM, Tholey *(siehe Anschriftenteil)*

Gartenrundbrief
Forschungsring für Biologisch-Dynamische Wirtschaftsweise e.V., Darmstadt *(siehe Anschriftenteil)*

A. Vogel's Gesundheits-Nachrichten
Zeitschrift für Naturheilkunde
Verlag A. Vogel AG, CH-Teufen AR

Informationsblätter
zu verschiedenen Einzelthemen für Praktiker als auch Verbraucher
Stiftung Ökologie & Landbau, Bad Dürkheim
(siehe Anschriftenteil)

Keime – Frisches von der Fensterbank
Sonderheft Ernährung der Stiftung Warentest,
Mai 1990

kraut & rüben – Das Magazin für biologisches Gärtnern und naturgemäßes Leben
BLV-Verlag, München

Lebendige Erde – Die Zeitschrift für Natur- und Menschengemäßen Landbau
Forschungsring für Biologisch-Dynamische Wirtschaftsweise e.V., Darmstadt *(siehe Anschriftenteil)*

Natürlich – Zeitschrift für Mensch und Umwelt
AT-Fachverlag GmbH, Stuttgart

Naturland magazin
Naturland e.V., Gräfelfing *(siehe Anschriftenteil)*

Ökologie & Landbau
Stiftung Ökologie & Landbau, Bad Dürkheim
(siehe Anschriftenteil)

Öko-Video
focus film, Immendingen (Aktuelle Video-Filme zu brisanten ökologischen Themen für die Schule, Erwachsenenbildung und politische Basisarbeit)

Schrot & Korn – Das Naturkost-Magazin
verlag gesund essen gmbh, Schaafheim

Schriftenreihe
SÖL-Sonderausgaben
Stiftung Ökologie & Landbau, Bad Dürkheim
(siehe Anschriftenteil)
Vertrieb Deukalion Verlag, Holm
(verschiedene aktuelle Themen zur Theorie und Praxis, u. a. Hefte zur Umstellung auf Öko-Landwirtschaft, Weinbau und Vollwert-Ernährung)

Vegetarisch fit!
Magazin für bewußtes Essen & Leben
HCM-Verlags GmbH, Hofheim

Verbände und Organisationen

AGÖL e.V.
Arbeitsgemeinschaft Ökologischer Landbau e.V.
Dr. Robert Hermanowski
Brandschneise 1
64295 Darmstadt
Telefon (0 61 55) 20 81
Telefax (0 61 55) 20 83

aid-Verbraucherdienst
Auswertungs- und Informationsdienst für Ernährung, Landwirtschaft und Forsten e.V.
Konstantinstraße 124
53179 Bonn
Telefon (02 28) 84 99-0
Telefax (02 28) 9 52 69 52
Internet: http://www/dainet.de/aid/aid.htm

AKN
Arbeitskreis Naturtextil e.V.
Haußmannstraße 1
70188 Stuttgart
Telefon (07 11) 23 27 52
Telefax (07 11) 23 27 55

ANOG e.V.
Arbeitsgemeinschaft für naturnahen Obst-, Gemüse- und Feldfrucht-Anbau e.V.
Herrn Morawitz
Pütchens Chaussee 60
53227 Bonn
Telefon (02 28) 46 12 62
Telefax (02 28) 46 15 58

Arbeitsgemeinschaft der Verbraucherverbände e.V.
Heilsbachstraße 20
53123 Bonn
Telefon (02 28) 64 89-0
Telefax (02 28) 64 42 58

Arbeitsgemeinschaft Naturkost-Marketing
Streichsmühle
35641 Schöffengrund
Telefon (0 64 45) 10 38

Arbeitsgemeinschaft ökologischer Forschungsinstitute e.V.
im Energie- und Umweltzentrum
31832 Springe-Eldagsen
Telefon (0 50 44) 9 75 75
Telefax (0 50 44) 9 75 77

Arbeitsgemeinschaft ökologischer Gemüseabobetriebe
c/o Christoph Muttscheller
Planie 22
72764 Reutlingen
Telefax (0 71 21) 4 68 95

Arbeitskreis für Ernährungsforschung e.V. (Vollwert, anthroposophisch)
Zwerweg 19
75378 Bad Liebenzell
Telefon (0 70 52) 30 61
Telefax (0 70 52) 30 62

Bioland e.V. Bundesverband
Bioland-Verband für organisch-biologischen Landbau e.V.
Ressort Öffentlichkeitsarbeit
Frau Gabriele Maier-Spohler
Nördliche Ringstraße 91
73033 Göppingen
Telefon (0 71 61) 9 10 12-0
Telefax (0 71 61) 9 10 12-7

Naturkostfachhandel und seine Produkte:
BNN
Bundesverbände Naturkost Naturwaren
Robert-Bosch-Straße 6
50354 Hürth
Telefon (0 22 33) 9 63 38 11
Telefax (0 22 33) 9 63 38 10

BÖB
Bundesverband ökologische Bienenhaltung
Bundesfachgruppe Demeter Bienenhaltung
Im Kirschgarten 10
55263 Wackernheim
Telefon (0 61 32) 5 67 38

BTQ
Gesellschaft für Boden, Technik, Qualität
Weinstraße Süd 51
67098 Bad Dürkheim

BUND
Bund für Umwelt- und Naturschutz Deutschland
Bundesgeschäftsstelle
Im Rheingarten 7
53225 Bonn
Telefon (02 28) 4 00 97-0
Telefax (02 28) 4 00 87-40

Bundesverband Ökologie
Kirchstraße 13
56281 Emmelshausen
Telefon (0 67 47) 75 09

DEHOGA
Deutscher Hotel- und Gaststättenverband e.V.
Kronprinzenstraße 46
53173 Bonn
Telefon (02 28) 8 20 08-0
Telefax (02 28) 8 20 08-46

Demeter-Bund e.V.
Forschungsring für Biologisch-Dynamische Wirtschaftsweise e.V.
Baumschulenweg 11
64295 Darmstadt
Telefon (0 61 55) 40 61
Telefax (0 61 55) 57 74

ECOVIN –
Bundesverband Ökologischer Weinbau e.V.
Zuckerberg 19
55276 Oppenheim
Telefon (0 61 33) 16 40
Telefax (0 61 33) 16 09

FNR
Fachagentur Nachwachsende Rohstoffe e.V.
(nur im Nichtnahrungsbereich tätig)
Hofplatz 1
18276 Gülzow
Telefon (0 38 43) 69 30-0
Telefax (0 38 43) 69 30-1 02
E-Mail: F.N.R.@T-Online.de

Forschungsring für Biologisch-Dynamische Wirtschaftsweise e.V.
Baumschulenweg 11
64295 Darmstadt
Telefon (0 61 55) 26 74

Gesellschaft für Ökologische Tierhaltung e.V.
Atzelsberger Straße 10
91094 Langensendelbach
Telefon (0 91 33) 98 16
Telefax (0 91 33) 97 69

GGB
Gesellschaft für Gesundheitsberatung e.V.
Dr. med. M. O. Bruker-Haus
Taunusblick 1
56112 Lahnstein
Telefon (0 26 21) 91 70 10
Telefax (0 26 21) 91 70 33

GMF
Vereinigung Getreide-, Markt- und Ernährungsforschung e.V.
Kronprinzenstraße 51
53173 Bonn
Telefon (02 28) 35 50 10 und 35 50 19
Telefax (02 28) 35 69 72

IFOAM
Internationale Vereinigung Biologischer Landbaubewegungen
Hofgut Imsbach
66636 Tholey
Telefon (0 68 53) 51 90

Ministerium Ländlicher Raum Baden-Württemberg
Kernerplatz 10
70182 Stuttgart
Telefon (07 11) 126-0
Telefax (07 11) 126-22 55

Naturland
Verband für naturgemäßen Landbau e.V.
Kleinhaderner Weg 1
82166 Gräfelfing
Telefon (0 89) 8 54 50 71
Telefax (0 89) 85 59 74

Ökologische Molkereien Allgäu
Immenrieder Straße 4
88353 Kißlegg/Allgäu
Telefon (0 75 63) 91 14-0
Telefax (0 75 63) 33 12

ÖKOP
Ökologischer Prüfverband für Landbau und Ernährungswirtschaft e.V.
Tiefenbacher Weg 24
93149 Nittenau
Telefon (0 94 36) 87 76

Reformhaus
neuform Vereinigung Deutscher Reformhäuser eG
Waldstraße 6
61440 Oberursel
Telefon (0 61 72) 3 00 30
Telefax (0 61 72) 30 39 67

Reformhaus Fachakademie, Stiftung
Gotische Straße 15
61440 Oberursel
Telefon (0 61 72) 30 09-8 22
Telefax (0 61 72) 30 09-8 19

SÖL
Stiftung Ökologie & Landbau
Herrn Immo Lünzer
Weinstraße Süd 51
67098 Bad Dürkheim
Telefon (0 63 22) 86 66
Telefax (0 63 22) 9 89 701

Stiftung Verbraucher Institut
Reichpietschufer 74 – 76
10785 Berlin
Telefon (0 30) 2 54 90 20

UGB
Verband für Unabhängige Gesundheitsberatung e.V. Europa
Keplerstraße 1
D-35390 Gießen
Telefon (06 41) 7 77 85
Telefax (06 41) 7 85 68

Vegetarier-Bund Deutschlands e.V.
Blumenstraße 3
30159 Hannover
Telefon (05 11) 3 63 20 50
Telefax (05 11) 3 63 20 50

Vereinigung für wesensgemäße Bienenhaltung e.V.
Hofgut Fischermühle
72344 Rosenfeld
Telefon (0 74 28) 93 54 60
Telefax (0 74 28) 93 54 50

VOF
Verband der Oecotrophologen von Fachhochschulen e.V.
c/o S. Krümmel
Weseler Straße 27
48151 Münster
Telefon (02 51) 53 29 35

VRH
Verband der Reformwaren-Hersteller e.V.
Schwedenpfad 2
61348 Bad Homburg
Telefon (0 61 72) 2 40 64

Interessenverband Gemüseabobetriebe
Herrn Christoph Mutscheller
Elsa-Brandström-Straße 13
72762 Reutlingen
Telefax (0 71 21) 2 15 42 und 4 68 92
Telefax (0 71 21) 23 97 02

Hersteller/ Versandhandel

Demeter-Obstessig, Frucht- und Gemüsesäfte:
Beutelsbacher Fruchtsaftkelterei GmbH
Stuttgarter Straße 57 – 59
71384 Weinstadt-Beutelsbach

Keimgeräte, Samen und Sprossen:
BIOKOSMA GmbH
Käthe-Kollwitz-Weg 6
78464 Konstanz

Speiseöle:
P. Brändle GmbH Ölmühle
Robert-Bosch-Straße 10
72186 Empfingen

Küchenmaschinen:
Braun AG
Frankfurter Straße 145
61476 Kronberg/Taunus

Gewürze:
Gewürzmühle Brecht GmbH
Ottostraße 1
76344 Eggenstein

Korn-Quetsche, Sprossen-Gläser, Bambus-Dampf-Topf, Körner-Speicher:
Frank Eschenfelder,
Dipl.-Ing. (BA) Energietechnik
Landauer Straße 16
76846 Hauenstein

Weinessig:
Weinessiggut Doktorenhof
67482 Venningen

GÜDE Messer:
Franz Güde GmbH
Katternberger Straße 175
42655 Solingen

Mühlen, Backöfen, Knetmaschinen, Nudelmaschinen:
Karl-Heinz Häussler GmbH
In der Vorstadt
88499 Heiligkreuztal bei Riedlingen/Württ.

Gemüseraspel:
Jupiter GmbH & Co.
Wiesenstraße 33
73614 Schorndorf

Olivenöl, Trockenfruchtspezialitäten, Entsafter (Versandhandel):
Keimling Naturkost GmbH
Bahnhofstraße 51
21614 Buxtehude

Tees:
Rudi Karcher
Import Maurice Mességué
An der Roßweid 22
76229 Karlsruhe

Naturkost:
Rapunzel Naturkost AG
Haldergasse 9
87764 Legau

Samen und Jungpflanzen:
S & G Samen GmbH
Alte Reeser Straße 95
47533 Kleve-OT Kellen

Mühlen:
Schnitzer GmbH & Co. KG
Feldbergstraße 11
78112 St. Georgen

Bio- bzw. Umwelt-Messen

Februar/März

BIO FACH
Frankfurt
Info: Sunder & Rottner
Von-Vollmar-Straße 4
91154 Roth
Telefon (0 91 71) 40 11
Telefax (0 91 71) 40 16

April

Pro Sanita (alle 2 Jahre)
Stuttgart
Info: Messe Stuttgart
Postfach 103252
70028 Stuttgart
Telefon (07 11) 25 89-2 20

Mai

Schwäbisch Haller Öko Messe
Schwäbisch Hall
Info: Matthias Schwarz
Design-Mühle
Mühlstraße 23
86738 Deiningen
Telefon (0 90 81) 2 55 21
Telefax (0 90 81) 25 75 99

Umwelt
Tübingen
Info: Hofmann Messe- und Ausstellungsges. mbH
Goldäckerstraße 1
70771 Leinfelden-Echterdingen
Telefon (07 11) 99 09 30

Juni

ÖKO
Freiburg/Ulm (im Zweijahreswechsel)
Veranstalter: BUND
Info: Sunder & Rottner
Von-Vollmar-Straße 4
91154 Roth
Telefon (0 91 71) 40 11
Telefax (0 91 71) 40 16

ÖKOLOGA
Mannheim
Info: Hartwig + Rheyer
Rudolphstraße 19
90489 Nürnberg
Telefon (09 11) 55 90 79
Telefax (09 11) 55 90 73

ÖMUG – Messe für Ökologie, Meer, Umwelt und Gesundheit
Cuxhaven-Döse
Info: Veranstaltungszentrum Nordseeheilbad Cuxhaven
Strandstraße 80
27454 Cuxhaven
Telefon (0 47 21) 4 08-0
Telefax (0 47 21) 1 11

umwelt Hessen
Darmstadt
Info: Hofmann Messe- und Ausstellungsges. mbH
Goldäckerstraße 1
70771 Leinfelden-Echterdingen
Telefon (07 11) 99 09 30

August

Ökologie mit Genuß
Passau
Info: Biokreis Ostbayern e.V.
Theresienstraße 36
94032 Passau
Telefon (08 51) 3 16 96

September

BIO – Vernünftig leben und doch genießen
Dresden
Info: Media-&-Art-Events-Veranstaltungs-GmbH
Pfeifferhannsstraße 24 A
01307 Dresden
Telefon (03 51) 4 59 01 38
Telefax (03 51) 4 59 38 27

ÖkoWelt
München/Nürnberg (im Zweijahreswechsel)
Info: Sunder & Rottner
Von-Vollmar-Straße 4
91154 Roth
Telefon (0 91 71) 40 11
Telefax (0 91 71) 40 16

umwelt
Ludwigsburg
Info: Hofmann Messe- und Ausstellungsges. mbH
Goldäckerstraße 1
70771 Leinfelden-Echterdingen
Telefon (07 11) 99 09 30

Zentrallandwirtschaftsfest
Ökologischer Landbau in Bayern
München
Info: Bayerischer Bauernverband
Telefon (0 89) 55 87 30

Oktober

Naturheiltage Hofheim/Taunus
Hofheim am Taunus
Info: Robert Rossmann
Hugo-von-Eltz-Straße 2
65795 Hattersheim
Telefon (0 61 45) 3 12 22
Telefax (0 61 45) 3 02 89

Oktober/November

Eco – Fachmesse für ökologisches Bauen, Leben, Wohnen
Münster
Info: ECO-System
Magnolienweg 13
48485 Neuenkirchen
Telefon (0 59 73) 9 64 41
Telefax (0 59 73) 9 64 42

Register

Ein Besessener, beseelt vom Drang, immer besser zu werden

Daran erinnere ich mich noch ganz genau: Ich hatte einen der medienwirksamen und berühmten (und nebenbei auch wirklich guten) deutschen Köche im Rundfunkstudio. Wir sprachen über große Küche, auch über natürliche Produkte und den Unfug, der damit angestellt wird, jedenfalls manchmal.

Nach der Sendung erhielt ich einen Anruf. Ein Koch. Vom Dobel. Er erzählte mir über natürliche Küche, über natürliche Produkte, engagiert, heftig, auf seine Vorstellungen pochend. Ich hielt ihn, mit Verlaub, für einen der üblichen Verrückten, die einen nach Sendungen hin und wieder mal anrufen und alles besser wissen. Ich versuchte, ihn abzuwimmeln. Er bestand darauf: Ich müsse ihn unbedingt besuchen. Bei ihm essen. Seufzend sagte ich zu, wohl wissend, daß ich keine Chance hätte – käme ich nicht, würde er erneut anrufen. Man kennt ja diese Verrückten.

Ich war mir auch sicher zu wissen, was ich dort vorgesetzt bekommen würde – ich war hin und wieder mal in vegetarischen Restaurants gewesen während meiner Studentenzeit –: Sellerieschnitzel, pampiges Gemüse, nach nichts schmeckende Salate. Gesunde Kost darf nicht nur nach nichts aussehen, sie muß auch ein wenig widerlich schmecken und von unfreundlichen, hautkranken Kellnerinnen serviert werden. Der Hauch von HO-Gaststätten würde durch das Lokal wehen, ich würde das Essen hinunterwürgen, mich verabschieden und nie, aber auch nie mehr wiederkommen...

Ich hatte mich ein wenig getäuscht. Eigentlich sogar sehr. Noch eigentlicher: völlig.
Erstens ist Roy Kieferle kein Verrückter, sondern ein Besessener. Er weiß, was er will, er ist beseelt von dem Drang, immer besser zu werden, sich auch zu verändern, seine Art zu kochen seinen neuen Erkenntnissen anzupassen. Er kocht nicht nur, er redet auch über das Kochen. Er redet, wohlgemerkt, er schwätzt nicht. Wenn man sich darauf einläßt, kommt ein Essen bei ihm einem Seminar über gesunde, natürliche Küche gleich. Wir haben einmal eine Hörfunksendung zusammen gemacht, dafür habe ich einen Tag in seiner Küche zugebracht, Mehl geschrotet und Gemüse geputzt, die ganzen „niederen" Arbeiten halt, die man machen muß und die so wichtig sind, und an diesem Tag habe ich unendlich viel für meinen eigenen Haushalt gelernt – ich koche in unserer Familie, ich koche gerne, man sagt mir nach, auch gut, und das hat mir viel gebracht.

Also: ein Besessener. Sein Anliegen kann er selber besser vorbringen als ich, deshalb will ich es bei dieser Feststellung bewenden lassen. Was mir aber noch wichtiger ist: Essen ist eine sensuelle, eine sinnlich wahrnehmbare Angelegenheit. Wenn wir auch Carêmes Rezepte heute nicht mehr runterbrächten, seine Feststellung, daß „das Auge mitißt", gilt noch immer. Dagegen verstoßen viele Gesundheitsapostel; viele Leute, die meinetwegen von ihrer Einsicht her zu bewegen wären, gesünder zu leben, lassen sich durch das bewußt Schmucklose von zuständigen Einrichtungen,

Alfred Marquart

Verpackungen, Restaurants eher abstoßen. Ein schön hergerichteter Teller ist wichtig wie auch schönes Geschirr, schöne Gläser, eine angenehme Bedienung – das kann man nicht bestreiten. Wobei „schön" nicht mit „Show" verwechselt werden darf. Ein Salatteller kann so und so aussehen; wenn das Auge befriedigt wird, schmeckt es einfach besser. Ich will nicht zu bestimmten Dingen gezwungen werden (höchstens überredet). Roy Kieferle hält nicht viel von Fleisch, aber er zwingt niemanden, Vegetarier zu werden.

Er lehrt uns die Philosophie des Vegetariers – und das mit Fleisch auf der Speisekarte! Es ist merkwürdig: Ich selber bin eigentlich ein ausgesprochener Fleischesser, aber wenn ich bei ihm bin, habe ich wenig Bedürfnis nach Fleisch.

Unter anderem natürlich deshalb, weil er mit Gemüse und Salaten und Kräutern so hervorragend umgehen kann. Weil er sich immer mehr auch um seine Weine kümmert, selber ständig darauf bedacht zu lernen, Neues zu erfahren, sich im wirklichen Wortsinne weiterzubilden. Er setzt selber Liköre und Schnäpse an und weiß, wo man die besten Zutaten herbekommt, wenn er sie nicht selber hinter dem Haus zieht.

Ich will nicht noch weiter ins Schwärmen kommen, ich will nur sagen: Roy Kieferle hat mir in vielem die Augen weiter geöffnet, nicht, indem er mich belehrt hat, sondern durch das, was er auf den Tisch gebracht hat.

Ich denke, er hätte den Weg des geringsten Widerstandes gehen können und sich sicher in manch „großem Haus" mehr als nur bewährt. Aber weil er das nicht für richtig hält, hat er es nicht gemacht.

Da geht also einer unbeirrt seinen Weg. Und zumindest ein Stückchen lohnt es sich mitzugehen. Ich kann versprechen: Man lernt nicht nur dabei, sondern hat auch viel Spaß.